Redenção e Utopia

Coleção
Dirigida por J. Guinsburg
(*in memoriam*)

Coordenação de texto Luiz Henrique Soares e Elen Durando
Preparação Iracema A. de Oliveira
Revisão Marcio Honorio de Godoy
Capa Sergio Kon
Produção Ricardo W. Neves e Sergio Kon.

Michael Löwy

REDENÇÃO E UTOPIA
O JUDAÍSMO LIBERTÁRIO NA EUROPA CENTRAL
(UM ESTUDO DE AFINIDADE ELETIVA)

tradução
Paulo Neves

Copyright @ Michael Löwy
Título do original em francês:
Rédemption et Utopie: Judaïsme libertaire en Europe centrale (une étude d'affinité élective)

CIP-Brasil. Catalogação na Publicação
Sindicato Nacional dos Editores de Livros, RJ

L956r
2. ed.

Löwy, Michael, 1938-
 Redenção e utopia : o judaísmo libertário na Europa Central (um estudo de afinidade eletiva) / Michael Löwy ; tradução Paulo Neves. - 2. ed. - São Paulo : Perspectiva, 2020.
 256 p. ; 23 cm. (Estudos ; 373)

 Tradução de: Rédemption et utopie: le judaïsme libertaire en Europe centrale (une étude d'affinité élective)
 ISBN 978-65-5505-023-3

 1. Judeus - História, Europa, Centro. 2. Judeus - Europa, Centro - Vida intelectual. I. Neves, Paulo. II. Título. III. Série.

20-64448   CDD: 305.8924
                 CDU: 316.347(=411.16)

Leandra Felix da Cruz Candido - Bibliotecária - CRB-7/6135
14/05/2020   18/05/2020

2ª edição revista

Direitos reservados em língua portuguesa à
EDITORA PERSPECTIVA LTDA.

Av. Brigadeiro Luís Antônio, 3025
01401-000 São Paulo SP Brasil
Telefax: (011) 3885-8388
www.editoraperspectiva.com.br

2020

Sumário

Prefácio à Segunda Edição Brasileira IX

Introdução: Os Vencidos da História 1

1 Sobre o Conceito de Afinidade Eletiva 7

2 Messianismo Judaico e Utopia Libertária:
Das "Correspondências" à "Attractio Electiva" 15

3 Párias, Rebeldes e Românticos:
Tentativa de Análise Sociológica da Intelectualidade
Judaica da Europa Central 29

4 Os Judeus Religiosos Anarquizantes:
Martin Buber, Franz Rosenzweig, Gershom Scholem,
Leo Löwenthal 51

5 "Theologia Negativa" e "Utopia Negativa":
Franz Kafka 75

6 Distante de Todas as Correntes e no Cruzamento
dos Caminhos:
Walter Benjamin 99

7 Os Judeus Assimilados, Ateu-Religiosos, Libertários:
   Gustav Landauer, Ernst Bloch, György Lukács,
   Erich Fromm 133
8 Cruzamentos, Círculos e Figuras:
   Alguns Exemplos 165
9 Uma Exceção Francesa:
   Bernard Lazare 185

Conclusão:
O "Messianismo Histórico",
Concepção Românico-Messiânica da História...... 207

Notas 219

Prefácio à Segunda Edição Brasileira

Este livro foi publicado pela primeira vez em 1988, pela Presses Universitaires de France. Foi traduzido para o inglês (com reedição recente, em livro de bolso, pela editora Verso, de Londres), alemão, espanhol, italiano, sueco, grego e português. A primeira edição brasileira foi da Companhia das Letras, em 1989. O conceito central do estudo era o de "afinidade eletiva" – emprestado à alquimia, via Goethe e Max Weber –, para tentar dar conta da relação recíproca entre messianismo judeu e utopia libertária. Vários pesquisadores, sobretudo no campo da sociologia da religião e/ou da cultura, se interessaram por ele, e alguns o utilizaram em suas próprias pesquisas.

Desde esse tempo, escrevi várias obras em que busco aprofundar-me no estudo de alguns dos autores mencionados neste livro: *Walter Benjamin: Aviso de Incêndio* (Boitempo, 2005), *Franz Kafka: Sonhador Insubmisso* (Azougue, 2005). Além disso publiquei, junto à Perspectiva, duas coletâneas de ensaios que se situam diretamente em continuidade com o ensaio de 1988. São elas: *Romantismo e Messianismo* (1990) e, sobretudo, *Judeus Heterodoxos* (2012), onde se discute Martin Buber, Walter Benjamin, Gershom Scholem, Ernst Bloch entre outros. Esses cinco trabalhos constituem um conjunto que tenta desenhar os contornos de uma cultura judaica dissidente, romântica, revolucionária, utópica, messiânica. Uma constelação melancólica de estrelas muito diferentes umas das outras, mas que ilumina o firmamento cultural do século XX.

Pode-se apreender, pelo prefácio, que *Redenção e Utopia* foi uma obra na qual investi muito de minha subjetividade, embora o texto tenha o formato de uma pesquisa acadêmica, com todas as regras do gênero.

Muitas obras foram publicadas sobre os diversos pensadores discutidos neste livro, mas há poucos estudos que buscam analisar e comparar esses autores como parte de um conjunto coerente. Uma das tentativas mais interessantes nesse sentido é o livro de Pierre Bouretz, *Témoins du futur: Philosophie et messianisme* (Paris, Gallimard, 2003), obra de fôlego (1246 páginas) e de alto nível, editada no Brasil pela Perspectiva, em 2011, como *Testemunhas do Futuro: Filosofia e Messianismo*, que estuda o pensamento de Hermann Cohen, Franz Rosenzweig, Walter Benjamin, Gershom Scholem, Martin Buber, Ernst Bloch, Leo Strauss, Hans Jonas, Emmanuel Lévinas. Cada capítulo contém uma excelente análise do autor examinado, mas o conjunto não apresenta maior continuidade. Numa breve introdução de treze páginas, Bouretz tenta esboçar o que há de comum entre essas figuras, mas não consegue ir muito longe: sua heterogeneidade filosófica e política é demasiado grande para permitir uma visão de conjunto efetiva. Certo, eles foram todos "testemunhas do futuro em tempos sombrios", todos eles se interessaram por Hegel, Nietzsche ou Heidegger, sem se tornarem hegelianos, nietzscheanos ou heideggerianos, mas isso não é suficiente para definir um espaço cultural coerente: o que há de comum entre as utopias revolucionárias de Benjamin ou Bloch e o tradicionalismo conservador de Leo Strauss?

Os pensadores estudados em *Redenção e Utopia* pertencem ao passado: mas isso não quer dizer que não suscitem interesse ainda hoje. Walter Benjamin, por exemplo, para citar só um deles, tem um impacto muitíssimo maior atualmente, no início do século XXI, do que em sua época, quando só era conhecido por um pequeno círculo de amigos e leitores ocasionais. A fascinação que exerce sobre novas gerações de intelectuais, estudantes ou militantes, na Europa, Estados Unidos, América Latina é impressionante.

No Brasil mesmo já existe uma ampla literatura, de grande qualidade, sobre sua obra, que tem sido objeto de debates, colóquios, seminários, mobilizando todas as disciplinas da Universidade, e atraindo um público de jovens que buscam se apropriar de suas ideias para entender e transformar a realidade do país.

Será que existem, na cultura judaica que se desenvolveu nas últimas décadas, figuras análogas às dessa geração nascida em fins do século XIX? Creio que a resposta seja negativa... Isso não quer dizer que não apareceram, em nossa época, intelectuais e militantes judeus portadores de esperanças utópicas e revolucionárias, mas sua formação cultural não é aquela que caracterizou a constelação analisada em *Redenção e Utopia*. Em maio de 1968, na França, toda uma geração de jovens estudantes judeus vai ter um papel central no levante semi-insurrecional daquele momento, entre eles um anarquista, Daniel-Cohen Bendit, e um marxista, Daniel Bensaïd, que juntos vão formar o Movimento de 22 de Março, que será a primeira andorinha anunciando a Primavera de 1968. Entre os pensadores da geração anterior, Herbert Marcuse é o que teve relação mais direta com os movimentos da juventude rebelde, tanto nos Estados Unidos como também na Europa. Embora parte de sua obra possa ser interpretada como expressão de uma visão romântica/revolucionária, o judaísmo em geral e o messianismo judeu em particular, não são elementos constitutivos de seu pensamento.

Encontramos ainda hoje muitas personagens judias radicais, críticas da sociedade burguesa, e aspirando a uma transformação social profunda; basta lembrar, por exemplo, nos Estados Unidos, nomes como Noam Chomsky, Bernie Sanders, Naomi Klein, Judith Butler. Na França, Stéphane Hessel, que conheceu Walter Benjamin em sua juventude, foi o autor de uma brochura, *Indignez-vous!* (Indignai-vos, 2010), traduzida em dezenas de línguas e distribuída em milhões de exemplares no mundo inteiro, o que acabou contribuindo de forma direta ao movimento dos "Indignados" na Espanha, Grécia, Estados Unidos etc. Mas não existe, entre essas personagens – e muitas outras que poderiam ser mencionadas –, uma cultura comum parecida, mesmo de longe, com a que buscamos identificar no judaísmo alemão de inícios do século XX.

O mesmo se pode dizer dos movimentos de inspiração libertária no mundo atual, além das comunidades judaicas: experiências como a dos zapatistas no México, ou dos revolucionários curdos no Rojava (Norte da Síria) são muito importantes, e suscitam muita simpatia em escala planetária. Um dos principais inspiradores da tentativa de criar uma confederação democrática não estatal no Curdistão é o pensador anarquista norte-americano Murray Bookchin, filho de imigrantes judeus russos. Será que Murray Bookchin tem algo em comum com Gustav Landauer e outros libertários judeus-alemães dos anos 1905-1945? Tenho que deixar essa questão em aberto...

Isso não quer dizer que não se possa encontrar no amplo arsenal intelectual, crítico e subversivo, melancólico e utópico, da cultura judaica da Europa Central antes de Auschwitz, ideias, conceitos e "paisagens de desejo" (Bloch) que tenham relevância para os combates de hoje. Essa é uma herança preciosa, que continuará a inspirar gerações presentes e futuras, mas sempre reinterpretada e reformulada em função dos novos desafios históricos.

Michael Löwy
Paris, janeiro de 2018.

Introdução:
Os Vencidos da História

> *Nossa geração teve de pagar para saber, pois a única imagem que irá deixar é a de uma geração vencida. Será esse o seu legado aos que virão.*
>
> WALTER BENJAMIN, Sobre o Conceito de História

O termo "Europa Central" – *Mitteleuropa* – designa uma área geográfico-cultural e histórica unificada pela cultura germânica: a Alemanha e o império austro-húngaro. Durante o período que vai da metade do século XIX até 1933, a comunidade judaica da Europa central conheceu uma floração cultural extraordinária, um *século de ouro* comparável ao século XII judeu-árabe na Espanha. Essa cultura judeu-alemã, produto de uma síntese espiritual única no gênero, que deu ao mundo Heine e Marx, Freud e Kafka, Ernst Bloch e Walter Benjamin, revela-se hoje como um mundo desaparecido, um continente apagado da história, uma Atlântida submersa no oceano, com seus palácios, templos e monumentos. Destruída pela maré nazista, sobreviveu apenas no exílio, dispersa, e seus últimos representantes, Marcuse, Fromm, Bloch, acabam de se extinguir, como os últimos clarões de um imenso fogo do espírito. Mesmo assim, ela deixou sua marca na cultura do século XX no que esta produziu de mais rico e inovador em ciência, literatura ou filosofia.

Esta obra se ocupa de uma geração e de uma corrente particular do universo cultural judaico da *Mitteleuropa*: uma geração de intelectuais nascidos no último quarto do século XIX e cujos escritos recorrem ao mesmo tempo a fontes alemãs (o romantismo) e judaicas (o messianismo). Seu pensamento é profundamente, "organicamente", inseparavelmente *judeu-germânico*, quer assumam com orgulho esse sincretismo (Gustav Landauer) ou o vivenciem como um dilaceramento (Kafka), quer tentem negar suas origens alemãs (Gershom Scholem) ou sua identidade judaica (Lukács). Ele se articula em torno da ideia judaica (cabalística) de *Tikun*, termo polissêmico que significa a uma só vez redenção (*Erlösung*), restituição, reparação, reforma, restabelecimento da harmonia perdida.

Foi uma geração de sonhadores e utópicos: aspiravam a um mundo radicalmente outro, ao Reino de Deus na Terra, ao Reino do Espírito, ao Reino da Liberdade, ao Reino da Paz. Seu ideal era a comunidade igualitária, o socialismo libertário, a revolta antiautoritária, a revolução permanente do espírito. Alguns tombaram como combatentes solitários nas Termópilas do século XX, vítimas da barbárie nascente (Munique, 1919: Gustav Landauer) ou triunfante (Port-Bou, 1940: Walter Benjamin). Na maioria dos casos foram profetas desarmados. Um episódio que se conta da vida de Lukács vale para muitos deles: preso em novembro de 1956, após a derrota da revolução húngara (da qual participara como ministro da Cultura do governo Imre Nagy), viu-se intimado pela ordem imperativa do oficial soviético que o ameaçava com a metralhadora – "Deponha imediatamente as armas!" Não tendo escolha, o velho filósofo judeu-húngaro teria tirado do bolso a caneta e a entregado às forças da ordem.

Trata-se, portanto, de uma geração de *vencidos da história*. Não é de admirar que tantos deles tenham escolhido o suicídio: Kurt Tucholsky, Ernst Toller, Alfred Wolfenstein, Carl Einstein, Walter Hasenclever, Walter Benjamin etc.

Em suas teses *Sobre o Conceito de História*, Benjamin exigia que se escrevesse a história do ponto de vista dos vencidos. Este ensaio é uma tentativa de aplicação desse método.

Por um paradoxo mais aparente que real, é justamente porque são vencidos, marginais na contracorrente de sua época, românticos obstinados e utópicos incuráveis, que sua obra se torna cada vez mais atual, cada vez mais carregada de sentido.

Não há dúvida de que essa geração romântica e messiânica era atravessada por correntes políticas e ideológicas as mais diversas e contraditórias. O objetivo desta obra não é deslindar esses debates ou tomar posição em suas controvérsias, mas antes compreender seu movimento de conjunto, sua gênese numa conjuntura histórica e social precisa na Europa Central, num momento de crise e renovação da tradição judaica e da cultura alemã. Trata-se, por um caminho que parte da sociologia da cultura, de analisar o surgimento de uma categoria social nova, a intelectualidade judaica, e as condições que favorecem a eclosão, em seu seio, de uma dupla configuração espiritual: a utopia romântica e o messianismo restitucionista. O conceito-chave dessa análise, que poderia abrir possibilidades novas e ainda largamente inexploradas no domínio da sociologia dos fatos culturais, é o de *afinidade eletiva* – termo que aparece em Goethe e Max Weber, mas é aqui reformulado de outro modo. Ao estudar a obra de uma quinzena de autores – tanto conhecidos quanto desconhecidos, célebres ou obscuros, reverenciados ou esquecidos –, não se pretende esboçar a história de suas ideias, ou apresentar uma (pequena) monografia filosófica de cada um deles, e sim tentar reconstituir, em sua unidade pluridimensional, todo um universo cultural socialmente condicionado. Tal abordagem procura iluminar, sob um novo ângulo, uma vasta parcela da cultura europeia moderna, detectando uma rede subterrânea de correspondências que liga entre si alguns de seus espíritos mais criadores. Procura também dar conta da irrupção, no campo magnético polarizado pelo romantismo libertário e pelo messianismo judaico, de uma nova concepção da história, de uma nova percepção da temporalidade, em ruptura com o evolucionismo e a filosofia do progresso.

Quem formulou da maneira mais profunda, mais radical e mais subversiva essa concepção herética, esse novo olhar sobre a história e o tempo, foi Walter Benjamin. Por esse motivo, e por conter em si de forma concentrada todas as tensões, dilemas e contradições do universo cultural judeu-alemão, ele ocupa posição central neste ensaio. Benjamin está efetivamente no núcleo dessa geração messiânico-romântica, e seu pensamento, ligeiramente antiquado, estranhamente anacrônico, é ao mesmo tempo o mais atual e o mais carregado de explosividade utópica. Sua obra ilumina os passos dos outros pensadores do grupo e por eles é iluminada, num jogo de imagens que não é absolutamente o de espelhos refletindo-se ao infinito, mas antes o de olhares que se interrogam reciprocamente.

Posso permitir-me uma palavra pessoal para terminar esta introdução? Este livro representa também para seu autor, judeu um tanto errante, nascido no Brasil de pais vienenses, tendo vivido em São Paulo, Ramat-Aviv e Manchester, e se instalado (definitivamente?) em Paris há vinte anos, um reencontro com suas próprias raízes culturais e históricas.

Minha família vem de Viena, mas o ramo paterno, Löwy, é originário da província tchecoslovaca do império austro-húngaro. Nenhum parentesco, ao que eu saiba, com Julia Löwy, a mãe de Franz Kafka: o nome era bastante frequente entre os judeus do Império. Quanto ao ramo materno, Löwinger, sua origem é húngara. Nenhum parentesco, também ao que eu saiba, com Joseph Löwinger, o banqueiro de Budapeste, pai de György Lukács.

Não tendo ancestrais ilustres, sinto-me, todavia, intimamente implicado, focado ou questionado por essa herança cultural, pelo universo espiritual desaparecido do judaísmo centro-europeu, essa estrela extinta cuja luz partida e dispersada viaja ainda através do espaço e do tempo, dos continentes e das gerações.

Foi ao ler alguns textos de Walter Benjamin, enquanto explorava os Arquivos Gustav Landauer, na Biblioteca da Universidade Hebraica de Jerusalém, que tive o sentimento intuitivo de tocar um conjunto subterrâneo bem mais vasto. Esbocei o plano de uma pesquisa, que submeti ao saudoso Gershom Scholem durante uma conversa ocorrida em dezembro de 1979. Uma primeira versão em forma de artigo foi concluída em 1980 e corrigida por Scholem: ela apareceu em 1981 nos *Archives de Sciences Sociales des Religions*, n. 51, sob o título de "Messianismo Judaico e Utopias Libertárias na Europa Central (1905-1923)". Uma primeira versão do capítulo sobre Walter Benjamin foi publicada por *Les Temps Modernes* em outubro de 1983, com o título de "O Messianismo Anarquista de Walter Benjamin".

Continuei a pesquisa recorrendo aos Arquivos Buber de Jerusalém, aos Arquivos Lukács de Budapeste, aos Arquivos do Instituto de História Social de Amsterdã, aos Arquivos Hannah Arendt da Biblioteca do Congresso (Washington), aos documentos inéditos de Walter Benjamin conservados na Biblioteca Nacional de Paris, aos Arquivos do Instituto Leo Baeck em Jerusalém e Nova York, e a entrevistas com Ernst Bloch (1974), G. Scholem (1979), Werner Kraft (1980), Pierre Missac (1982), Leo Löwenthal (1984).

Finalmente, foi muito proveitosa a ajuda, o encorajamento e a crítica que recebi de meus colegas do Grupo de Sociologia das Religiões – especialmente Jean Séguy e Daniele Herview-Léger –, bem como de Rachel Ertel, Rosemarie Ferenczi, Claude Lefort, Sami Nair, Guy Petitdemange, Eleni Varikas, Irving Wohlfarth, Martin Jay, Leo Löwenthal e do saudoso Michel de Certeau.

Quero agradecer de forma particular a Miguel Abensour, cujos conselhos e críticas foram muito preciosos na redação da versão final deste texto.

1. Sobre o Conceito de Afinidade Eletiva

Um século depois de Auguste Comte, a sociologia continua a tomar emprestada sua terminologia conceitual da física ou da biologia. Não estaria na hora de romper com essa tradição positivista e recorrer a um fundo espiritual e cultural mais vasto, mais rico de sentido, mais próximo da textura mesma dos fatos sociais? Por que não utilizar o vasto campo semântico das religiões, dos mitos, da literatura e até das tradições esotéricas, para fecundar a linguagem das ciências sociais? Não tomou Max Weber o conceito de carisma da teologia cristã, e Mannheim o de "constelação", da astrologia clássica?

Este trabalho é um estudo de "afinidade eletiva". O itinerário desse termo é curioso: vai da alquimia à sociologia, passando pela literatura romanesca. Tem por padrinhos Alberto, o Grande (século XIII), Johann Wolfgang Goethe e Max Weber. Em nossa utilização do conceito, tentamos integrar as diferentes acepções de que a expressão se impregnou ao longo dos séculos. Designamos por "afinidade eletiva" um tipo muito particular de relação dialética que se estabelece entre duas configurações sociais ou culturais, não redutível à determinação causal direta ou à "influência" no sentido tradicional. Trata-se, a partir de uma certa analogia estrutural, de um movimento de convergência, de atração recíproca, de confluência ativa, de combinação capaz de chegar até a fusão. Em nossa opinião, seria interessante tentar fundar o *estatuto metodológico* desse conceito, como instrumento de pesquisa interdisciplinar que permita enriquecer, nuançar e tornar mais dinâmica a análise das relações entre fenômenos econômicos, políticos, religiosos e culturais.

Comecemos por reconstituir brevemente o itinerário do termo, para captar toda a riqueza de significações que acumulou durante seu estranho périplo espiritual.

A ideia de que a disposição dos corpos a se unirem resulta de uma analogia visível ou oculta remonta à Antiguidade grega, particularmente na fórmula de Hipócrates *omoion erchetai pros to omoion (simile venit ad similé)*. Mas o termo afinidade como metáfora alquímica só aparece na Idade Média; é provável que sua primeira fonte seja Alberto, o Grande, segundo o qual se o enxofre se une aos metais é por causa da afinidade que possui com esses corpos: *propter affinitatem naturae metalla adurit* (devido à afinidade natural, o enxofre se funde com os metais). Reencontra-se a temática no célebre alquimista alemão do século XVII, Johannes Conradus Barchusen, que fala de *reciprocam affinitatem*[1] e sobretudo no alquimista holandês do século XVIII, Boerhave. Em seu livro *Elementa Chemiae* (1724), Hermannus Boerhave explica que *"particulae solventes et solutae se affinitate suoe naturae colligunt in corpora homogênea"* (as partículas solventes e solvidas se unem em corpos homogêneos por causa da afinidade natural). Observando a relação entre o ouro e a água-régia num recipiente, ele constata: "Por que o ouro, que é dezoito vezes mais pesado que a água-régia, não se reúne no fundo do vaso que contém esta última? Não vedes claramente que há entre cada partícula de ouro e cada partícula de água-régia uma força em virtude da qual elas se procuram, se unem e se reconhecem?" Essa força é a afinidade, determinando a combinação dos corpos heterogêneos numa união que é uma espécie de casamento, de enlace químico, que procede antes do amor que do ódio, *magis ex amore quam ex ódio*[2].

O termo *attractionis electivae* aparece pela primeira vez na obra do químico sueco Torbern Olof Bergman. Seu livro *De attractionibus electivis* (Uppsala, 1775) será traduzido para o francês sob o título de *Traité des affinités chimiques ou attractions électives*. T.O. Bergman explica-se a propósito da terminologia: "muitos dão o nome de afinidade ao que chamamos de atração. Empregarei indiferentemente esses dois termos a seguir, embora o primeiro, sendo mais metafórico, pareça menos apropriado a uma obra de física". Em discussão com Bergman, um químico francês contemporâneo, Louis-Bernard Guyton de Morveau, sublinha que a afinidade é um caso particular da atração, distinguindo-se por uma intensidade específica do poder atrativo, graças à qual dois ou vários corpos "formam um ser que tem propriedades novas e distintas daquelas que pertencem a cada um desses corpos antes da combinação"[3]. Na tradução alemã do livro de Bergman[4], o termo "atração eletiva" aparecerá como *Wahlverwandtschaft*, afinidade eletiva.

Foi provavelmente dessa versão alemã de T.O. Bergman que Goethe retirou o título de seu romance *Die Wahlverwandtschaften* (1809), no qual se refere a uma obra de química estudada por uma das personagens "há cerca de uma dezena de anos". Várias passagens descritivas do fenômeno químico parecem diretamente extraídas da obra do sábio sueco – notadamente a análise da reação entre AB e CD, que se combinam de novo em AD e CB. Essa transposição, por Goethe, do conceito químico para o terreno social da espiritualidade e dos sentimentos humanos era tanto mais natural na medida em que, para vários alquimistas (como Boerhave), o termo já vinha fortemente carregado de metáforas sociais e eróticas. Para Goethe, existe afinidade eletiva quando dois seres ou elementos "buscam-se um ao outro, atraem-se, ligam-se um ao outro e a seguir ressurgem dessa união íntima numa forma (Gestalt) renovada e imprevista"[5]. A semelhança com a fórmula de Boerhave (dois elementos que "se procuram, se unem e se reconhecem") salta à vista, não se excluindo que Goethe conhecesse também a obra do alquimista holandês e que nela tenha se inspirado.

Com o romance de Goethe, o termo ganhou direito de cidadania na cultura alemã, como designação de um tipo particular de vínculo entre as almas. É, portanto, na Alemanha que ele conhecerá sua terceira metamorfose: a transmutação, por intermédio desse grande alquimista da ciência social que foi Max Weber, em conceito sociológico. Da acepção antiga irá conservar as conotações de escolha recíproca, atração e combinação, mas a dimensão da novidade parece desaparecer. O conceito de *Wahlverwandtschaft* – assim como este outro, de significação próxima, *Sinnaffinitäten* (afinidades de sentido) – aparece em três contextos precisos nos escritos de Weber:

Primeiramente, para caracterizar uma modalidade específica de relação entre diferentes formas religiosas. Por exemplo, entre a profecia de missão, em que os eleitos se sentem como um instrumento de Deus, e a concepção de um Deus pessoal, extramundano, colérico e poderoso, existe "*eine tiefe Wahlverwandtschaft*" (uma profunda afinidade eletiva)[6].

Depois, para definir o vínculo entre interesses de classe e visões do mundo (*Weltanschauungen*). Essas, segundo Weber, têm uma autonomia própria, mas a adesão do indivíduo a esta ou aquela visão do mundo depende, em larga medida, de sua *Wahlverwandtschaft* com seus interesses de classe[7].

Finalmente (é o caso de figura mais importante), para analisar a relação entre doutrinas religiosas e formas de *éthos* econômico. O *locus classicus* dessa utilização do conceito é a seguinte passagem de *A Ética Protestante e o Espírito do Capitalismo*:

Em face do enorme embaralhamento de influências recíprocas entre bases materiais, formas de organização sociais e políticas, contexto espiritual das épocas de Reforma, somos obrigados a pesquisar, de início, se algumas "afinidades eletivas" (*Wahlverwandtschaften*) são perceptíveis entre as formas da crença religiosa e as da ética profissional. Ao mesmo tempo, é preciso elucidar, na medida do possível, de que modo e em que direção o movimento religioso, em consequência de suas afinidades eletivas, influenciou o desenvolvimento da cultura material.[8]

Observemos que na primeira vez o termo aparece entre aspas, como se Weber quisesse excusar-se dessa irrupção de uma metáfora romanesca e literária numa análise científica. Mas logo em seguida as aspas desaparecem: a palavra tornou-se conceito.

Não é de estranhar que essa expressão não tenha sido compreendida na recepção anglo-saxônica positivista de Max Weber. Um exemplo quase caricatural é a tradução inglesa da *Ética Protestante* por Talcott Parsons (em 1930): *Wahlverwandtschaft* exprime-se (na passagem acima citada) ora por *certain correlations* (certas correlações), ora por *those relationships* (essas relações)[9]. Enquanto o conceito weberiano remete a uma relação interna rica e significativa entre as duas configurações, a "tradução-traição" de Parsons o substitui por uma banal relação (ou correlação) exterior e vazia de sentido. Nada poderia ilustrar melhor que tal conceito é inseparável de um certo contexto cultural, de uma certa tradição que lhe confere toda a força expressiva e analítica.

Nessas três modalidades weberianas, a afinidade eletiva articula estruturas socioculturais (econômicas e/ou religiosas) sem que haja formação de uma substância nova ou modificação essencial dos componentes iniciais – mesmo se a interação tem consequências eficazes, particularmente ao reforçar a lógica própria de cada figura.

Max Weber jamais tentou examinar de perto a significação desse conceito, discutir suas implicações metodológicas ou definir seu campo de aplicação. Ele aparece aqui e ali na sociologia alemã, mas igualmente sem nenhuma reflexão conceitual. Karl Mannheim, por exemplo, em seu notável estudo sobre o pensamento conservador, escreve: "Na confluência (*zusammenfliessen*) de duas orientações de pensamento, a tarefa da sociologia do conhecimento é encontrar os momentos nas duas correntes que revelavam, antes mesmo da síntese, uma afinidade interna (*innere Verwandtschaft*) e que, assim, tornaram possível a unificação."[10]

No curso de nosso estudo sobre os vínculos entre messianismo judaico e utopia social, o conceito de afinidade eletiva mostrou-se o instrumento mais adequado e fecundo para o estudo dessa relação. Parece-nos, todavia, que sua aplicação pode estender-se a muitos outros aspectos da realidade social. Ele permite compreender (no sentido forte de *Verstehen*) um certo tipo de conjunção entre fenômenos aparentemente díspares, dentro do mesmo campo cultural (religião, filosofia, literatura) ou entre esferas sociais distintas: religião e economia, mística e política etc. Por exemplo, poderia ser bastante esclarecedor apelar ao conceito de *Wahlverwandtschaft* para estudar o tipo de relação que se estabeleceu na Idade Média entre a ética cavaleiresca e a doutrina da Igreja[11]; a partir do século XVI, entre Cabala e alquimia (existe um belo estudo de Gershom Scholem a respeito, "Alchemie und kaballa", *Eranus Jahrbuch*, n. 45, 1977); no século XIX, entre conservantismo tradicionalista e estética romântica (ver o artigo de Mannheim mencionado acima), entre idealismo alemão e judaísmo (conforme estudo de Habermas) ou entre darwinismo e malthusianismo; na virada para o século XX, entre moral kantiana e epistemologia positivista das ciências sociais; e, no século XX, entre psicanálise e marxismo, surrealismo e anarquia etc. Sua utilização sistemática requer, no entanto, um certo número de precisões, tendo em vista a definição mesma do conceito. Antes de mais nada, é preciso levar em consideração que a afinidade eletiva comporta vários níveis ou graus:

1. O primeiro é o da "afinidade" pura e simples, o parentesco espiritual, a homologia estrutural (conceito empregado na sociologia da literatura de Lucien Goldmann), a "correspondência" (no sentido baudelairiano).

A teoria das correspondências foi formulada pela primeira vez de modo sistemático na doutrina mística de Emanuel Swedenborg, que postulava a existência de uma correspondência termo a termo do céu com a terra e das coisas espirituais com as naturais. Baudelaire refere-se a Swedenborg como aquele que lhe ensinara "que tudo, forma, movimento, número, cor, perfume, tanto no espiritual quanto no natural, é significativo, recíproco, *conversível, correspondente*". Mas nele o conceito perde sua conotação mística originária, passando a designar o sistema das analogias recíprocas que atravessam o universo, "as relações íntimas e secretas das coisas"[12].

É importante sublinhar que a correspondência (ou afinidade) é uma analogia ainda estática, que cria a possibilidade mas não a necessidade de uma convergência ativa, de uma *attractio electiva*. (Mencionamos aqui, por nossa conta, a crítica de Daniele Hervieu-Léger ao emprego bastante impreciso do termo em nosso artigo de 1981 sobre messianismo e utopia[13].) A transformação dessa potência em ato, a dinamização da analogia, sua evolução para uma interação ativa depende de condições históricas concretas: mutações econômicas, reações de classes e categorias sociais, movimentos culturais, acontecimentos políticos etc.

2. A "eleição", a atração recíproca, a mútua escolha ativa das duas configurações socioculturais, conduzindo a certas formas de interação, estimulação recíproca e convergência. Nesse grau, as analogias e correspondências começam a tornar-se dinâmicas, mas as duas estruturas permanecem separadas.

É aqui (ou na transição desse nível para o seguinte) que se encontra a *Wahlverwandtschaft* entre ética protestante e espírito do capitalismo de que fala Weber.

3. A articulação, combinação ou "liga" entre os parceiros, podendo resultar em diferentes modalidades de união: a. o que

se poderia chamar de "simbiose cultural", na qual as duas figuras permanecem distintas, mas estão organicamente associadas; b. a fusão parcial; e c. a fusão total (o "enlace químico" de Boerhave).
4. A criação de uma *nova figura* a partir da fusão dos elementos constitutivos. Essa eventualidade, sugerida pelo sentido "goethiano" do termo, está ausente das análises weberianas. É verdade que a distinção entre os dois últimos níveis é difícil de estabelecer: o marxismo freudiano, por exemplo, seria a articulação de dois componentes ou uma forma de pensamento nova, distinta tanto da psicanálise quanto do materialismo histórico?

Para justificar a especificidade (e o eventual interesse) do conceito, não é inútil compará-lo com outras categorias ou termos que servem habitualmente à análise das relações entre estruturas significativas. A afinidade eletiva, tal como a definimos aqui, não é a afinidade ideológica inerente às diversas variantes de uma mesma corrente social e cultural (por exemplo, entre liberalismo econômico e político, entre socialismo e igualitarismo etc.). A eleição, a escolha recíproca implica uma distância prévia, uma carência espiritual que deve ser preenchida, uma certa heterogeneidade ideológica. Por outro lado, a *Wahlverwandtschaft* não é de maneira alguma idêntica a "correlação", termo vago que designa simplesmente a existência de um vínculo entre dois fenômenos distintos: indica um tipo preciso de relação significativa que nada tem em comum (por exemplo) com a correlação estatística entre crescimento econômico e declínio demográfico. A afinidade eletiva também não é sinônimo de "influência", na medida em que implica uma relação bem mais ativa e uma articulação recíproca (podendo chegar à fusão). É um conceito que nos permite justificar processos de interação que não dependem nem da causalidade direta, nem da relação "expressiva" entre forma e conteúdo (por exemplo, a forma religiosa como "expressão" de um conteúdo político ou social). Sem querer substituir-se aos outros paradigmas analíticos, explicativos e compreensivos, ele pode constituir um ângulo de abordagem novo, até aqui pouco explorado, no campo da sociologia da cultura. Aliás, é espantoso que desde Max Weber tenham sido realizadas tão poucas tentativas de reexaminá-lo e utilizá-lo em pesquisas concretas.

Naturalmente, a afinidade eletiva não se dá no vazio ou na placidez da espiritualidade pura: ela é favorecida (ou desfavorecida) por condições históricas e sociais. Se a analogia, o parentesco enquanto tal procedem unicamente do conteúdo espiritual das estruturas significativas em questão, seu relacionamento e sua interação ativa dependem de circunstâncias socioeconômicas, políticas e culturais precisas. Nesse sentido, uma análise em termos de afinidade eletiva é perfeitamente compatível com o reconhecimento do papel determinante das condições econômicas e sociais. Isso vale também, ao contrário do que se pensa habitualmente, para a análise weberiana clássica da relação entre ética protestante e espírito do capitalismo: com exceção de alguns desvios polêmicos, sua demonstração visa menos a definir uma relação causal "espiritualista" do que a justificar a *Wahlverwandtschaft* entre a doutrina religiosa e o *éthos* econômico. Diga-se de passagem que o próprio Marx, num trecho dos *Grundrisse* (Prolegômenos) – obra não conhecida por Max Weber, visto que publicada pela primeira vez em 1939 –, havia feito referência à relação (*Zusammenhang*) entre o protestantismo inglês ou holandês e a acumulação do capital-dinheiro[14].

2. Messianismo Judaico e Utopia Libertária

Das "Correspondências" à "Attractio Electiva"

Que podem ter em comum o messianismo judaico e as utopias libertárias do século xx? Uma tradição religiosa indiferente à esfera do político, voltada para o sobrenatural e o sagrado, e um imaginário social revolucionário, geralmente ateu e materialista? Parece evidente que a religiosidade messiânica tradicionalista e ritual dos rabinos e dos talmudistas não tem nada a ver com a ideologia subversiva anarquista de um Bakunin ou de um Kropótkin. Tanto mais porque o etnocentrismo cultural da religião judaica situa-se nos antípodas do universalismo militante das utopias revolucionárias.

No entanto, o papel cada vez mais ativo dos intelectuais judeus (a partir da metade do século xix) na produção das ideias radicalmente contestatárias estimulou a tentativa de procurar raízes religiosas judaicas nas utopias socialistas. Entre os sociólogos da religião, Max Weber foi provavelmente um dos primeiros a formular a hipótese do caráter potencialmente revolucionário da tradição religiosa do judaísmo antigo: na *Bíblia*, o mundo era percebido não como eterno ou imutável, mas como um produto histórico destinado a ser substituído por uma ordem divina. Toda a atitude em face da vida no judaísmo bíblico é determinada, segundo Weber, pela concepção de uma *revolução futura de ordem política e social sob a condução de Deus*[1]. Trata-se de uma hipótese profundamente fértil, mas que permanece bastante vaga: ela não permite distinguir, no conjunto heteróclito das doutrinas revolucionárias modernas, aquelas que podem ter uma afinidade real com a tradição judaica. Para muitos autores (Max Scheler, Karl Löwith, Nikolai Berdiaev etc.) – alguns deles discípulos de Max Weber –, é o pensamento de Marx que constitui tipicamente a expressão secularizada do messianismo bíblico. Mas essa é uma interpretação discutível e um tanto redutora da filosofia marxista da história.

Parece-nos que Karl Mannheim situa-se num terreno mais concreto e preciso quando, em *Ideologie und Utopie* (1929), antecipa a ideia de que "o anarquismo radical" seria por excelência a figura moderna do princípio quiliástico, a forma relativamente mais pura de consciência utópica/milenarista moderna. Mannheim não distingue entre milenarismo cristão e messianismo judaico, mas o pensador do século XX que personifica, segundo ele, de forma mais acabada essa atitude espiritual "de uma profundidade demoníaca" seria o escritor judeu anarquista Gustav Landauer[2]. Sabemos que Landauer foi um dos dirigentes da Comuna de Munique em 1919; é interessante lembrar a esse respeito que, segundo o sociólogo alemão Paul Honigsheim (antigo membro do círculo Max Weber de Heidelberg e amigo de Lukács e Bloch), alguns dos participantes das repúblicas dos conselhos operários de Munique e de Budapeste estavam imbuídos da consciência de serem chamados a cumprir uma missão de redenção do mundo e de representarem um messias coletivo[3]. De fato, além de Gustav Landauer, outros intelectuais judeus (Kurt Eisner, Eugen Leviné, Ernst Toller, Erich Mühsam etc.) desempenharam um papel importante na República dos Conselhos da Baviera, enquanto Lukács e alguns membros da intelectualidade judaica de Budaspeste figuraram entre os dirigentes da Comuna húngara de 1919.

Portanto, será que existem no messianismo judaico aspectos capazes de se articularem com uma visão do mundo revolucionária (notadamente anarquista)? É partindo das notáveis análises de Gershom Scholem que podemos abordar essa questão mais de perto. No seu ensaio "Para uma Compreensão da Ideia Messiânica no Judaísmo", Scholem não hesita em afirmar que "o apocalíptico popular [...] representa um elemento de anarquia no próprio seio do messianismo utópico; devia levar à rejeição das antigas restrições que perdiam seu significado no contexto novo da liberdade messiânica"[4]. A observação é muito profunda, mas parece-nos que a analogia (ou a "correspondência") entre a utopia messiânica e a utopia libertária vai bem além desse elemento e se manifesta em vários outros "momentos" decisivos dessas duas configurações culturais. Examinemos tal correspondência, apoiando-nos no paradigma teórico – no tipo ideal, poderíamos dizer – do messianismo judaico elaborado por Gershom Scholem e em algumas notas de Karl Mannheim sobre o anarquismo radical.

1. O messianismo judaico contém duas tendências ao mesmo tempo intimamente ligadas e contraditórias: uma corrente *restauradora*, voltada para o restabelecimento de um estado ideal do passado, uma idade de ouro perdida, uma harmonia edênica quebrada e uma corrente *utópica*, aspirando a um futuro radicalmente novo, a um estado de coisas que jamais existiu. A proporção entre as duas tendências pode variar, mas a ideia messiânica não se cristaliza senão a partir de sua combinação. Elas são inseparáveis, numa relação dialética que Scholem evidencia de maneira admirável:

Mesmo a corrente restauradora veicula elementos utópicos e, na utopia, fatores de restauração estão presentes [...] Este mundo inteiramente novo comporta ainda aspectos que dependem claramente do mundo antigo, mas o próprio mundo antigo não é mais idêntico ao passado do mundo; é antes um passado transformado e transfigurado pelo sonho explosivo da utopia."[5]

De acordo com a feliz formulação do grande historiador do messianismo, Sigmund Mowinckel, na tradição judaica "a escatologia é uma reinterpretação da mitologia do tempo originário"[6].

O conceito hebraico de *Tikun* é a expressão suprema dessa dualidade do messianismo judaico. Para os cabalistas – particularmente Isaac Luria e a escola de Safed– o *Tikun* é o restabelecimento da grande harmonia rompida pela Quebra dos Vasos (*Shevirat Ha-Kelim*) e mais tarde pelo pecado de Adão. Como observa Gershom Scholem, "o *Tikun*, caminho que leva ao fim das coisas, é também o caminho que leva ao começo": ele implica a "restauração da ordem ideal", isto é, "a restituição, a reintegração do todo original". O advento do Messias é o cumprimento do *Tikun*, a Redenção enquanto "retorno de todas as coisas a seu contato original com Deus". O "mundo do *Tikun*" (*Olam Ha-Tikun*) é, portanto, o mundo utópico da reforma messiânica, da supressão da mácula, do desaparecimento do mal[7].

Ora, no pensamento libertário encontra-se precisamente uma combinação análoga entre restauração e utopia, como aliás sublinha Mannheim[8]: em Bakunin, Sorel, Proudhon e Landauer, a utopia revolucionária é acompanhada sempre de uma profunda nostalgia de formas do passado pré-capitalista, da comunidade camponesa tradicional, ou do artesanato; em Landauer, isso chega à apologia explícita da Idade Média. Na verdade, a maioria dos grandes pensadores anarquistas contém no núcleo de sua busca uma atitude romântica em relação ao passado.

Poderíamos até mesmo levar o paralelismo mais adiante: um crítico contemporâneo, o escritor antimilitarista Georges Darien, lamenta, num artigo de 1904, o "caráter religioso do Anarquismo", cuja doutrina ele define nos seguintes termos: I. houve outrora uma idade de ouro, que desapareceu com o surgimento da autoridade; II. é preciso retornar a essa idade de ouro; para isso, uma revolução é desejável; III. uma vez efetuada a revolução, haverá uma interrupção geral da vida sobre o planeta; IV. após o que a idade de ouro retornará[9]. Trata-se evidentemente de uma caricatura, mas apesar de tudo ela remete a uma dimensão presente na profecia anarquista. Lembremos também que Max Weber sublinhava, em *Economia e Sociedade*, que o anarcossindicalismo era a única variedade de socialismo na Europa ocidental que pretendia fosse "o real equivalente a uma fé religiosa"[10].

É verdade que uma dimensão romântico-nostálgica está presente em todo o pensamento revolucionário anticapitalista – aí incluído o marxismo, contrariamente ao que se costuma pensar. Mas, enquanto em Marx e seus discípulos essa dimensão é relativizada por sua admiração pela indústria e pelo progresso econômico trazido pelo capital, entre os anarquistas (que de maneira alguma simpatizam com o industrialismo) ela se manifesta com uma intensidade e um clamor particulares, e mesmo únicos. O anarquismo é sem dúvida (juntamente com o populismo russo), de todas as correntes revolucionárias modernas, aquela que contém a carga romântica e restitucionista mais poderosa. Assim considerada, a obra de Gustav Landauer é a expressão suprema do espírito romântico da utopia libertária. Esse é talvez o aspecto em que a analogia entre o messianismo judaico e o anarquismo mostra-se mais significativa, fundamental e decisiva; bastaria apenas ele para criar entre ambos a possibilidade de um vínculo espiritual privilegiado. Voltaremos a falar disso.

2. Segundo Scholem, para o messianismo judaico (contrariamente ao messianismo cristão), a redenção é um acontecimento que se dá necessariamente no palco da história, "publicamente" por assim dizer, no mundo visível; não é concebível como processo puramente espiritual, situado na alma de cada indivíduo e resultando numa transformação essencialmente interna. De que tipo de acontecimento "visível" se trata? Para a tradição religiosa judaica, a chegada do Messias é uma irrupção catastrófica: "O messianismo judaico – nunca será demais insistir – é em sua origem e natureza uma teoria da catástrofe. Essa teoria insiste no elemento revolucionário, cataclísmico, na transição do presente histórico para o porvir messiânico."[11]

Entre o presente e o futuro, a degradação atual e a redenção, há um abismo; aliás, em muitos textos talmúdicos aparece a ideia de que o Messias só virá numa era de corrupção e de culpabilidade total. Esse abismo não pode ser atravessado por nenhum "progresso" ou "desenvolvimento": apenas a catástrofe revolucionária, com um colossal desenraizamento, uma destruição total da ordem existente, abre o caminho para a redenção messiânica. O messianismo secularizado do pensamento judaico liberal do século XIX (por exemplo, do filósofo neokantiano Hermann Cohen), com sua ideia de um progresso ininterrupto, de um aperfeiçoamento gradual da humanidade, não tem nada a ver com a tradição dos profetas e dos agadistas[12], para os quais o advento do Messias implica sempre uma comoção geral, uma tempestade revolucionária universal. Como sublinha Scholem com razão, "a *Bíblia* e os escritores apocalípticos jamais consideraram um progresso da história que levaria à redenção. [...] A redenção é antes o surgimento de uma transcendência acima da história, a projeção de um jato de luz a partir de uma fonte exterior à história"[13]. No mesmo sentido, Max Weber já observava, em *Economia e Sociedade*, que o povo judeu sempre viveu "na espera muda, fervorosa e interrogante" do Grande Dia em que Javé, "por um ato súbito de que ninguém sabe a data, [...] destruirá a hierarquia terrestre a criará um reino messiânico"[14].

A analogia entre essa estrutura significativa e as doutrinas revolucionárias modernas é sugerida pelo próprio Scholem: "O messianismo demonstra seu poder em nossa época precisamente ao reaparecer sob a forma do apocalipse revolucionário, e não mais sob a forma da utopia racional (se é que podemos chamá-la assim) do progresso eterno, que foi como que o sucedâneo da redenção na época das luzes." A seus olhos, os herdeiros dessa tradição judaica são aqueles que chama de "os ideólogos mais importantes do messianismo revolucionário" em nosso século: Ernst Bloch, Walter Benjamin, Theodor Adorno e Herbert Marcuse[15].

Julgamos todavia que, sem negar o alcance mais geral dessa comparação, é com o pensamento libertário (nele incluído o de Walter Benjamin e o do jovem Bloch) que o paralelismo melhor se manifesta. Com efeito, é entre os anarquistas que o aspecto revolucionário-catastrófico da emancipação é mais evidente: "a paixão destruidora é uma paixão criadora", escrevia Bakunin. Além disso, como acentua Mannheim ao se referir uma vez mais ao exemplo de Gustav Landauer, é entre eles que se cava o abismo mais fundo entre toda ordem existente ("Topia") e a Utopia. Encontramos aqui uma diferenciação *qualitativa* do tempo, opondo épocas carregadas de sentido e épocas desprovidas de sentido: toda possibilidade de *progresso* ou *evolução* é negada, e a revolução é concebida como uma *irrupção* no mundo[16].

3. Para a tradição judaica (sobretudo bíblica), a mudança trazida pelo *Et Ketz*, o tempo do fim, é geral, universal e radical. Não significa um aperfeiçoamento do mundo tal como existia até então, mas a criação de um mundo inteiramente outro[17]. O advento do Messias *ba'akharit hayyamim* (no fim dos dias) estabelece – ou restabelece – uma era de harmonia entre o homem e Deus, entre o homem e a natureza, e dos homens entre si. São as imagens bem conhecidas de *Isaías* (11,8) que mostram a criança brincando com a víbora, ou que proclamam a paz eterna (2,4): *lo issâ gôi el gôi kherev ve lo ilmedu od milkhamâ* (as nações não levantarão mais a espada umas contra as outras e não se fará mais a guerra)[18].

Aqui a correspondência com as utopias revolucionárias se relaciona tanto ao caráter absoluto e radical da transformação quanto ao conteúdo mesmo do mundo novo (ou restaurado). Mas, de todas as correntes socialistas, a que recusa de forma mais contundente qualquer ideia de aperfeiçoamento da ordem estabelecida é efetivamente o anarquismo.

4. Um dos aspectos essenciais da subversão escatológica generalizada é a destruição dos poderes deste mundo. Para retomar as palavras célebres do profeta Isaías (13, 11; 14, 5), quando chegar o dia do Senhor, o Eterno abaterá *geût aritsim*, a arrogância dos tiranos, e quebrará *schevet moschlim*, o cetro dos soberanos, que espancava os povos com furor, a golpes multiplicados, e dominava cruelmente as nações, perseguindo-as sem descanso[19].

Mas alguns textos bíblicos e apocalípticos vão mais longe: sugerem a abolição de todo poder ou autoridade humanos – em benefício da teocracia em sentido estrito, isto é, o poder do próprio Deus, diretamente, sem intermediários nem "vigários". Como observa Mowinckel, o próprio Javé é o rei do futuro reino messiânico[20]: Deus é ao mesmo tempo *Melekk Israel ve-Goalôh*, o rei de Israel e seu redentor (*Isaías* 44, 6). Um eminente historiador dos sistemas escatológicos, Jakob Taubes, escreve a propósito desse aspecto do messianismo judaico: "A teocracia é erigida sobre o fundamento espiritual (*Seelengrund*) anárquico de Israel. Na teocracia se manifesta a tendência dos homens a se libertarem de todas as amarras terrestres e estabelecerem um pacto (*Bund*) com Deus."[21]

Isso evidentemente está muito distante do anarquismo moderno, cuja divisa "Nem Deus nem mestre" manifesta a recusa de toda autoridade, secular ou divina. Mas a negação de qualquer poder humano "em carne e osso" constitui uma analogia-correspondência significativa, a única que permite compreender o aparecimento, entre alguns intelectuais judeus contemporâneos (Benjamin, Scholem etc.), dessa espantosa figura espiritual: o anarquismo teocrático.

5. Resta o aspecto do messianismo judaico que Scholem havia designado como intrinsecamente "anárquico": a ideia, que aparece em vários textos talmúdicos ou cabalistas, segundo a qual o

advento do Messias implica a abolição das restrições que a *Torá* até então impôs aos judeus – com a era messiânica, a antiga *Torá* perde sua validade e será substituída por uma nova Lei, a "*Torá* da Redenção", na qual as interdições e proibições desaparecerão. Num mundo novo, paradisíaco, em que a força do mal teria sido anulada, e que seria dominado pela luz da Árvore da Vida, as restrições impostas pela Árvore do Conhecimento do Bem e do Mal perderiam seu significado. Esse elemento "anárquico" manifesta-se também, como mostra com perspicácia Scholem, em certas interpretações do Salmo 146, 7, que oferecem uma nova leitura do texto hebraico: em lugar da versão tradicional segundo a qual, na era messiânica, "o senhor liberta os prisioneiros" (*matir assurim*), dever-se-ia ler "o senhor levanta as interdições" (*matir issurim*)[22]. Scholem não se equivoca ao qualificar essa temática de "anárquica": basta pensar na célebre fórmula de Bakunin citada por Mannheim como exemplo característico da postura quiliástica do anarquismo radical: "Não acredito em Constituições ou em leis. [...] Temos necessidade de algo diferente: a paixão, a vida, um mundo novo sem leis e, portanto, livre."[23]

A análise dos cinco aspectos acima deve ser concebida como um conjunto; revela assim uma notável *homologia estrutural*, um inegável isomorfismo espiritual entre esses dois universos culturais situados em esferas (aparentemente) bem distintas: a tradição messiânica judaica e as utopias revolucionárias modernas, particularmente as libertárias. Entendemos por "utopia libertária" não apenas as doutrinas anarquistas (ou anarco-sindicalistas) em sentido estrito, mas também as tendências revolucionárias do pensamento socialista – incluindo as que recorrem ao marxismo –, que se caracterizam por uma orientação antiautoritária e antiestatista pronunciada.

Até aqui, limitamo-nos a circunscrever o campo das correspondências (no sentido baudelairiano), ou seja, a rede subterrânea de analogias, similitudes ou equivalências entre vários elementos dessas duas configurações culturais. Tais correspondências não constituem, nelas mesmas, um vínculo efetivo: o anarquismo de um Proudhon ou de um Bakunin (ambos antissemitas, diga-se de passagem) não tem relação alguma com a tradição religiosa judaica. É somente numa época histórica determinada – a primeira metade do século xx - e numa área social e cultural precisa - a intelectualidade judaica da Europa Central - que essa homologia ou correspondência torna-se dinâmica e adquire a forma, na obra de certos pensadores, de uma verdadeira afinidade eletiva entre messianismo e utopia libertária. Em outras palavras, e para utilizar um conceito que Mannheim transplantou com muito sucesso da astrologia para a sociologia do conhecimento, é preciso uma certa *constelação* de fatores históricos, sociais e culturais para que se manifeste, na *Weltanschauung* de um importante grupo de intelectuais judeus de língua alemã, um processo de *attractio electiva*, de "simbiose cultural", de estimulação e alimentação recíprocas e, mesmo em alguns casos, de combinação ou fusão dessas duas figuras espirituais. A forma concreta de articulação ou liga, e os elementos que a compõe - uma ou várias das "correspondências" que assinalamos - variam conforme os autores em questão.

A explicação mais simples dessa relação, a que se apresenta imediatamente ao espírito como uma evidência, seria considerar a tradição messiânica como a origem (mais ou menos direta) do surto de utopismo libertário entre esses escritores e pensadores judeus. Sem rejeitar inteiramente a hipótese, que provavelmente contém sua parte de verdade, é preciso reconhecer que ela levanta mais dificuldades do que as resolve:

a. A influência em si não é um fator explicativo suficiente. Ela mesma carece de ser explicada. Por que tal doutrina, e não uma outra, influenciou tal autor? Essa questão é tanto mais pertinente na medida em que quase todos os autores em questão, como a grande maioria dos intelectuais judeus de cultura alemã, achavam-se muito afastados, por sua educação, das tradições religiosas judaicas (que permaneceram bem mais vivas na Europa do Leste). Seu meio de origem encontrava-se largamente assimilado: a intelectualidade judaica da Europa Central colhia suas referências culturais na literatura e na filosofia alemãs: Goethe, Schiller, Kant e Hegel eram as fontes reconhecidas e respeitadas, e não o *Talmud* e a Cabala, considerados por muitos como vestígios atávicos e obscurantistas do passado.

b. A tradição messiânica judaica prestava-se a múltiplas interpretações: leituras puramente conservadoras, como em certos textos rabínicos, ou puramente racionalistas (na linha do filósofo judeu do século xii, Maimônides) ou então influenciadas pelo espírito liberal-progressista da *Aufkärung* (e seu equivalente judaico, a *Haskalá*), como em Hermann Cohen. Por que precisamente a interpretação ao mesmo tempo apocalíptica, restauradora e utópica foi "selecionada" por um certo grupo de pensadores? A explicação inversa, segundo a qual seria a tendência utópica desses autores que justifica seu apelo à tradição messiânica, é tão limitada e insuficiente quanto a primeira. Um dos grandes méritos do conceito de *Wahlverwandtschaft* é precisamente o de permitir que se ultrapassem essas duas visões unilaterais para uma compreensão dialética da relação.

Um outro modelo que nos parece insatisfatório é o da "secularização", frequentemente utilizado para justificar o vínculo entre religião e ideologias sociais ou políticas. Para o fenômeno estudado aqui, seu interesse é limitado, porque a dimensão messiânica religiosa de modo algum desaparece dos escritos da maior parte dos autores examinados: ela continua sendo (explicitamente) um aspecto central de sua visão de mundo. Na realidade, há tanto "sacralização" do profano quanto secularização do religioso nesse pensamento judeu alemão: a relação entre a religião e a utopia que o atravessa não é, como a secularização, um movimento em sentido único, uma absorção do sagrado pelo profano, mas uma relação recíproca que articula as duas esferas sem as abolir.

Parece-nos melhor partir de um contexto sociocultural mais amplo, que serve de quadro geral comum às duas tendências mencionadas e que brota, por assim dizer, organicamente das sociedades centro-europeias em crise: o novo surto de romantismo, desde o final do século xix até o início dos anos 1930. O termo "romantismo" não designa aqui um estilo literário ou artístico, mas um fenômeno bem mais vasto e profundo: a corrente de nostalgia das culturas pré-capitalistas e de crítica cultural à sociedade industrial-burguesa, corrente que se manifesta tanto no domínio da arte e da literatura quanto no pensamento econômico, sociológico e político.

O "romantismo anticapitalista" – para empregar o termo criado por Lukács – é um fenômeno político e cultural particular, até agora sem receber a atenção merecida porque escapa às classificações habituais. O recorte tradicional do campo político entre esquerda/centro/direita – ou conservadores/liberais/revolucionários, ou ainda regressão/*status quo*/progresso – não permite captá-lo; ele desliza entre as malhas dessa rede clássica e parece inapreensível no quadro das categorias que definem as grandes opções políticas a partir da Revolução Francesa. A dificuldade é ainda mais acentuada em relação a uma das tendências da corrente romântica que poderíamos designar como "romântica revolucionária", e à qual pertencem pensadores como Hölderlin, Fourier, William Morris e Gustav Landauer. Trata-se de uma tendência em que se combinam e associam de maneira inextricável a nostalgia do passado pré-capitalista (real ou imaginário, próximo ou longínquo) e a esperança revolucionária num novo porvir, a restauração e a utopia[24].

Ora, esse neorromantismo torna muito mais compreensíveis o ressurgimento da aproximação por afinidade eletiva e (às vezes) a convergência e a fusão entre o messianismo judaico (em sua interpretação restitucionista/utópica) e a utopia libertária: ambos se enraízam no mesmo terreno ético-cultural e "ideológico", e desenvolvem-se no mesmo clima espiritual – o do romantismo anticapitalista da intelectualidade alemã. De fato, essa corrente cultural, particularmente em sua versão romântica revolucionária, não pode senão favorecer a descoberta, a revitalização ou o surto tanto de uma leitura restauradora/utópica do messianismo quanto de uma interpretação restauradora/utópica da revolução (o anarquismo).

Essa dupla tendência caracteriza um certo número de intelectuais judeus da Europa Central, que constituem um grupo extremamente heterogêneo, e no entanto unificado por tal problemática comum; encontramos entre eles alguns dos maiores espíritos do século: poetas e filósofos, líderes revolucionários e guias religiosos, comissários do povo e teólogos, escritores e cabalistas, e até mesmo escritores-filósofos-teólogos-revolucionários – por exemplo, Franz Rosenzweig, Martin Buber, Gershom Scholem, Gustav Landauer, Franz Kafka, Walter Benjamin, Ernst Bloch, Ernst Toller, Erich Fromm, Manes Sperber, György Lukács e muitos outros.

Esses autores já foram bastante estudados, mas até agora não se suspeitou jamais que seu pensamento pudesse ter uma dimensão fundamental comum. Parece paradoxal e arbitrário agrupar sob um mesmo teto personalidades tão diversas e tão afastadas umas das outras. Constatamos inicialmente que, sem constituir um grupo no sentido concreto e imediato da palavra, encontram-se todavia ligados entre si por uma rede social complexa e sutil: relações de amizade profunda e/ou afinidade intelectual e política unem Gustav Landauer e Martin Buber, Gershom Scholem e Walter Benjamin, Ernst Bloch e György Lukács, Martin Buber e Franz Rosenzweig, Gustav Landauer e Ernst Toller; Scholem é atraído por Buber e Landauer, Buber corresponde-se com Kafka, Bloch e Lukács, Erich Fromm foi aluno de Scholem. No núcleo dessa trama, na intersecção de todos os fios desse tecido cultural, contendo em si os polos mais opostos, Walter Benjamin, o amigo íntimo de Scholem, ligado a Ernst Bloch, profundamente influenciado por Lukács, Rosenzweig e Kafka, leitor crítico de Landauer, Buber e Fromm.

Contudo, isso não é o essencial: o que permite conceber essas personalidades (e outras menos conhecidas, de que falaremos também: Hans Kohn, Rudolf Kayser, Eugen Leviné, Erich Unger etc.) como um grupo é o fato de que sua obra contém, sobre um fundo cultural neorromântico e numa relação de afinidade eletiva, uma dimensão messiânica judaica e uma dimensão utópico-libertária. Para alguns, essa relação é um episódio passageiro de seu itinerário intelectual (Lukács); para outros, é o eixo central de toda a sua obra (Walter Benjamin). Evidentemente, o peso respectivo e a importância relativa de cada uma das duas dimensões não são os mesmos; para uns (Rosenzweig), é o componente religioso que predomina; para outros (Bloch), é o projeto utópico-revolucionário – mas os dois aspectos encontram-se em todos.

Seria inútil procurar nesses autores uma presença sistemática e explícita das duas configurações, na sua integralidade. Tanto o messianismo judaico quanto a utopia libertária encontram-se em suas obras como correntes poderosas, ora subterrâneas, ora visíveis, ora manifestando um de seus temas, ora outro (conforme os autores, ou os diversos períodos da vida de um mesmo autor), ora separados, ora combinados (ou fundidos), ora explícitos, ora implícitos, às vezes dominando a obra de um pensador, às vezes apenas reluzindo aqui e ali nos seus escritos.

Em função do papel predominante de uma ou outra dimensão, parece-nos possível dividir essa rede em dois polos distintos.

Primeiramente, os judeus religiosos anarquizantes: Franz Rosenzweig, Rudolf Kayser, Martin Buber, Gershom Scholem, Hans Kohn etc. Os últimos são sionistas, os primeiros mais hostis ou reticentes em relação ao sionismo. Apesar da recusa da assimilação e do retorno à judeidade (como religião e como cultura nacional), preocupações políticas e sociais (utópicas e libertárias) de caráter universal estão presentes na obra deles e os distanciam de um nacionalismo estreito ou chauvinista: assim, Scholem e Buber estarão na Palestina entre os animadores de organizações (na Brit Shalom o primeiro, no Ihud o segundo) que pregam a fraternização com a população árabe e se opõem ao estabelecimento de um Estado nacional exclusivamente judeu. Até certo ponto poder-se-ia acrescentar Kafka a essa corrente, mas sua relação com a religião judaica é bem mais problemática, e sua atitude para com a assimilação, menos negativa.

O outro polo é dos judeus assimilados (ateu-religiosos) libertários – isto é, anarquistas, anarcobolchevistas, marxistas antiautoritários: Gustav Landauer, Ernst Bloch, Erich Fromm, Ernst Toller, György Lukács etc. Ao contrário dos precedentes, eles se afastam mais ou menos de sua identidade judaica, embora conservando um vínculo (mais ou menos explícito) com o judaísmo. Seu ateísmo religioso (o termo é de Lukács) nutre-se de referências tanto judaicas quanto cristãs, e vários deles irão evoluir das ideias anarquistas para o marxismo ou o bolchevismo.

Distante de todas as correntes (a fórmula é de um artigo de Adorno sobre sua obra) e na encruzilhada de todos os caminhos, ligado ao mesmo tempo aos dois grupos, encontra-se aquele que personifica, melhor que ninguém, essa cultura judaico-alemã messiânico-libertária: Walter Benjamin.

A diferenciação entre os dois conjuntos revela que a afinidade eletiva entre messianismo judaico e utopia libertária comporta também uma tensão, quando não uma contradição, entre o particularismo (nacional-cultural) judaico do messianismo e o caráter universal (humanista internacionalista) da utopia emancipadora. No primeiro conjunto, a predominância da particularidade judaica tende a relativizar o aspecto revolucionário universal da utopia, sem contudo fazê-lo desaparecer; no segundo, ao contrário, a universalidade da utopia é a dimensão preponderante e o messianismo tende a ser despojado de sua especificidade judaica – que, apesar de tudo, não é inteiramente apagada.

Por que esse fenômeno político e cultural teve lugar na Europa Central e não numa outra comunidade judaica europeia? E por que nesse momento histórico preciso? Para responder a essas questões e para compreender a particularidade da recepção romântica anticapitalista entre os intelectuais judeus de cultura alemã, é preciso examinar de um ponto de vista sociológico sua situação específica e contraditória na vida social e cultural da Europa Central.

3. Párias, Rebeldes e Românticos

Tentativa de Análise Sociológica da Intelectualidade Judaica da Europa Central

Conforme vimos, o termo *Mitteleuropa* designa uma área unificada pela cultura germânica: a Alemanha e o Império Austro-Húngaro. Não se pode compreender a situação específica da comunidade judaica dessa região (e a de seus intelectuais) sem examinar as transformações históricas que se operam na *Mitteleuropa* desde o final do século XIX. E não se pode apreender o movimento das formas de vida cultural e religiosa sem relacioná-las com as mudanças da estrutura econômica e social. Em vez de "determinação" pela economia, seria preciso falar, como Mannheim, de *Seinsgebundenheit*, vínculo (ou dependência) da cultura à realidade socioeconômica.

Em outras palavras: o ponto de partida necessário para uma análise das figuras da espiritualidade alemã e judaica dessa época é a constatação de um fato social fundamental – o desenvolvimento vertiginoso do capitalismo e a industrialização acelerada da Alemanha e da Áustria-Hungria a partir do último quarto do século XIX. Entre 1870 e 1914, a Alemanha metamorfoseou-se de país semifeudal e atrasado em uma das maiores potências industriais do mundo. Um exemplo basta para ilustrar essa mudança: no domínio da produção de aço (típico da indústria moderna), a Alemanha, que em 1860 estava atrás da França e muito atrás da Inglaterra, passa a produzir, em 1910, mais aço que aqueles dois países juntos! Há uma concentração dos capitais bancários e industriais, e constituem-se cartéis poderosos nos ramos têxtil, do carvão, da siderurgia, das indústrias químicas e elétricas etc.[1] Um fenômeno comparável, talvez em menor grau, desenvolve-se na Áustria, Hungria e Tchecoslováquia. A rapidez, a brutalidade, a intensidade e o poder esmagador dessa industrialização subvertem as sociedades da Europa Central, sua estrutura de classes (ascensão da burguesia, formação do proletariado), seu sistema político e sua hierarquia de valores.

Em face da escalada irresistível do capitalismo, do desenvolvimento invasor da civilização científica e técnica, da grande produção industrial, do universo da mercadoria e dos valores mercantis, produz-se – em diversos meios sociais e particularmente na intelectualidade tradicional – uma reação cultural (às vezes desesperada e trágica, às vezes resignada) que se poderia designar como "romântica anticapitalista".

O romantismo anticapitalista – que não deve ser confundido com o romantismo como estilo literário – é uma *Weltanschauung* (visão de mundo) caracterizada por uma crítica mais ou menos radical da civilização industrial-burguesa em nome de valores sociais, culturais, éticos ou religiosos pré-capitalistas[2]. Essa *Weltanschauung* irá constituir na Europa Central, e sobretudo na Alemanha, na virada do século, a sensibilidade dominante na vida cultural e universitária. O mandarinato acadêmico, categoria social tradicionalmente influente e privilegiada, é uma de suas principais bases sociais: ameaçado pelo novo sistema que tende a reduzi-lo a uma situação marginal e impotente, reage manifestando seu horror ante o que considera uma sociedade sem alma, padronizada, superficial e materialista[3]. Um dos temas essenciais dessa crítica, que se torna como que uma obsessão entre escritores, poetas, filósofos e historiadores, é a oposição entre *Kultur*, um universo de valores éticos, religiosos ou estéticos, e *Zivilisation*, o mundo do progresso econômico e técnico, materialista e vulgar. Se o capitalismo é, segundo a expressão implacavelmente lúcida de Max Weber, o *Entzauberung der Welt* (desencantamento do mundo), o romantismo anticapitalista deve ser considerado antes de tudo como uma tentativa nostálgica e desesperada de reencantamento do mundo, de que uma das dimensões essenciais era o retorno à religião, o renascimento das múltiplas formas de espiritualidade religiosa.

A visão de mundo anticapitalista está presente numa espantosa variedade de obras culturais ou movimentos sociais da época: os romances de Thomas Mann e Theodor Storm, os poemas de Stefan George e Richard Beer-Hoffmann, a sociologia de Tönnies, Simmel ou Mannheim, a escola histórica da economia, o *Kathedersozialismus* (Gustav Schomoller, Adolph Wagner, Lujo Brentano), a filosofia de Heidegger e Spengler, o Movimento da Juventude e os *Wandervögel*[4], o simbolismo e o expressionismo. Unificada na recusa ao capitalismo em nome de uma certa nostalgia do passado, essa configuração cultural é totalmente heterogênea do ponto de vista político: tanto ideólogos da reação (Moeller Van der Bruck, Julius Langbehn, Ludwig Klages) quanto utopistas revolucionários (Bloch, Landauer) podem ser considerados românticos anticapitalistas. Poderíamos dizer que o essencial da produção literária, artística e científico-social (no sentido de *Geisteswissenschaften* [ciências do espírito]) na Alemanha e na Europa Central situa-se no campo magnético dessa corrente.

■ ■ ■

Que consequências tiveram esses desenvolvimentos econômicos, sociais e culturais sobre as comunidades judaicas da *Mitteleuropa*? O surto do capitalismo criou um espaço favorável para o desabrochar da burguesia judaica. A população judaica irá deixar os guetos e as aldeias para se urbanizar rapidamente: enquanto em 1867, 70% dos judeus da Prússia viviam em pequenas aldeias, essa porcentagem cai para 15% em 1927[5]. O mesmo se passa no Império Austro-Húngaro, onde a população judaica se concentra em Budapeste, Praga e sobretudo Viena. (Poderia citar como exemplo minha própria família: meus avós, tanto do lado paterno – vindos da Tchecoslováquia – quanto do materno – vindos da Hungria –, deixaram suas aldeias por volta do fim do século XIX para se instalarem na capital do Império.) Nas cidades irá formar-se uma grande e média burguesia que ocupa um lugar crescente nos negócios, no comércio, na indústria e nos bancos. À medida que ela enriquece e as antigas restrições civis e políticas são levantadas (na Alemanha em 1869-1871), essa "classe média judaica" passa a ter só uma aspiração: assimilar-se, aculturar-se, integrar-se na nação germânica. Uma carta escrita em 1916 pelo industrial judeu Walther Rathenau (futuro ministro da República de Weimar) é típica dessa atitude:

Não tenho e não conheço nenhum outro sangue a não ser o alemão, nenhuma outra etnia, nenhum outro povo a não ser o alemão. Se me expulsarem de minha terra alemã, continuarei sendo alemão do mesmo modo. [...] Meus antepassados e eu próprio nos alimentamos da terra alemã e do espírito alemão [...] e jamais tivemos um pensamento que não fosse para a Alemanha e da Alemanha.[6]

Certamente esse exemplo é quase um caso-limite, mas, mesmo para aqueles que continuavam a se considerar judeus, a única cultura válida era a alemã: restavam do judaísmo apenas algumas sobrevivências rituais (a visita à sinagoga no Iom Kipur etc.) e o monoteísmo bíblico. As figuras ideais e exemplares da sabedoria não eram mais Moisés ou Salomão, mas Lessing e Goethe, Schiller e Kant. Schiller, de forma particular, é objeto de uma verdadeira veneração: suas *Obras Completas* figuram obrigatoriamente na biblioteca de todo judeu alemão ou austríaco que se preze (ao deixarem Viena em 1935, meus pais as levaram consigo). A corrente assimilacionista mais consequente era representada na Alemanha pela Central-Verein deutscher Staatsbürger Jüdischen Glaubens (Associação Central de Cidadãos Alemães de Confissão Judaica). Descrevendo esse meio social (ao qual pertencia sua própria família), Gershom Scholem observa:

A educação e as leituras eram exclusivamente de orientação alemã, e qualquer dissidência, particularmente no sentido de uma volta ao judaísmo, encontrava, na maioria dos casos, uma firme oposição. A assimilação era muito profunda. Reiterava-se a todo momento, com nuanças diversas, que pertencíamos ao povo alemão, no interior do qual formávamos um grupo religioso como os demais. Isso era tanto mais paradoxal quanto o elemento religioso – que deveria constituir a única diferença – na maioria dos casos era inexistente, sem nenhuma influência sobre a conduta da vida.[7]

Seria falso, todavia, ver nessa sede de aculturação nada mais que arrivismo: ela também podia exprimir convicções sinceras e autênticas. Mesmo um judeu profundamente religioso como

Franz Rosenzweig era capaz de escrever, em 1923, pouco após a publicação de sua grande obra teológica *A Estrela da Redenção*: "Penso que meu retorno ao judaísmo (*Verjudung*) fez de mim um alemão melhor e não pior. [...] E creio que um dia *A Estrela* será reconhecida e apreciada com justa razão como uma dádiva que o espírito alemão deve a seu enclave judeu."[8]

Até certo ponto, essa assimilação era bem-sucedida, mas chocava-se contra uma barreira social intransponível. Segundo a célebre queixa de amor desiludido de Moritz Goldstein em 1912 ("Deutsch-jüdischer Parnass"), "em vão nos consideramos alemães, os outros nos consideram inteiramente *undeutsch*. [...] Ora, não fomos educados com lendas alemãs? Não vive a floresta germânica em nós, não podemos, nós também, ver seus elfos e gnomos?"[9] Ela chocava-se também contra a exclusão de fato de uma série de domínios: a administração, o Exército, a magistratura, o magistério – e sobretudo, a partir de 1890, contra um crescente antissemitismo, que tem seus ideólogos, seus ativistas, sua imprensa. Por todos esses motivos, as comunidades judaicas na Europa Central não são realmente integradas pela sociedade que as cerca. Partilham algumas das determinações essenciais de um povo "pária", segundo a definição clássica de Max Weber: "um grupo desprovido de organização política autônoma, associando--se em uma comunidade hereditária especial" e caracterizando-se, de um lado, pela endogamia e, de outro, por privilégios negativos, tanto no plano político quanto no social[10]. Evidentemente, não se trata de uma condição comparável à das castas na Índia, ou à situação dos guetos judeus na Idade Média: a segurança econômica e a igualdade (formal) de direitos cívicos haviam sido adquiridas com a emancipação. Mas, do ponto de vista social, o judeu continuava a ser um pária e se dava conta, segundo a expressão de Hanna Arendt, "de quão enganosa era a promessa de igualdade que a assimilação fizera cintilar"[11].

Ora, o caminho régio para conquistar respeitabilidade e honra, na Alemanha e na Europa central, era a Universidade. Como escreve o filósofo neokantiano Friedrich Paulsen, os cidadãos com uma educação superior constituíam na Alemanha uma espécie de aristocracia intelectual e espiritual: a ausência de títulos universitários, por outro lado, era uma "falta" que nem a riqueza nem a alta linhagem podiam substituir inteiramente[12]. A lógica da assimilação cultural e o desejo de ascensão na escala de prestígio levam a burguesia judaica a enviar seus filhos à universidade, sobretudo a partir do final do século XIX: "Como a maior parte dos homens de negócios alemães, os judeus queriam ascender socialmente. [...] Desejavam que seus filhos e genros fossem mais valorizados que eles. Como a carreira de oficial ou alto funcionário – meta de um jovem cristão – era barrada para o judeu [...] apenas os estudos universitários permaneciam-lhes abertos."[13]

Chega-se assim, a partir de 1895, a uma porcentagem de 10% de judeus nas universidades alemãs, dez vezes mais do que a porcentagem judaica na população global (1,05%)[14]. Esse processo de escolarização maciça da juventude judaica de origem burguesa na virada do século XIX para o XX leva rapidamente à formação de uma nova categoria social: a intelectualidade judaica. É claro que há intelectuais judeus de cultura alemã desde o final do século XVIII (Moses Mendelssohn), mas só no fim do século XIX o fenômeno generaliza-se e torna-se um fato social novo. Esses intelectuais judeus são um exemplo típico da *sozial freischwebende Intelligentz* (intelectualidade sem vínculos sociais) de que falava Mannheim, pelo caráter "deslocado de sua classe", instável, livre de vínculos sociais precisos. A condição é eminentemente contraditória: ao mesmo tempo profundamente assimilados e largamente marginalizados; ligados à cultura alemã e cosmopolitas; desenraizados, em ruptura com seu meio de origem burguês e voltado aos negócios, rejeitados pela aristocracia rural tradicional e excluídos do meio natural que os acolhia (a carreira universitária). Em estado de disponibilidade ideológica, logo serão atraídos pelos dois principais polos da vida cultural alemã, que se poderia associar às duas célebres personagens de *A Montanha Mágica* de Thomas Mann: "Settembrini", o filantropo liberal, democrata e republicano, e "Naphta", o romântico conservador/revolucionário.

Para muitos jovens intelectuais judeus, o racionalismo, o evolucionismo progressista, a *Aufklärung* e a filosofia neokantiana tornam-se a referência principal, podendo eventualmente combinar-se com um judaísmo diluído ou reduzido a uma ética monoteísta (Hermann Cohen). Várias opções políticas são possíveis a partir dessa visão de mundo, desde o liberalismo moderado (ideologia espontânea da burguesia judaica) até a socialdemocracia (Eduard Bernstein), o marxismo (Max Adler, Otto Bauer e os marxistas austríacos) e mesmo o comunismo (Paul Levi, Ruth Fischer, Paul Frölich, August Thalheimer).

Contudo, a corrente dominante na cultura da *Mitteleuropa* na virada do século XIX para o XX era o romantismo anticapitalista. Era, portanto, inevitável, sociologicamente falando, que uma parte significativa dessa nova intelectualidade judaica, formada nas universidades a partir do início do século XX, fosse atraída pela crítica romântica da civilização industrial: "Naphta!" Ela se apropriará com avidez da *Weltanschauung* nostálgica e antiburguesa predominante nos meios universitários – particularmente nas *Geisteswissenschaften* para as quais se dirige o grosso dos estudantes judeus. Disso resultará uma recusa da carreira de negócios paterna, uma revolta contra o meio familiar burguês e a aspiração intensa a um "modo de vida intelectual"[15]. É nesse momento que se produz a "ruptura entre gerações" de que falam tantos intelectuais judeus em suas autobiografias, o rompimento dos jovens antiburgueses amigos da *Kultur*, da espiritualidade, da religião e da arte, com seus pais empresários, comerciantes ou banqueiros, liberais moderados, indiferentes em matéria religiosa e bons patriotas alemães[16]. Leo Löwenthal, o sociólogo da literatura, da Escola de Frankfurt, resume, num depoimento autobiográfico recente, o sentimento que era comum a muitos intelectuais de sua geração: "A casa de minha família era por assim dizer o símbolo de tudo o que eu não queria – mau liberalismo, má *Aufklärung*, e dupla moral."[17]

Mannheim utiliza o termo *Generationszusammenhang* para designar o vínculo concreto que resulta da participação num destino histórico-social comum no seio de uma geração[18]. Com efeito, a ruptura entre as gerações não é um fato biológico: é apenas em condições sociais determinadas que se produz um afastamento ou mesmo um abismo entre as gerações. Na nova intelectualidade judaica, nascida durante o último quarto do século XIX, podemos encontrar um *Generationszusammenhang* desse tipo. É a tal geração a que pertence ao grupo de intelectuais estudados nesta obra, cujas datas de nascimento situam-se aproximadamente nos últimos vinte anos do século XIX; Martin Buber (1878), Franz Kafka (1883), Ernst Bloch (1885), György Lukács (1885), Franz Rosenzweig (1886), Walter Benjamin (1892), Ernst Toller (1893), Gershom Scholem (1897), Erich Fromm (1900),

Leo Löwenthal (1900). Convém precisar, porém, que a análise sociológica acima esboçada somente dá conta das probabilidades de que um certo número de intelectuais judeus fosse atraído para o polo romântico anticapitalista da cultura germânica; ela não permite explicar a escolha pessoal de cada indivíduo, que depende de uma série de outras variáveis (psicológicas, entre outras). Basta mencionar o exemplo da família Scholem: um dos filhos (Reinhold) tornar-se-á nacionalista alemão (continuará sendo-o mesmo após 1945); outro (Werner), deputado comunista; e o terceiro (Gerhard/Gershom), sionista e historiador da Cabala. Fica evidente que o meio social não pode fornecer uma explicação dessa diversidade!

Para o intelectual judeu que pertence à "geração romântica" dos anos 1880, que participava às vezes dos círculos alemães informais, onde era elaborada a cultura romântica anticapitalista – como o Círculo Max Weber de Heidelberg, frequentado por Lukács e Bloch –, um problema se apresentava de imediato: o retorno ao passado, que estava no núcleo da atitude romântica, nutria-se de referências nacionais (a germanidade ancestral), sociais (a aristocracia medieval) ou religiosas (a cristandade protestante ou católica) das quais ele, enquanto judeu, achava-se radicalmente excluído. É verdade que alguns pensadores judeus foram capazes de arriscar-se (particularmente os membros do círculo Stefan George) e metamorfosear-se em nacionalistas alemães (Rudolf Borchardt), germanistas conservadores (Friedrich Gundolf, Karl Wolfskehl) ou teólogos protestantes (Hans Ehrenberg). Mas são casos extremos e bastante raros, na medida em que implicam uma atitude um tanto artificial e uma negação total da identidade judaica – cuja manifestação suprema é a obra dos antissemitas judeus (Otto Weininger, Theodor Lessing). Para os outros, isto é, a maioria, não havia senão duas saídas possíveis (no quadro do neorromantismo): ou um retorno às suas próprias raízes históricas, à sua própria cultura, nacionalidade ou religião ancestral, ou a adesão a uma utopia romântico-revolucionária de caráter universal. Não é de admirar que um certo número de pensadores judeus de cultura alemã, próximos do romantismo anticapitalista, tenha escolhido simultaneamente esses dois caminhos, sob a forma de (re)descoberta da religião judaica – em particular da dimensão restaurador-utópica do messianismo – e de simpatia ou indefinição com utopias revolucionárias (sobretudo libertárias) profundamente carregadas de nostalgia do passado – tanto mais porque esses dois caminhos, como vimos antes, eram estruturalmente homólogos.

Examinemos mais de perto cada um dos caminhos. Na atmosfera impregnada de religiosidade do neorromantismo, muitos intelectuais judeus vão se revoltar contra a assimilação de seus pais, procurando salvar do esquecimento a cultura religiosa judaica do passado. Opera-se assim uma dessecularização, uma desassimilação (parcial), uma anamnese cultural e religiosa, uma "anaculturação"[19] de que alguns círculos ou cenáculos serão os promotores ativos: o Club Bar-Kochba de Praga (Hugo Bergmann, Hans Kohn, Max Brod), o círculo ao redor do rabino Nobel em Frankfurt (Siegfried Krakauer, Erich Fromm, Leo Löwenthal, Ernst Simon), a Freies Jüdisches Lehrhaus (Franz Rosenzweig, Gerhard Scholem, Nahum Glatzer, Margarete Süssmann), a revista de Martin Buber Der Jude etc. Mas a extensão dessa "anaculturação" é mais vasta: ela engloba, em graus diversos, muitos intelectuais judeus influenciados pelo neorromantismo. Às vezes adquire um caráter nacional (sobretudo através do sionismo), mas o aspecto predominante é o religioso: a assimilação foi tão profunda que é extremamente difícil romper com a identidade nacional-cultural germânica. No quadro do processo avançado de assimilação da Europa Central, a religião permanece a única especificidade legítima para os "cidadãos alemães de confissão israelita": é compreensível, portanto, que ela se torne o principal canal de expressão para o movimento de anamnese cultural.

Trata-se, todavia, de uma religiosidade nova, impregnada de espiritualidade romântica alemã e muito diversa do tradicionalismo ritualmente conservado por certos meios judaicos ortodoxos não assimilados. O paradoxo é que é através da mediação do neorromantismo alemão que esses jovens intelectuais judeus irão descobrir sua própria religião: o caminho em direção ao profeta Isaías passava por Novalis, Hölderlin ou Schelling... Em outras palavras, sua assimilação e aculturação são a precondição e o ponto de partida de sua desassimilação e anaculturação. Não é por acaso que Buber escreveu sobre Jacob Böhme antes de redigir suas obras hassídicas[20]; que Franz Rosenzweig esteve a ponto de converter-se ao protestantismo antes de tornar-se o renovador da teologia judaica; que Gustav Landauer traduziu os escritos místicos de Mestre Eckhart antes de voltar-se para a tradição judaica; e que Gershom Scholem tenha redescoberto a Cabala graças aos escritos do romântico alemão Franz Joseph Molitor. Resulta daí que a herança religiosa judaica é percebida através de uma rede de leitura romântica, que privilegia sua dimensão não racional e não institucional, seus aspectos místicos, explosivos, apocalípticos, "antiburgueses" (a expressão é de Scholem, em seu primeiro artigo sobre a Cabala, em 1919). Ora, o messianismo é precisamente o tema que concentra, como num foco de luz irradiante, todos os aspectos *Sturm und Drang*[21] da religião judaica – com a condição, evidentemente, de resgatá-lo da interpretação liberal, neokantiana e *Aufklärer* (messianismo igual a aperfeiçoamento progressivo da humanidade) para restabelecer em sua imensa força escatológica a tradição originária, dos profetas à Cabala, e da *Bíblia* a Sabatai Tzvi[22]. Não é de estranhar, portanto, que a referência messiânica, em sua dupla significação restauradora e utópica, torne-se o *schibolet* (palavra de ordem) da anamnese religiosa da geração romântico-judaica dos anos 1880. É evidente, por outro lado, que esse messianismo judaico carregado de impetuosidade romântica é suscetível de reativação política, diferentemente do messianismo rabínico, quietista ou abstencionista, dos meios ortodoxos.

Como se opera essa reativação? Ou melhor, como explicar o segundo caminho, isto é, a adesão de uma faixa considerável dessa geração às utopias revolucionárias?

É preciso situar a questão num contexto maior: a atração dos intelectuais judeus em geral pelos movimentos de esquerda e pelas ideias socialistas. Isso porque, como constatam os historiadores, a maior parte dos judeus de esquerda na Europa Central (na Europa oriental, onde existe um proletariado judeu, a situação é diferente) compõe-se de intelectuais[23].

O antissemitismo tem sua própria "explicação": o judeu apátrida e cosmopolita tende instintivamente para o internacionalismo vermelho. Esse lugar-comum é evidentemente falso – os judeus em sua maioria eram, de fato, patriotas alemães ou austríacos –, mas é provável que a situação de assimilação/ rejeição/marginalização nacional dos intelectuais judeus os tornasse potencialmente mais sensíveis à temática internacionalista do socialismo que seus colegas não judeus. De forma mais direta que a burguesia e os homens de negócios, a intelectualidade sentia a condição pária do judeu na Europa Central, o clima de antissemitismo, as discriminações profissionais e sociais. Como escreve Hannah Arendt, esse novo grupo de intelectuais, obrigado a ganhar o pão de cada dia e o autorrespeito fora da sociedade judaica, encontra-se particularmente exposto (sem proteção nem defesa) à nova onda de ódio antijudeu na virada do século XIX para o XX, e é no seu interior que se desenvolve a "consciência pária" rebelde, oposta à postura conformista do novo-rico[24]. Ora, para o pária não há senão duas possibilidades: ou uma autonegação radical (Otto Weininger!), ou um questionamento radical dos valores da sociedade que desvalorizou sua alteridade. A consciência pária, devido à sua posição exterior e marginal, tende a assumir um olhar crítico, podendo tornar-se, segundo a expressão de Elisabeth Lenk, "o espelho quintessencial da sociedade"[25].

Os "privilégios negativos" (Max Weber) dos intelectuais judeus nas sociedades da Europa Central manifestam-se sob diversas formas. No nível socioprofissional, o fechamento da administração pública e (em larga medida) do magistério aos universitários judeus irá condená-los a ocupações intelectuais marginais: jornalistas ou escritores "franco-atiradores", artistas ou pesquisadores independentes, educadores "privados" etc. Segundo o sociólogo alemão Robert Michels, é essa discriminação e marginalização que permite compreender "a predisposição dos judeus a aderir aos partidos revolucionários"[26]. Analisando o mesmo fenômeno na Hungria, Karady e Kemeny sublinham que

a formação de um forte núcleo revolucionário na *intelligentsia* liberal parece decorrer diretamente da rigidez do mercado de trabalho intelectual, cujo antissemitismo institucionalizado em certas categorias profissionais (como no magistério superior) não é senão um dos aspectos[...] e que só veio a fortalecer a convicção dos excluídos de que sua integração "normal" no mercado intelectual devia passar pela subversão das regras do jogo desse mercado[27].

Sem subestimar a importância desse aspecto, parece-me, todavia, que a radicalização revolucionária de um número significativo de intelectuais judeus – seja na Hungria, seja na Alemanha – não pode ser reduzida a um problema de mercado de trabalho ou de expedientes profissionais. Outras considerações devem ser levadas em conta para compreender por que o filho de um banqueiro judeu (György Lukács) tornou-se comissário do povo na Comuna de Budapeste, ou o filho de um rico comerciante judeu (Eugen Leviné), dirigente da República dos conselhos da Baviera. Para compreender as razões da adesão dos judeus ao socialismo, Walter Laqueur escreve, em seu livro sobre a República de Weimar:

Se eram atraídos pela esquerda, é porque esta era o partido da razão, do progresso e da liberdade, e porque os havia ajudado a conquistar a igualdade. A direita, em troca, era mais ou menos antissemita, considerando-os um elemento estranho ao corpo político. Essa atitude, que havia sido um componente fundamental da vida política ao longo de todo o século XIX, não mudará durante o primeiro terço do século XX.[28]

Essa análise é sem dúvida pertinente, e permite compreender – ao menos em certa medida – a integração de muitos intelectuais judeus à socialdemocracia na Alemanha e, sobretudo, na Áustria. Em compensação, não é de modo algum adequada para explicar a radicalização da geração judaica romântica dos anos 1880, que desconfia do racionalismo, do progresso industrial e do liberalismo político – geração da qual nenhum dos membros foi atraído pela socialdemocracia.

Qual o itinerário espiritual que conduz uma parte dessa corrente para as ideias socialistas – ou, mais precisamente, para a versão revolucionária e socialista do anticapitalismo? Como explicar, por exemplo, que num dos principais centros de elaboração da visão de mundo neorromântica, o Círculo Max Weber, de Heidelberg, estejam precisamente os judeus (Lukács, Bloch, Toller) que optaram pela revolução?

É certo que, como já vimos, sua condição social de párias, sua marginalidade e seu desenraizamento tornam os intelectuais judeus disponíveis às ideologias de contestação radical da ordem estabelecida. Mas outras motivações entram em jogo, específicas do meio romântico anticapitalista: o romantismo nacional/cultural judeu, isto é, o sionismo, não consegue a adesão da maior parte. Sua assimilação foi muito longe para que na Europa Central eles possam se identificar com uma nação judaica um tanto abstrata (contrariamente à Europa oriental). Portanto, é compreensível que a maioria desses intelectuais acabe optando pela recusa de todos os nacionalismos e por uma utopia romântica anticapitalista internacionalista na qual as desigualdades sociais e nacionais seriam radicalmente abolidas: o anarquismo, o anarco-sindicalismo ou uma interpretação romântica e libertária do marxismo. É tamanha a força de atração desse ideal que ele influencia até os próprios sionistas (Buber, Hans Kohn, Scholem).

O atrativo particular da utopia libertária (sobretudo antes de 1917) pode ser explicado por diversas razões: em primeiro lugar, como já foi observado, de todas as doutrinas socialistas ela é a mais impregnada de romantismo anticapitalista – ao passo que o marxismo ortodoxo, então identificado com a socialdemocracia, aparecia como uma versão mais à esquerda da filosofia liberal/racionalista e do culto da civilização industrial (as críticas de Gustav Landauer ao marxismo "filho da máquina a vapor" são típicas dessa atitude). Por outro lado, o caráter autoritário e militarista do Estado imperial alemão irá também estimular o antiautoritarismo libertário da intelectualidade rebelde, principalmente após 1914, quando ele passa a ser visto como um Moloch ávido de sacrifícios humanos. Enfim, o anarquismo correspondia melhor à postura do intelectual "sem vínculos sociais", desenraizado e marginal, sobretudo na Alemanha, onde a corrente libertária não constituía (ao contrário da França, da Itália e da Espanha) um movimento social organizado com um caráter de massa.

Foi o conjunto dessas condições econômicas e sociais, políticas e culturais que permitiu, num momento histórico determinado, no seio de uma geração precisa de intelectuais judeus da Europa Central, que a correspondência entre messianismo judaico e utopia libertária se tornasse dinâmica e se transformasse numa relação de afinidade eletiva. É difícil saber qual dos dois foi o elemento primordial ou determinante: o essencial é que eles se alimentaram, se reforçaram e se estimularam mutuamente. Nesse contexto particular é que se tece a rede complexa de vínculos entre romantismo anticapitalista, renascimento religioso judaico, messianismo, revolta cultural antiburguesa e antiestado, utopia revolucionária, anarquismo, socialismo. Cabe agora acrescentar a esse processo sócio-histórico, que se desdobra desde o último quarto do século XIX, a conjuntura política concreta de uma época: a do surto revolucionário sem precedentes na história moderna da Europa, que se inaugurou com a revolução russa de 1905 e termina com a derrota definitiva da revolução alemã em 1923. Não é por acaso que as principais obras em que se manifesta a *Wahlverwandschaft* entre messianismo e utopia se situem no interior desse período, desde *A Revolução* de Landauer (1907) até *História e Consciência de Classe* de Lukács e a segunda edição de *Geist der Utopie* (O Espírito da Utopia) de Bloch (ambos de 1923). E também não é por acaso que os escritos onde a afinidade é mais intensa, mais profunda, e onde tanto o messianismo como a utopia libertária se exprimem da forma mais radical e explosiva, datem dos anos do auge da onda revolucionária: 1917-1921. Durante esses anos foram publicados, por exemplo, *Der heilige Weg* (o Caminho Sagrado), de Buber, o prefácio à reedição do *Apelo ao Socialismo*, de Landauer; *A Crítica da Violência*, de Benjamin, *O Espírito da Utopia*, de Bloch; "O Bolchevismo Como Problema Moral" (artigo 1918), de Lukács, e as duas grandes peças teatrais de Toller, *Die Wandlung* (A Transfiguração) e *Masse Mensch* (O Homem de Massa). Isso não quer dizer, evidentemente, que essa problemática não possa persistir após 1923, mudando de forma, de caráter ou de intensidade. Ela reaparece especialmente durante certas conjunturas catastróficas, como os anos 1940-1945, quando Walter Benjamin escreve suas *Teses Sobre a Filosofia da História*, Martin Buber sua *Utopia e Socialismo* e Ernst Bloch o essencial de *Princípio Esperança*.

Resta determinar por que esse fenômeno – a emergência de uma corrente "anarquista metafísica" ou messiânica revolucionária de inspiração romântica – limita-se quase que exclusivamente à Europa Central.

A figura do revolucionário judeu é praticamente ausente do cenário político e cultural na Europa ocidental – com exceção dos judeus originários da Europa oriental que na Inglaterra (assim como nos Estados Unidos) irão formar um proletariado superexplorado, viveiro de militantes anarquistas e socialistas por volta do final do século XIX. Os judeus de origem ocidental antiga, ao contrário, encontram-se totalmente assimilados, nacional e culturalmente, e, do ponto de vista social e político, são perfeitamente conformistas. Os intelectuais oriundos de seu meio identificam-se de corpo e alma com o liberalismo burguês dominante. As origens dessa integração devem ser buscadas nas revoluções burguesas que, na Holanda, a partir do século XVI, na Inglaterra, a partir do XVII, e na França, a partir de 1789, emanciparam os judeus e permitiram sua inserção econômica, social e política na sociedade capitalista. Se o judeu revolucionário aparece na Europa Central e oriental, é sobretudo por causa do atraso ou do fracasso das revoluções burguesas nessa parte do continente, e do atraso do desenvolvimento capitalista, que tiveram por resultado o caráter limitado da emancipação/assimilação dos judeus e sua condição de párias.

O messianismo romântico-revolucionário jamais seduziu a intelectualidade judaica ocidental: pelo contrário, é entre intelectuais judeus de cultura anglo-saxônica que encontramos as obras polêmicas racionalistas/liberais mais importantes contra esse tipo de utopia carregada de religiosidade –, como, por exemplo, o livro bastante conhecido de Norman Cohn (nascido em Londres em 1915), *The Pursuit of the Millenium, Revolutionary Millenarians and Mystical Anarchists of the Middle Ages* (A Perseguição do Milênio: Milenaristas e Anarquistas Místicos da Idade Média)[29], ou o de Jacob Talmon (antigo funcionário do Foreign Office), *Political Messianism, the Romantic Phase* (Messianismo Político: A Fase Romântica)[30].

A única fenda em tal sistema de assimilação-integração ocidental é (antes da Segunda Guerra Mundial) o caso Dreyfus, mas mesmo esse acontecimento traumático não chegou a abalar a fé burguesa, republicana e patriótica do judaísmo francês. Ele permitiu, porém, a emergência de uma figura excepcional de revolucionário messiânico-libertário: Bernard Lazare. Trata-se provavelmente do único pensador judeu ocidental comparável a um Buber ou um Landauer. Mas ele estava necessariamente condenado a permanecer isolado, rejeitado e incompreendido pela grande maioria da comunidade judaica francesa[31].

O caso é bem diferente com relação à Europa do Leste, particularmente o Império Russo, que antes de 1918 incluía a Polônia e os países bálticos. A participação dos judeus nos movimentos revolucionários é bem mais maciça do que na Europa Central e, ao contrário da Alemanha, não se limita aos intelectuais: é todo um proletariado judeu que se organiza no *Bund*[32] ou adere ao POSDR (Partido Operário Social-Democrata Russo) em suas duas facções: bolcheviques e mencheviques. Isso se explica facilmente pelo grau qualitativamente superior de opressão, a composição social diferente da população judaica (com uma massa operária e/ou pauperizada), a força do antissemitismo e sua violência, em uma palavra: o caráter muito mais diretamente pária dos judeus do império czarista. Encontramos assim uma multidão imensa e variada de intelectuais judeus em todas as correntes revolucionárias da Europa do Leste, socialistas, marxistas ou anarquistas, ocupando posições de liderança como organizadores, ideólogos e teóricos. Como observa Léopold H. Haimson, o papel importante dos judeus na intelectualidade revolucionária da Rússia era inteiramente desproporcional à sua representação numérica na população[33].

Os mais conhecidos não são senão a ponta visível do iceberg: Leon D. Trótski (Bronstein), Rosa Luxemburgo, Leo Jogiches, Iuli Mártov (Tsederbaum), Raphael Abramovich, Liev Deutsch, Pável Axelrod, Mark Liber (Goldman), Fiódor Dan (Gurvitch), Liev Kamenev (Rosenfeld), Karl Radek (Sobelsohn), Grigóri Zioviev (Radomylski), Yakov Sverdlov, David Riazanov (Goldenbach), Maxim Litvinov (Wallach), Adolphe Joffé, Mikhail Borodin (Grusenberg), Adolf Warzaweski, Isaac Deutscher etc. Isso sem falar das organizações socialistas especificamente judaicas, como o *Bund* e os sionistas de esquerda. E sem falar dos judeus originários do Leste que participaram do movimento operário e revolucionário na Alemanha – além de Rosa Luxemburgo e Leo Jogiches: Parvus (Israel Helphand), Arkáid Maslow (Isaac Tchéréminski), August Kleine (Samuel Haifiz) etc. –, na Inglaterra (Aron Lieberman, Lazar Goldenberg) e nos Estados Unidos (Emma Goldmann, Alexander Berkman, S. Yanofsky). Ora, todos esses ideólogos, militantes e líderes revolucionários judeus, com opções políticas consideravelmente diversas quando não opostas, cuja relação com o judaísmo vai desde a assimilação total e deliberada em nome do internacionalismo até a afirmação orgulhosa de uma identidade judaica nacional/cultural, têm, no entanto, um elemento comum: a recusa da religião judaica. Sua visão de mundo é sempre racionalista, ateia, secularizada, *Aufklärer*, materialista. A tradição religiosa judaica, a mística da Cabala, o hassidismo[34] e o messianismo não lhes interessam: a seus olhos, tudo isso não passa de resquícios obscurantistas do passado, ideologias reacionárias e medievalismos de que é preciso desembaraçar-se o mais rápido possível em proveito da ciência, das Luzes e do progresso. Quando um escritor ídiche de tendência revolucionária como Moise Kulbach escreve (com um misto de atração, repulsa e nostalgia) sobre o messianismo, é sobretudo para mostrar o triste papel de falsos messias como Jakob Frank, que arrastam seus discípulos para a catástrofe[35]. Uma anarquista de origem russa como Emma Goldmann não tem nada em comum com o espiritualismo místico de um Landauer: em seu universalismo libertário não há lugar para o particularismo judaico, e a religião (judaica ou cristã) pertence ao domínio das superstições. Na melhor das hipóteses, como para o budista Medem, a primeira visita a uma sinagoga "deixa uma profunda impressão" em virtude da "grande beleza que se manifesta na paixão dos sentimentos da massa": o conteúdo propriamente religioso do culto permanece-lhe estranho[36]. A paixão dos intelectuais judeus revolucionários pelo ateísmo e pela ciência é admiravelmente ilustrada por este episódio curioso: Leo Jogisches, organizador dos primeiros círculos de operários judeus em Vilna (Lituânia), começa suas atividades de educador político com uma conferência sobre anatomia, levando a seus alunos um esqueleto de verdade[37].

Muitos historiadores julgam encontrar nas convicções socialistas e revolucionárias desses intelectuais judeus russos a expressão secularizada do messianismo, a manifestação, sob uma forma ateia e materialista, de atitudes mentais herdadas de vários milênios de tradição religiosa. É uma hipótese que pode, em certos casos, mostrar-se pertinente. Mas, para a maioria dos dirigentes marxistas ou anarquistas acima mencionados, isso não é verossímil, porque sua educação, seu meio familiar e social eram tão assimilados, tão pouco religiosos, que se buscaria em vão um vínculo cultural concreto com a herança messiânica. Em todo caso, seu pensamento não contém, ao contrário do de muitos revolucionários judeus da Europa Central, a menor referência à religião nem o menor traço visível de uma dimensão messiânica/religiosa.

Como explicar essa diferença notável entre a visão de mundo da intelectualidade judaica de cultura germânica e a do império czarista?

Constatamos antes de mais nada que a grande maioria dos intelectuais revolucionários judeus do Leste é originária de famílias "esclarecidas", assimiladas, religiosamente indiferentes; vários deles nasceram ou cresceram nas três cidades que foram os bastiões da *Haskalá* na Rússia: Odessa (Mártov, Trótski, Parvus), Vilna (Jogiches), Zamosc (Rosa Luxemburgo). Talvez convenha indagar sobre a diferença da *Haskalá* – o movimento de abertura do mundo judeu à cultura racionalista e ao Iluminismo, inaugurado pelo filósofo judeu de Berlim, Moses Mendelsohn, no final do século XVIII – na Alemanha e na Rússia. Conforme observa de forma esclarecedora Rachel Ertel em seu estudo sobre o *schtetl*, a *Haskalá* e a emancipação dos judeus "numa Europa ocidental constituída de Estados-nações, passavam por uma confessionalização da religião judaica, despojada de todas as suas características nacionais". Em contrapartida, "a *Haskalá* da Europa do Leste tinha um caráter profundamente nacional. Enquanto no Oeste esse movimento aspirava à confessionalização, no Leste ele visava à secularização"[38].

Esse conteúdo nacional da emancipação resulta ao mesmo tempo da natureza do Estado czarista – império multinacional, autoritário e antissemita – e da situação das comunidades judaicas: condição pária caracterizada pela segregação, pela discriminação, pelas perseguições e pelos *pogroms*, concentração territorial no gueto e no *schtetl*, unidade cultural e linguística (o ídiche).

É verdade que muitos intelectuais judeus marxistas rejeitaram (contrariamente ao *Bund* e aos sionistas socialistas) toda referência nacional ou cultural judaica. Basta lembrar a célebre resposta de Trótski à interpelação do bundista Medem no Congresso de 1903 do Partido Operário Social-Democrata Russo: "Devo entender que você se considera tanto russo quanto judeu?" "Não", respondeu Trótski, "você se engana. Sou unicamente socialdemocrata..." Em todo caso, a identidade judaica, aceita ou rejeitada, é – pelo menos a partir dos terríveis *pogroms* de 1881 – uma identidade nacional/cultural, e não exclusivamente religiosa. Ao contrário da Alemanha, há poucos judeus do império czarista que se consideram simplesmente "cidadãos russos de confissão israelita".

Para compreender melhor a orientação ateia e secular da intelectualidade revolucionária da Europa do Leste, é preciso também examinar mais de perto o aspecto propriamente religioso da *Haskalá* e suas consequências. Na Alemanha, a *Haskalá* conseguiu de fato "esclarecer", modernizar, racionalizar e "germanizar" a religião judaica. O movimento de reforma religiosa dirigido pelo rabino Abraham Geiger (1810-1874) e a corrente reformadora mais prudente (a "escola histórica") do rabino Zacharias Frankel (1801-1875) conquistaram a hegemonia nas instituições religiosas da comunidade judaica. Mesmo a corrente neo-ortodoxa minoritária fundada pelo rabino Samson Raphael Hirsch (1808-1888) aceitava certas reformas e valores da cultura secular alemã.

Tal não foi o caso na Rússia: as sinagogas da linha reformista tiveram poucos adeptos, exceto numa pequena faixa da alta burguesia judaica. O ataque iconoclasta dos *maskilim* (esclarecidos) aos dogmas da ortodoxia não fez senão cimentar os tradicionalistas no imobilismo mais obstinado: "Antes da *Haskalá* [...] o judaísmo rabínico era mais aberto ao mundo, mais tolerante, mais sensível à mudança social. Depois da *Haskalá*, o judaísmo rabínico tornou-se conservador, inflexível e repressivo; o hassidismo o acompanhou nesse caminho."[39] Enquanto na Alemanha (e em certa medida em toda a Europa Central) a religião judaica foi reformada, abrandada, permeabilizada às influências externas – neokantianas (Hermann Cohen) ou neorromânticas (Buber) –, na Europa do Leste o universo cultural religioso tradicional permaneceu totalmente intacto, rígido, fechado, impermeável a toda contribuição cultural externa. O messianismo dos meios ortodoxos (rabínicos ou hassídicos), quietista e indiferente à política, era incapaz de se combinar ou articular com uma utopia secular que eles rejeitavam como um corpo estranho. Era preciso primeiro emancipar-se da religião, tornar-se ateu ou "esclarecido", para poder aceder ao mundo "externo" das ideias revolucionárias. Não é de admirar, portanto, que estas venham a se desenvolver de forma privilegiada nas concentrações judaicas mais afastadas de toda prática religiosa, como Odessa, por exemplo, tida pelos ortodoxos como um verdadeiro antro de pecadores.

Um outro aspecto a ser levado em consideração é o poder imenso e autoritário dos rabinos ortodoxos e dos *tzadikim* (mestres) hassídicos nas comunidades tradicionalistas, que não encontra equivalente na Europa Central. Disso resulta um conflito aberto entre a juventude rebelde, bundista, socialista ou anarquista, e o *establishment* religioso:

Sentindo-se ameaçados, os círculos tradicionais reagem frequentemente com uma violência aberta ou insidiosa, tentando manter suas prerrogativas por todos os meios, incluindo as pressões morais e o terrorismo intelectual. [...] Do patrimônio tradicional, a juventude está inteiramente impregnada. [...] Mas ela não quer mais submeter-se à sua lei, não quer deixar-se entravar por ela. Portanto, rejeita esse patrimônio com violência e constrói sua cultura contra ele: ele é seu inimigo interior.[40]

É em tal contexto que se desenvolve um "anticlericalismo" virulento entre os intelectuais judeus progressistas, de que há incontáveis testemunhos em artigos polêmicos, obras autobiográficas e na literatura romanesca.

Diretamente confrontado com o tradicionalismo mais conservador e autoritário, o jovem rebelde judeu da Rússia (ou Polônia) é incapaz de "romantizá-lo" como seu equivalente alemão ou austríaco. Não existe aquela distância que favoreça uma percepção aurática (na acepção benjaminiana da palavra) da religião.

Isaac Deutscher, educado num *heder* (escola religiosa para crianças) do *schtetl* (aldeia) polonês Chranow, e destinado por sua família a tornar-se rabino na seita hassídica do *tzadik* de Gera [cidade da atual Alemanha Oriental], rompeu com a religião na adolescência, vindo a ser um dirigente comunista polonês (e mais tarde o biógrafo de Leon Trótski). Eis como ele descreve sua atitude para com a religião (contrapondo-a à dos judeus alemães):

Nós conhecemos o *Talmud*, fomos educados no hassidismo. Todas as idealizações não passam, para nós, de poeira nos olhos. Crescemos em meio a esse passado judeu. Os séculos XI, XII e XVI da história judaica estavam vivos bem ao nosso lado e mesmo em nossas casas; e quisemos escapar disso para viver no século XX. Através do espesso verniz e do cenário de românticos como Martin Buber, podíamos ver, e sentir, o obscurantismo de nossa religião arcaica e seu modo de vida inalterado desde a Idade Média. Para alguém do meu *background*, a nostalgia em moda entre os judeus ocidentais de um retorno ao século XVI, um retorno que supostamente ajudaria a reencontrar, ou redescobrir, a identidade cultural judaica, parecia irreal e kafkiana.[41]

Essa passagem manifesta do modo mais preciso, conciso e evidente as motivações da intelectualidade revolucionária do Leste europeu e a impossibilidade da emergência, no seu interior, de uma corrente espiritualista semelhante àquela que floresceu na *Mitteleuropa*.

É sintomático também que o único intelectual judeu socialista do Império Russo atraído pelo forte movimento de renascimento religioso-revolucionário que se desenvolve em São Petersburgo, na virada do século XIX para o XX, em torno de D.S. Merezskóvski, Zinaida Gippius, Nikolai Berdiaev, S.N. Bulgakov (sem falar dos "construtores de Deus" do Partido Bolchevique: Bogdanov, Lunatchárski), fosse um convertido ao cristianismo ortodoxo: Nikolai Maksimovitch Minski (N.M. Vilênkin). Membro da Associação Filosófico-Religiosa de São Petersburgo e da revista socialista *Nóvaia Jizn* (Nova Vida), publicada por Górki, Minski se inspira na espiritualidade russo-ortodoxa e não parece manter nenhum vínculo com o judaísmo[42].

Será que não haveria entre os judeus revolucionários do Leste nenhuma exceção à regra – como Bernard Lazare na Europa ocidental? É possível que sim, mas no estado atual de minhas pesquisas ainda não a encontrei[43].

4. Os Judeus Religiosos Anarquizantes

Martin Buber, Franz Rosenzweig, Gershom Scholem, Leo Löwenthal

No interior da geração romântica judaica rebelde da virada do século XIX para o XX, é essa a corrente em que predomina a dimensão nacional/cultural e religiosa. Seus integrantes não têm a mesma posição em face do sionismo: Rosenzweig não o aceita, Löwenthal o abandona rapidamente, enquanto Buber e Scholem aderem ao movimento mas se veem marginalizados por sua posição anti-Estado. A religiosidade profunda e carregada de messianismo dessa corrente tem pouco em comum com o ritual ortodoxo e as prescrições tradicionais. Sua aspiração a uma renovação nacional judaica não conduz seus integrantes ao nacionalismo político e a concepção do judaísmo permanece marcada pela cultura alemã. Todos manifestam (em graus diversos) um objetivo utópico de tipo socialista libertário, mais ou menos próximo do anarquismo, que eles articulam – de forma direta ou indireta, explícita ou implícita – com sua fé religiosa messiânica. Muitos deles criticam o marxismo, considerado demasiado centralista ou demasiado identificado com a civilização industrial (com exceção de Leo Löwenthal). Simpatizam com os movimentos revolucionários que sacodem a Europa entre 1917 e 1923, mas não se engajam diretamente na ação. O principal núcleo de irradiação da corrente é a revista *Der Jude*, dirigida por Martin Buber (1916-1924).

Além desses quatro autores, muitos outros intelectuais podem ser agrupados nessa ala: Hans Kohn, Rudolf Kayser, Erich Unger etc. Poderíamos também acrescentar o jovem Erich Fromm dos anos 1921-1926, mas sua obra publicada (que começa em 1927) situa-se inteiramente no outro polo, ateu-religioso e marxista libertário. É um exemplo que ilustra a possibilidade de passagem de uma opção à outra no campo messiânico-revolucionário: as fronteiras existem, mas estão longe de ser impermeáveis.

MARTIN BUBER é provavelmente o autor mais importante e o mais representativo do socialismo religioso na cultura judaico-alemã. Por sua redescoberta das lendas hassídicas (1906-1908) e por suas célebres conferências sobre o judaísmo no círculo Bar-Kochba de Praga (1909-1911), renovou profundamente a espiritualidade judaica moderna. O brilho de suas ideias (tanto políticas quanto religiosas) marcou toda uma geração de intelectuais judeus, de Praga a Viena, e de Budapeste a Berlim. A imagem do judaísmo que Buber apresentava era radicalmente distinta quer do liberalismo assimilado (e da *Wissenschaft des Judentums*, ciência do judaísmo), quer da ortodoxia rabínica: era uma religiosidade romântica e mística, impregnada de crítica social e de nostalgia comunitária. Amigo chegado de Franz Rosenzweig (com quem colabora na tradução alemã da *Bíblia*) e do filósofo libertário Gustav Landauer (de quem será o executor testamentário), Buber contribui também na evolução espiritual de Gershom Scholem e de muitos outros jovens sionistas ligados ao movimento Hapoel Hatzair (O Jovem Operário). Na verdade, raros são os pensadores judeus de língua alemã desse período que não foram tocados, num ou outro momento de suas vidas, pelos escritos de Buber.

Educado por um avô hebraicizante e partidário da *Haskalá*, Buber irá afastar-se da religião judaica durante a juventude; estudando em Viena, Leipzig e Berlim (onde será aluno de Georg Simmel e Wilhelm Dilthey), será atraído pelas correntes neorromânticas e pelo renascimento da espiritualidade religiosa. Seus primeiros trabalhos não têm por objeto temas judaicos: versam sobre escritores vienenses (Peter Altenberg, Hugo von Hoffmanstahl), sobre Jacob Böhme[1], sobre *Kultur und Zivilisation*[2]. Adere muito cedo ao movimento sionista, mas em seguida entra em conflito com Theodor Herzl, por recusar sua diplomacia pró-Estado, e por volta de 1902 retira-se das atividades políticas para se dedicar ao estudo da religião. É característico de toda essa geração que seu interesse se volte primeiro para a mística cristã: a tese de doutorado de Buber, apresentada em 1904, tem por objeto "A história do problema da individuação: Nicolau de Cusa e Jacob Böhme". Só mais tarde ele irá se ocupar do misticismo judaico: seu primeiro livro sobre o hassidismo (*Die Geschichte des Rabbi Nachmann*) data de 1906.

Seus escritos (sobretudo até 1920) estão cheios de referências ao pensamento romântico alemão (Görres, Novalis, Hölderlin, Franz von Baader etc.); mas é principalmente com a filosofia (Nietsche) e a sociologia neorromântica que estabelecerá vínculos estreitos. E não apenas porque irá publicar, em sua coleção *Die Gesellschaft* (A Sociedade), escritos de Ferdinand Tönnies, Georg Simmel e Werner Sombart (de 1906 a 1912), mas porque sua concepção de inter-humano (*Zwischenmenschliche*) é diretamente influenciada por esses autores, e particularmente por sua nostalgia da *Gemeinschaft*.

Em 1900, Martin Buber adere a um círculo neorromântico de Berlim, Die neue Gemeinschaft (A Nova Comunidade), onde trava conhecimento com Gustav Landauer e pronuncia uma conferência intitulada "A Nova e a Antiga Comunidade". Esse texto permaneceu por muito tempo inédito (só foi publicado dez anos após a morte de Buber), mas contém em germe algumas das principais ideias que o motivarão durante a vida. Já nessa primeira intervenção aparece a originalidade de Buber como um dos grandes renovadores do pensamento comunitário no século XX: para ele não é mais possível (nem desejável) voltar à comunidade tradicional. O que importa, então, é lutar por uma comunidade nova que não seria pré-social (como a descrita por Tönnies), mas pós-social. A diferença mais decisiva entre a antiga e a nova organização comunitária é que a primeira era fundada no parentesco de sangue (*Blutverwandschaft*), enquanto a segunda é o resultado de afinidades eletivas (*Wahlverwandetschaft*) – isto é, a expressão de uma livre escolha. Essa comunidade não é limitada por fronteiras religiosas, regionais ou nacionais: tende, segundo uma formulação cosmopolita e mística de Gustav Landauer citada por Buber, para "a comunidade mais antiga e a mais universal:

com a espécie humana e com o cosmos". Apesar de sua rejeição de toda utopia "retrogressiva", a referência neorromântica à comunidade tradicional continua presente no espírito de Buber: de um lado, no sonho de abandonar "o formigueiro das cidades" para ir construir o mundo novo no "solo poderoso e virginal" do campo, mais perto da natureza e da terra; de outro, na ideia de que a comunidade nova significa o retorno (*Wiederkehren*), sob uma forma diferente e num nível superior, da "unidade vital do homem primordial" (*Lebenseinheit des Urmenschen*) – rompida e dilecerada pela escravidão da "sociedade" (*Gesellschaft*) moderna[3].

Buber retomará e desenvolverá esses temas numa brochura publicada em 1919 sob o título de *Gemeinschaft*. Referindo-se diretamente a Tönnies, opõe como ele a comunidade orgânica e natural do passado à *Gesellschaft* moderna, artificial e mecânica. Contudo, não prega uma restauração do passado: "Seguramente, não podemos voltar para antes da sociedade mecanizada, mas podemos ir adiante, em direção a uma nova organicidade (*eine neue Organik*)." Entende por isso uma comunidade que não resulta mais do crescimento primitivo, mas de uma ação consciente (*bewussten Wirken*) para o estabelecimento do princípio comunitário; a finalidade dessa ação seria a construção de uma sociedade socialista através da aliança entre comunas (*Gemeinde*) autônomas[4]. Buber não acredita mais no retorno à terra como alternativas às cidades industriais modernas; numa conferência pronunciada em Zurique em 1923, observa: "Não podemos deixar a cidade para nos refugiar na aldeia. A aldeia ainda está próxima da comunidade primitiva. A cidade é a forma que corresponde à diferenciação. Não podemos mais voltar para antes da cidade, temos que ultrapassar (*überwinden*) a própria cidade."[5] A solução que propõe seria uma terceira forma de vida comum, distinta tanto da aldeia rural quanto da grande cidade, que poderia brotar de uma nova organização do trabalho.

É nesse contexto que Buber irá redescobrir a tradição hassídica, enquanto corrente mística judaica equivalente a Böhme ou Mestre Eckhart, e enquanto manifestação religiosa de uma comunidade orgânica, unificada e solidificada por sua espiritualidade e cultura. Conforme escreverá alguns anos mais tarde, o que faz a particularidade e a grandeza do hassidismo não é uma doutrina, mas uma atitude vital (*Lebenshaltung*), um comportamento que de acordo com sua essência é "criador de comunidade" (*gemeindebildend*)[6].

Segundo Gershom Scholem, a interpretação do hassidismo por Buber é inspirada por seu "anarquismo religioso", sua recusa em conceder um lugar a poderes coercitivos no mundo da relação viva entre o Eu e o Tu[7]. Com efeito, em seu célebre *Ich und du* (1923), Buber define a relação autêntica dos homens entre si e do homem com Deus segundo o paradigma do diálogo e do encontro (*Begegnung*) – modelo profundamente subversivo tanto no que diz respeito às formas rígidas e ritualizadas da religião institucional (questionadas pelo hassidismo) quanto em relação às instituições políticas e do Estado.

O êxito considerável dos livros de Buber acerca dos mestres do hassidismo (*Baal Schem* e *rabi Nachmann*) advém do fato de ele exprimir uma corrente subterrânea de renascimento religioso na intelectualidade judaica de cultura romântica, que tornará a descobrir como ele, nessas lendas polonesas do século XVIII, algo de arquiantigo (*Uraltes*), de originário (*Urkünftiges*), um passado perdido (*Verlorenes*), um objeto de nostalgia (*Ersehntes*)[8]. A interpretação do judaísmo como uma religião essencialmente racionalista era comum à *Wissenschaft des Judentums*, ao liberalismo judaico e à sociologia universitária (Max Weber, Sombart). Para Sombart, por exemplo, "um místico judeu, comparável a Jacob Böhme, é um tipo que só nós podemos representar com muita dificuldade"; quanto à Cabala, "nada mais estranho ao romantismo que essa maneira puramente discursiva de conceber, de compreender o mundo, visto que o romantismo supõe a fusão do homem com o mundo, com a natureza, com seu semelhante, tudo coisas de que o judeu, homem intelectualista em excesso, é absolutamente incapaz"[9]. Ao apresentar em suas obras uma leitura mística e romântica da religião judaica, Buber irá romper esse consenso e criar uma imagem nova do judaísmo com a qual poderá se identificar a geração rebelde em ruptura com o liberalismo burguês.

Um dos aspectos mais significativos dessa interpretação neorromântica é a importância atribuída ao messianismo. Em suas conferências de Praga, Buber proclama que o messianismo é "a ideia mais profundamente original do judaísmo". Trata-se da aspiração por "um futuro absoluto que transforme toda a realidade passada e presente", um futuro que veria a realização da "vida perfeita e verdadeira" e o advento de "um mundo da unidade" em que a separação entre o bem e o mal seria abolida pelo aniquilamento definitivo do pecado[10]. O tema da era messiânica como mundo livre do mal, conforme Scholem já havia mostrado de forma notável, é potencialmente um dos fundamentos religiosos de uma utopia anarquista: a ausência do mal torna supérfluas a violência, a coerção e as sanções. O advento messiânico, para Buber, não se situa no além, mas neste mundo: embora não seja um acontecimento histórico, ele "se prepara na história". Concebida numa perspectiva utópico-restitucionista, a chegada do Messias é um mistério "no qual o passado e o futuro, o fim dos tempos e a história estão ligados. [...] Tem a forma do passado absoluto e contém o germe do futuro absoluto"[11].

É a partir de uma visão romântico-messiânica da história que Buber questiona (como Rosenzweig, Landauer e Benjamin) o conceito de "evolução", de progresso ou melhoria (*Verbesserung*): "Por 'renovação' não entendo de modo algum uma mudança gradual, a soma total de pequenas modificações; entendo algo de repentino e enorme (*Ungeheures*), algo que jamais poderia ser comparado a uma progressão, mas antes a uma reviravolta." Em vez de aspirar a um progresso (*Fortschritt*) medíocre, o que importa é "cobiçar o impossível (*das Unmögliche*)". O paradigma dessa renovação total encontra-se na tradição messiânica judaica: "O último Isaías fala as palavras de Deus: 'Com efeito, criarei novos céus e nova terra' (65,17). Não se trata de uma metamorfose: é uma experiência direta."[12]

Mais que qualquer outro pensador judeu religioso moderno, Martin Buber colocou no núcleo de sua ideia de messianismo o concurso ativo dos homens na redenção – enquanto parceiros de Deus: "O teologúmeno judaico central, não formulado, não dogmático, mas que subjaz e dá coesão a toda doutrina e profecia, é a crença de que a ação humana participa da obra de redenção do mundo."[13] A mensagem do hassidismo, tal como Buber a interpreta, é de que o homem não está condenado à espera e à contemplação: compete-lhe agir para a redenção, elevando e liberando as centelhas da luz divina dispersas no mundo[14]. Isso significaria que Deus não é onipotente, que não pode salvar o mundo sem a ajuda do homem? Não, responde Buber, significa apenas que Ele não quer a redenção sem a participação dos homens: foi dada às gerações humanas uma "força cooperadora" (*mitwirkende Kraft*), uma "força messiânica" (*messianische Kraft*) operante[15].

Por essa razão, ele irá opor, de forma mais ou menos categórica, o profetismo messiânico, a escatologia judaica propriamente dita, ao apocalíptico, concepção escatológica de origem iraniana: a primeira remete à preparação da redenção da humanidade ao poder de decisão de cada homem interpelado, enquanto a segunda concebe a redenção como um porvir imutável, predeterminado em seus mínimos detalhes, que utiliza os homens como meros instrumentos[16]. Segundo Buber, é essa esperança messiânica ativa, voltada para um porvir escatológico aberto, que distingue a religiosidade judaica do cristianismo. Numa carta de 1926, formula a tese em termos que fazem lembrar a utopia do ainda-não-ser de Ernst Bloch:

Segundo minha crença, o Messias não apareceu num momento determinado da história: sua aparição não pode ser senão o fim da história. Segundo minha crença, a redenção do mundo não ocorreu dezenove séculos atrás; vivemos num mundo não salvo (*unerlösten*) e aguardamos a redenção, à qual somos chamados a participar de uma maneira insondável. Israel é a comunidade humana que traz essa expectativa puramente messiânica [...] essa crença no ser-ainda-não-realizado e devendo-ser-realizado (*Noch-nicht-geschehn-sein und Geschehn sollen*) da redenção do mundo.[17]

De que modo a fé messiânica de Buber se articula com sua utopia socialista/libertária? Em 1914 ele é arrastado, como muitos intelectuais judeu-alemães, pela onda "patriótica" e guerreira; mas pouco a pouco, sob a influência dos acontecimentos e das críticas severas de seu amigo Gustav Landauer, irá mudar de orientação.

É através de uma polêmica contra Hermann Cohen – campeão da "consciência de Estado" (*Staatsbewusstsein*) – que Buber vai cristalizar (por volta de 1916-1917) suas próprias visões político-religiosas. Após ter apoiado a Alemanha imperial (a exemplo de Cohen) no início da guerra mundial, Buber rejeita agora o nacionalismo de Estado alemão do filósofo neokantiano de Marburg, escrevendo: "A Humanidade – e dizer isto neste momento, caro professor Cohen, é mais do que nunca o dever de todo homem que habita em Deus – é maior do que o Estado." Ele resume suas divergências numa fórmula categórica: "Cohen [...]

deseja, tenha ou não consciência disso, submeter o Espírito ao Estado; quanto a mim, desejo submeter o Estado ao Espírito." Essa submissão será completada na era messiânica, que tornará finalmente possível a superação dialética (subsunção) do Estado por uma forma superior de sociedade: a separação entre o povo (princípio de criatividade) e o Estado (princípio de ordem) só irá persistir "até que o *Reino*, a *Malkhut Schamaim*, se estabeleça na terra; até que, com a forma messiânica do mundo humano, a criatividade e a Ordem, o povo e o Estado, se fundam numa nova unidade, na *Gemeinschaft* da salvação"[18].

Com o surto da revolução europeia em 1917-1920, Buber irá precisar, radicalizar e desenvolver sua visão. Num artigo intitulado "A Revolução e Nós", publicado em 1919 em sua revista *Der Jude*, insiste na necessidade de os judeus contribuírem para a revolução da Humanidade, ou seja, para o renascimento da sociedade através do espírito comunitário; manifesta sua solidariedade com a onda revolucionária que agita a Europa Central: "Situados em seu campo [...], não como aproveitadores mas como companheiros de luta, saudamos a revolução."[19] A dimensão antiestatista está mais do que nunca presente em seus escritos: na brochura *Gemeinschaft* (1919), já mencionada, ele se vale de Kropótkin, Tolstói e Landauer para condenar a tirania do Estado, esse "homúnculo que chupa o sangue das veias das comunidades", essa boneca mecânica bem montada que quer substituir a vida orgânica[20]. A influência decisiva, sem dúvida, é a do amigo Gustav Landauer, sobre o qual escreve, numa homenagem publicada pouco após seu assassinato (abril de 1919): "Ele rejeitava o pseudossocialismo centralista, mecânico, porque tinha nostalgia de um socialismo comunitário, orgânico, federalista."[21] Dentro dessa perspectiva é que irá criticar o bolchevismo e manifestar, em contrapartida, sua simpatia pela corrente neorromântica do "socialismo das guildas" que se desenvolvia na Inglaterra nessa época, e pelos *kibutzim* que se iniciavam na Palestina[22].

Num ensaio capital publicado em 1919, "Der heilige Weg" (O Caminho Sagrado), que dedicará à memória de Landauer, o eixo central é a unidade entre messianismo e utopia comunitária. Para ele, a comunidade com Deus e a comunidade entre os homens são inseparáveis, e consequentemente "a espera do Messias é a espera da verdadeira comunidade".

Sua realização depende dos próprios homens: "Por mais que o Reino de Deus demore a se instaurar, ele [o povo judeu] não irá reconhecer nenhum homem como Messias e, no entanto, não cessará de esperar do homem a redenção, pois é ao homem que cabe fundar (*begründen*) o poder de Deus sobre a terra." Buber designa essa atitude como um messianismo ativo, que não espera passivamente a chegada do Messias, mas quer "preparar o mundo para o reino de Deus". Ele não reconhece Jesus como o Messias, no entanto vê nele um autêntico profeta judeu, para quem o futuro Reino de Deus era idêntico à "vida dos homens reunidos, levada à sua perfeição", isto é, "à verdadeira comunidade e, por isso, à soberania imediata de Deus, sua Basileia, seu reino terrestre. [...] O Reino de Deus é a comunidade que virá, aquela em que todos os que têm fome e sede de justiça serão saciados"[23]. A relação entre comunidade e messianismo é também formulada, de modo particularmente incisivo, numa conferência que Buber profere em Frankfurt, em 1924 (cuja transcrição estenográfica encontra-se nos Arquivos Buber em Jerusalém): "A *Gemeinschaft* é uma categoria messiânica, não histórica. Enquanto histórica, indica seu caráter como messiânica." Ao analisar a Revolução Russa, ele assinala que os sovietes eram comunas (*Gemeinde*) autênticas, nas quais deveria ser construído "o ser comunitário revolucionário"; mas o curso dos acontecimentos levou à sua debilitação, em proveito da tendência centralizadora do Estado. Ora, a ação do Estado, mesmo revolucionária, é incapaz de trazer a redenção (*Ersölung*) messiânica; só a comunidade é verdadeira precursora e anunciadora do Reino de Deus, cuja essência é "o cumprimento da criação na *Gemeinschaft*"[24].

O próprio conceito de Reino de Deus está também carregado de significação libertária; como Scholem e Benjamin, Buber apresenta – em sua grande obra de 1932, *Königtum Gottes* (O Reino de Deus) – o tema da teocracia anarquista: enquanto poder direto de Deus, a teocracia bíblica rejeita toda dominação humana e encontra no anarquismo seu fundamento espiritual (*anarchischen Seelengrund*)[25]. Pode-se, portanto, definir sua filosofia política (como fez Avraham Yassour num estudo recente) como um socialismo religioso comunitário tingido de anarquismo[26]. Muito próximo das ideias de Gustav Landauer (mas sem partilhar seu engajamento revolucionário ativo), Buber aspira a um socialismo libertário, cujos traços principais são esboçados em seus artigos de 1917-1923 e desenvolvidos de forma sistemática em *Utopia e Socialismo*, de 1945.

Essa obra, cujo título hebraico original é *Netivot be-Utopia* (Veredas de Utopia), constitui uma formulação muito original do paradigma comunitário, a partir de uma releitura do conjunto da tradição socialista – tanto utópica (Fourier, Saint-Simon, Owen) quanto anarquista (Proudhon, Kropótkin, Landauer) e marxista (Marx, Engels, Lênin) – e das diferentes tentativas de colocá-las em prática, desde as experiências comunitárias isoladas até os *kibutzim* (na sua opinião, "um não fracasso exemplar"), passando pela Revolução Russa e pelos sovietes.

Seu ponto de partida é uma crítica radical ao Estado capitalista moderno que "rompeu a estrutura da sociedade". O novo centralismo capitalista avançado conseguiu o que o antigo Estado despótico não havia podido cumprir: a atomização da sociedade. O capital quer lidar apenas com indivíduos, e o Estado moderno coloca-se a seu serviço, despojando progressivamente a autonomia da vida dos grupos. A sociedade medieval era ricamente estruturada, constituída por uma rede de comunidades de lugar e de trabalho associadas entre si. Essa essência comunitária foi "progressivamente esvaziada pela coerção da economia e do Estado capitalistas", que desarticularam as formas orgânicas e atomizaram os indivíduos. Apesar disso, "não podemos e não queremos voltar nem ao comunismo agrário primitivo, nem ao Estado corporativo da Idade Média cristã". Teremos de construir o socialismo comunitário do porvir "com o material do nosso tempo, qualquer que seja sua resistência"[27].

A utopia socialista, segundo Buber, deseja antes de tudo substituir o Estado pela sociedade. Mas isso exige que a sociedade não seja mais, como hoje, um agregado de indivíduos sem nenhuma coesão interna, "pois um tal agregado não poderia, de novo, ser mantido senão por um princípio 'político', um princípio de dominação e coerção". A sociedade autêntica, capaz de substituir-se ao Estado, deve ser rica, isto é, estruturada pela associação livre de comunidades. Seu advento implica ao mesmo tempo uma mudança "externa", com a abolição dos obstáculos econômicos e políticos à realização do socialismo (o capital e o Estado), e uma mudança "interna" da vida social, a reestruturação comunitária das relações humanas. A nova totalidade orgânica, fundada na regeneração das "células" do tecido social, será o renascimento (e não o retorno) da comuna orgânica, sob a forma de uma federação descentralizada de pequenas comunidades[28]. Essa concepção do socialismo apresenta afinidades evidentes com o pensamento anarquista, mas Buber a descobre também em certos escritos de Marx – sobre a Comuna de Paris e sobre as comunidades rurais russas – e mesmo de Lênin (sobre os sovietes).

Como observa com razão Emmanuel Lévinas em sua apresentação à edição francesa de *Netivot be-Utopia*, o socialismo utópico de Buber está fundado, em última análise, em sua antropologia filosófica: a relação futura do homem com seu próximo é definida segundo o modelo do "Eu e Tu", que permite conceber uma coletividade sem "poderes"[29].

Apesar de sua forma secular e realista, essa utopia libertária não é menos carregada de energia messiânica. Em sua introdução ao livro, Buber distingue duas formas de nostalgia do justo: a escatologia messiânica, como imagem de um tempo perfeito, acabamento da criação; e a utopia, como imagem de um espaço perfeito, um viver-junto fundado na justiça. Para a utopia, tudo se submete à vontade humana consciente; para a escatologia – na medida em que é profética e não apocalíptica –, o homem tem parte ativa na redenção: uma convergência das duas é, assim, possível. O século das Luzes e a cultura moderna progressivamente despojaram a escatologia religiosa de sua influência, mas esta nem por isso desapareceu: "Toda a força do messianismo posta de lado penetra agora no sistema social 'utópico.'" Impregnada de um espírito escatológico oculto, a utopia verdadeira pode assumir uma dimensão profética, um "caráter de proclamação e de apelo"[30].

Judeu religioso, Buber opõe-se radicalmente ao *establishment* rabínico ortodoxo e apela tanto a Jeremias quanto a Jesus ou Spinoza; sua fonte de inspiração é o que chama de "judaísmo subterrâneo" (para distingui-lo do judaísmo oficial): o profetismo, o essênio-cristianismo, o cabalo-hassidismo[31]. Sionista, desde o início ele critica a política da direção do movimento e torna-se (após sua partida para a Palestina em 1938) um dos principais animadores de um movimento de fraternização judeu-árabe, o Ihud (União), que prega o estabelecimento de um Estado binacional na Palestina. Nacionalista cultural, conserva sempre um objetivo utópico humanista-universal; em sua conferência de abril de 1925, falando da profecia messiânica do Antigo Testamento, ele insiste: "Não se trata da emancipação de um povo, mas da redenção do mundo, e a emancipação de um povo não é senão um signo e um caminho para a emancipação do mundo."[32] Enfim, místico e messiânico, busca todavia realizar na terra, na vida social concreta, seu ideal espiritual.

FRANZ ROSENZWEIG, o fundador da Freires Jüdisches Lehrhaus (Casa Livre de Estudos Judaicos) de Frankfurt – onde na década de 1920 lecionaram Martin Buber, Gershom Scholem, Erich Fromm, Ernst Simon e Leo Löwenthal –, é o autor de uma das tentativas modernas mais importantes de renovar filosoficamente a teologia judaica: o livro *Der Stern der Ersölung* (A Estrela da Redenção), de 1921. As raízes românticas dessa obra são inegáveis: conforme a correta observação de Günther Henning, "Rosenzweig, mais do que ninguém, traduziu as intenções do romantismo numa filosofia sistemática da religião."[33] Paul Honigsheim cita Rosenzweig e seu primo Hans Ehrenberg (judeu convertido ao protestantismo) – juntamente com Lukács e Bloch – como exemplos típicos da intelectualidade alemã neorromântica, antiburguesa e ávida de religiosidade[34]. Nascido num meio culturalmente assimilado, Rosenzweig começa por questionar a visão de mundo da *Aufklärung*: suas aspirações religiosas levam-no, num primeiro momento, a querer seguir o exemplo de seu primo e converter-se ao cristianismo (1909-1913); acabará finalmente voltando-se para o judaísmo, mas essa hesitação entre a Sinagoga e a Igreja testemunha claramente que seu itinerário espiritual está ligado ao movimento geral de restauração religiosa na cultura alemã da época.

Antes da guerra, Rosenzweig havia redigido um estudo sobre Hegel e o Estado, sob a orientação de Friedrich Meinecke. A guerra mundial provocará nele uma profunda crise e uma ruptura radical com a filosofia racionalista, o historicismo e o hegelianismo[35]. É nas trincheiras do *front* balcânico que ele começará a escrever *A Estrela da Redenção*, concluído em 1919.

Nessa obra, que busca suas fontes tanto na teoria das idades do mundo de Schelling quanto na mística da Cabala, Rosenzweig opõe à temporalidade dos Estados e nações a temporalidade messiânica do judaísmo. Recusando "a concepção especificamente moderna do 'progresso' na história", isto é, a ideia de um progresso "infinito", deseja substituí-la pela ideia judaica de que "cada instante deve estar pronto a recolher a plenitude da eternidade" – frase que lembra quase literalmente aquela em que Benjamin assinala que, para os judeus, "cada segundo era a porta estreita pela qual poderia penetrar o Messias" (*Teses Sobre a Filosofia da História*, de 1940). Para a temporalidade messiânica, a meta ideal "poderia e deveria talvez se realizar já no próximo instante e mesmo neste instante". Essa concepção religiosa do tempo constitui, segundo Rosenzweig,

precisamente o *schiboleth*, capaz de distinguir entre o adorador autêntico do progresso e o crente do Reino, que emprega a palavra "progresso" unicamente para falar a linguagem do tempo, mas que na realidade pensa no Reino: a diferença está em defender-se ou não contra a perspectiva e o dever de antecipar o "fim" no próximo instante. Sem essa antecipação e a pressão interna para realizá-la, sem "o desejo de antecipar a vinda do Messias" e a tentação de "forçar o Reino dos céus", o futuro não é futuro, mas apenas um passado que se estende numa duração infinita, um passado que se projeta adiante. Sem essa antecipação, o instante não é eterno, mas algo que se arrasta interminavelmente sobre a longa estrada estratégica do tempo[36].

Essa questão é que fará Rosenzweig defrontar-se com seu mestre, o neokantiano judeu Hermann Cohen, cuja crença racionalista no progresso ininterrupto ("infinito") das Luzes e a adesão ao nacionalismo alemão são por ele criticadas. Rosenzweig o acusará, num violento debate, de ter "traído a ideia messiânica"[37]. Num texto sobre Yehuda Halevi publicado em 1927, afirma que "a esperança na chegada do Messias" é a aspiração "pela qual e para a qual o judaísmo vive"; ele concebe o advento da era messiânica como uma ruptura da continuidade histórica, "uma mudança radical, a mudança radical [...] que porá fim ao inferno da história mundial"[38]. Sua correspondência da época acrescenta alguns detalhes sobre sua visão do porvir messiânico: "não se trata do advento celeste mas terrestre (*irdischen*) da Nova Jerusalém, trazendo a paz eterna entre os povos graças a uma mudança (*Umschaffung*) radical – vista desde hoje, miraculosa mesmo – da natureza humana"[39].

Os raros escritos propriamente políticos de Rosenzweig revelam uma visão de mundo apaixonadamente romântica anticapitalista. Num artigo de 1919, por exemplo, refere-se ao capitalismo como um sistema "tão abominável quanto a escravidão", que é preciso abolir para voltar "ao artesanato e à sua terra dourada". O caminho da emancipação é, portanto, "o abandono do mercado livre e sem restrições, e o retorno à produção ligada à encomenda de antemão por um cliente"[40]. Esse anticapitalismo vai de par com uma tendência profundamente antiestatista. Em *Der Stern der Erlösung*, ele escreve que a verdadeira face do Estado é a violência e não o direito; insiste também na oposição essencial entre o povo judeu, que traz consigo a eternidade, e a falsa eternidade do Estado; segue-se daí que "a verdadeira eternidade do povo eterno deve ser sempre estranha e hostil ao Estado [...]"[41]. A propósito dessas reflexões e de outras semelhantes, certos pesquisadores falam do "anarquismo" de Franz Rosenzweig[42].

O mais interessante é que o autor de *A Estrela da Redenção* liga explicitamente a revolução emancipadora à vinda do Messias, em termos que lembram espantosamente a "teologia da revolução" de Walter Benjamin:

Não é por acaso, com efeito, que se começou a fazer, pela primeira vez a sério, das exigências do Reino de Deus exigências para o tempo. É só a partir daí que foram empreendidas as grandes obras de libertação, as quais, ainda que o Reino de Deus não resulte delas, constituem, todavia, a condição necessária de seu advento. Liberdade, igualdade, fraternidade – esses gritos do coração da fé tornaram-se os gritos de união da época; e, no sangue e nas lágrimas, no ódio e na paixão veemente, combates ininterruptos os levaram de encontro ao mundo indolente.[43]

Segundo Günther Henning, essa passagem – intitulada "Revolução" – refere-se à Revolução de 1917: "Rosenzweig compreendeu a revolução bolchevista na Rússia, apoiando-se sobre as esperanças de Dostoiévski, como uma transformação até as últimas consequências da cristandade, e por isso atribuiu a essa revolução uma significação redentora ligada ao advento do reino messiânico."[44] É uma hipótese a verificar. Rosenzweig escreve, de fato, que uma "renovação das energias da fé e do amor veio da Rússia de Alíocha Karamázov"[45], mas não fica evidente que isso se refere à Revolução. Em todo caso, tais preocupações revolucionárias são muito marginais na obra de Rosenzweig, essencialmente consagrada à filosofia e à religião. Elas são mais significativas do ponto de vista de sua provável influência sobre Benjamin e por sua analogia com o itinerário de outros pensadores judeus contemporâneos.

GERSHOM SCHOLEM. contrariamente a Rosenzweig, Gershom (Gerhard) Scholem não é teólogo mas historiador. Sua obra representa não apenas um monumento ímpar de historiografia moderna, como também lança um novo olhar sobre a tradição religiosa judaica, restituindo-lhe sua dimensão messiânica e apocalíptica, escamoteada pela leitura racionalista estreita da *Wissenschaft des Judentums*, a Ciência do Judaísmo (Heinrich Graetz, Zung, Moritz Steinschneider), e da sociologia alemã. Max Weber e Werner Sombart não viram na espiritualidade judaica senão racionalismo calculista; Scholem pôs em evidência as correntes religiosas subterrâneas, místicas, heréticas, escatológicas e anárquicas da história do judaísmo.

Nascido em uma família de média burguesia judaica assimilada em Berlim, Scholem se abastecerá inicialmente de cultura alemã; durante a juventude, os escritores românticos ou neorromânticos estarão entre seus favoritos: Jean Paul, Novalis, Eduard Mörike, Stefan George, Paul Scheerbart. Segundo David Biale (autor da primeira obra sobre o pensamento de G. Scholem),

como muitos outros alemães dos anos 1920, Scholem e Buber encontraram numa certa corrente do romantismo alemão uma *Weltanschauung* única que inspirou todo o seu pensamento. [...] Em filosofia e em historiografia, a simpatia de Scholem por uma tendência particular do romantismo alemão desempenhou um papel crucial na sua formação intelectual[46].

É de fato muito significativo que o primeiro livro que ele estudará (e que lhe causará grande impacto) seja a obra do teósofo cristão e romântico alemão (discípulo de Schelling e Franz Xaver von Baader) Franz Joseph Molitor, *Philosophie der Geschichte oder über die Tradition* (1827-1857)[47]. Em uma conversa conosco, G. Scholem lembra-se de ter lido, em 1915, com muito interesse, os *Fragmente* de Novalis, uma das obras mais características da visão de mundo romântica no seu apogeu. Ele pensa, no entanto, que não se deve exagerar o papel das fontes alemãs de seu pensamento, cuja inspiração principal, desde a juventude, partiu dos textos hebraicos, a começar pela *Bíblia*, o *Talmud* e o *Midrasch*, que serão suas primeiras leituras. Com efeito, logo irá revoltar-se contra a ideologia assimilacionista de sua família (será expulso de casa pelo pai por sua atitude "antipatriótica" durante a Primeira Guerra Mundial!), voltando-se decididamente para as fontes do judaísmo, em busca da "tradição que se perdera em meu círculo cultural e que me atraía com grande magia [...]"[48].

Essa busca o levará, por um lado – inicialmente sob a influência de Martin Buber –, a estudar o misticismo judaico e, por outro, a aderir ao sionismo[49]. Sua atitude religiosa (não ortodoxa) o aproxima de Buber, mas seu sionismo é mais radical: ele rejeita com paixão a síntese cultural judeu-germânica, e essa recusa vai afastá-lo tanto de Buber (especialmente por causa de seu apoio à Alemanha em 1914) quanto de Franz Rosenzweig, com quem terá, sobre essa questão, uma discussão tempestuosa em 1922[50]. Contudo, a zelosa afirmação da identidade judaica não o conduz ao nacionalismo (no sentido político): ao partir para a Palestina, irá integrar-se (como Buber mais tarde) à Birt Shalom (Aliança Pela Paz), movimento sionista-pacifista em prol da fraternização judeu-árabe (oposto ao sionismo "político" e estatista). Durante os anos 1920, Scholem pronuncia-se várias vezes a favor do reconhecimento, pelos judeus, das aspirações nacionais da população árabe da Palestina e de seu direito à autodeterminação. Num artigo para a revista da Brit Shalom, *Scheifotenu* (Nossas Aspirações), em 1931 escreve: "O movimento sionista não se libertou ainda da imagem reacionária e imperialista dada não apenas pelos revisionistas, mas também por todos aqueles que se recusam a levar em consideração a situação real do nosso movimento no despertar do Oriente."[51]

A grande originalidade de Scholem foi, sem dúvida, a descoberta – ou melhor, a redescoberta – de um domínio quase inteiramente esquecido da tradição religiosa judaica (domínio renegado como obscurantista pela *Wissenschaft des Judentums* do século XIX: as doutrinas místicas desde a Cabala até o messianismo herético de Sabatai Tzvi). Inicialmente (como Buber), ele é atraído pelo aspecto mágico, irracional, "antiburguês", do misticismo judaico. Em seu primeiro escrito sobre a Cabala, em 1921, refere-se à tradição judaica como "um gigante [...] um ser não burguês (*unbürgerlich*) e explosivo"[52]. Mas num segundo momento, que ultrapassa o primeiro sem o abolir, ele se separa de Buber para assumir uma posição decididamente historicista: é na história que encontra (como muitos românticos alemães) a resposta cultural adequada ao racionalismo frio e abstrato do mundo burguês[53]. É característico de sua atitude que defina a história como *religio* no sentido etimológico de "ligação" (com o passado)[54].

Seus estudos sobre as fontes cabalísticas começam por volta de 1915, e, desde o primeiro contato com os textos hebraicos, ele é profundamente atraído pela visão escatológica que os atravessa. Escreverá nessa época numerosos textos especulativos sobre o messianismo, de que mais tarde se regozijará por jamais terem sido publicados...[55] Em seu artigo de 1921 sobre a Cabala, interessa-se pelas concepções proféticas segundo as quais "a humanidade messiânica falará por hinos" (um tema que reaparecerá nos escritos linguísticos de Walter Benjamin). E opõe, pelo menos implicitamente, temporalidade messiânica à temporalidade histórica, ao sublinhar que a decisão sobre o valor positivo ou negativo da tradição "não pertence à história mundial, mas ao Tribunal do Mundo" – isto é, o Juízo Final –, formulação dirigida expressamente contra o historicismo hegeliano que "encaixa" as duas[56].

Em 1923, pouco antes da partida para a Palestina, Scholem dá uma série de conferências em Frankfurt sobre o *Livro de Daniel*, o primeiro apocalipse da literatura religiosa judaica; entre seus ouvintes, Erich Fromm, Ernst Simon (socialista religioso, filósofo, amigo de Buber), Nahum Glatzer (futuro biógrafo de Franz Rosenzweig)[57].

A maior parte de seus trabalhos sobre a Cabala durante os anos 1920 e no início dos anos 1930 tem por centro vital a dimensão messiânico-apocalíptica do fenômeno. Um de seus primeiros escritos em hebraico (1925), dedicado ao cabalista Abraham Ben Eliezer Halevi (séculos XV-XVI), manifesta – o que é raro em suas publicações – a intensidade de sua relação pessoal com o *éthos* de seu objeto de pesquisa. Refere-se ao livro de profecias apocalípticas *Maschre Kitrin*, escrito em 1508 por Halevi, como uma obra sem igual na literatura cabalística

pela força de sua linguagem e pelo despertar dos sentimentos. Sua longa introdução escrita na língua do *Zohar* toca profundamente a alma do leitor; jamais vi páginas tão belas nessa língua, nem antes nem depois dele. Ele anuncia a vinda do Justo Redentor (*Ha-Goel Tzedek*): com a queda de Constantinopla e a expulsão dos judeus da Espanha, é chegado o Tempo do Fim (*Et Ketz*)"[58].

Três anos depois, Scholem publica na *Encyclopaedia judaica* de Berlim uma nota sobre esse cabalista, mostrando como, sob o impacto da tragédia dos judeus espanhóis, Halevi irá interpretar a *Bíblia*, o *Talmud*, o *Zohar* e o *Livro de Daniel* sob uma nova óptica; prevendo a vinda do Messias para o ano 1530-1531, contribuirá para o surto do movimento messiânico em torno de Solomon Molcho.

Outros artigos da *Encyclopaedia judaica* testemunham o interesse de Scholem pelo messianismo da Cabala. Um exemplo é o comentário sobre Abraham Ben Samuel Abuláfia, cabalista espanhol do século XIII, que tentou converter o papa Nicolau III ao judaísmo. Condenado à fogueira, conseguiu salvar-se graças à morte súbita do pontífice. A partir desse incidente, Abuláfia anunciará a chegada iminente da era messiânica, encontrando um eco considerável entre os judeus da Sicília[59]. Por volta da mesma época (1928), Scholem publica seu primeiro artigo sobre o messianismo herético do século XVII: um estudo sobre a teologia do sabataísmo em Abraham Cardozo[60]. Encontramos também nessa enciclopédia (v. 9, 1932) a primeira síntese de sua visão de conjunto do messianismo cabalístico: o notável artigo "Cabala". Segundo Scholem, o pecado original e os meios para a restituição da criatura decaída constituem o centro da antropologia da Cabala. Essa restituição – *Tikun* em hebraico – implica a derrocada da força do mal e o fim catastrófico da ordem histórica, que não são senão o avesso da redenção messiânica. O restabelecimento da ordem cósmica previsto pela providência divina significa, ao mesmo tempo, a Redenção, e o "Mundo do *Tikun*" é também o Reino messiânico. O pecado original de Adão não pode ser abolido senão por essa Redenção messiânica, na qual as coisas tornarão a seu lugar inicial – a "apocatástase", um conceito teológico da Igreja literalmente tomado de empréstimo (por volta de 1240) à Cabala (*Ha-Schavat Kol ha-Dvarin le-Havaiatam*). O *Tikun* é, assim, ao mesmo tempo restituição a um estado original e estabelecimento de um mundo inteiramente novo (*Olam ha-Tikun*)[61].

Só bem mais tarde, nos anos 1950, Scholem irá sistematizar sua teoria do messianismo judaico como doutrina restauracionista-utópica (particularmente em seu célebre ensaio "Para Compreender o Messianismo Judaico", de 1959), mas as raízes de sua análise remontam aos escritos dos anos 1920 e 1930. Na verdade, essa temática atravessa o conjunto de sua obra, mas sua atitude não é simplesmente a de um historiador erudito do messianismo judaico: basta ler seus trabalhos para perceber a simpatia (no sentido etimológico grego da palavra) do pesquisador com seu tema.

Para Scholem, a utopia messiânica por excelência não é o sionismo, mas antes o anarquismo. Embora sionista convicto, recusa categoricamente todo vínculo entre messianismo e sionismo; em 1929, num artigo polêmico em defesa da Brit Shalom, escreverá: "O ideal sionista é uma coisa, e o ideal messiânico, outra, e os dois não se tocam exceto na fraseologia pomposa dos *meetings* de massa."[62] O interesse de Scholem pelas ideias anarquistas remonta à sua juventude: a partir de 1914-1915, lera a biografia de Bakunin por Nettlau, escritos de Kropótkin, Proudhon e Elisée Reclus. Mas são sobretudo as obras de Gustav Landauer – *A Revolução* e *Apelo ao Socialismo* – que o apaixonarão, sentimento que procurará comunicar a seu amigo Walter Benjamin[63]. Scholem se encontrará com Landauer em 1915-1916, por ocasião de conferências dadas por este último nos círculos sionistas de Berlim; o tema de suas conversas é a oposição de ambos à guerra e a crítica às posições de Buber a esse respeito[64].

Sua hostilidade em face da guerra lhe valerá, em janeiro de 1918, uma carta de Ernst Toller, convidando-o a ingressar na associação de estudantes pacifistas que tentava constituir nessa época[65]. Contudo, Scholem não deseja engajar-se na vida política da Alemanha: seus olhos estão voltados para a Palestina, onde simpatiza com certas correntes ligadas aos *kibutzim* cuja doutrina continha "um elemento anarquista"; nesse contexto, ele menciona um artigo publicado em 1921 numa revista austríaca, de autoria de Meier Yaari, dirigente do movimento de juventude sionista Haschomer Hatzair (a Jovem Guarda) – na época influenciado por Buber e Landauer – que definia seu ideal social como "uma livre associação de comunidades anarquistas"[66].

Numa entrevista em 1975, Scholem recorda-se de que nessa época sentia-se "no topo de uma onda de despertar moral-religioso.

[...] Minha simpatia pelo anarquismo era, também, moral. Eu acreditava que a organização da sociedade na liberdade absoluta era um mandato divino"[67]. Mas, para além do entusiasmo juvenil dessa época, o antiestatismo libertário continuará sendo uma dimensão permanente de seu pensamento, sempre em relação íntima com a religião. Ainda em 1971, numa conversa com educadores israelitas, irá escandalizá-los ao proclamar: "sou um anarquista religioso"; chegará mesmo a sugerir que, no Estado de Israel, o profeta Jeremias "acabaria sendo preso", porque o profetismo tende a entrar em conflito com o conformismo patriótico, e de uma maneira mais fundamental, já que "'estatismo' e 'profecia' não formam um bom casal"[68]. Por volta da mesma época, na entrevista acima mencionada (1975), sustenta que "a única teoria social que tem um sentido – um sentido religioso também – é o anarquismo". Mas acrescenta que se trata de uma utopia impossível, pelo menos no plano histórico: "O anarquismo constitui uma espécie de visão messiânica irrealizável, se se consideram as forças em ação na história"; é uma teoria que "procede de um otimismo totalmente excessivo sobre o valor do espírito humano; ela tem uma dimensão messiânica"[69]. Assim, a impossibilidade puramente histórica de realização da utopia libertária surge com um dos fundamentos de sua afinidade espiritual com o messianismo.

Evidentemente, Gershom Scholem não é nem um teólogo nem um filósofo político: é como historiador que tece a trama de sua reflexão. Enquanto historiador, descobre ao mesmo tempo a dimensão anárquica do messianismo judaico (religioso) e a dimensão messiânica (secularizada ou "teológica") das utopias revolucionárias e libertárias de nossa época[70]. Um exemplo característico do primeiro aspecto – que é sem dúvida o mais importante em sua obra – é o estudo da evolução do messianismo herético sabataísta ao longo do século XVIII, sob a orientação do novo Messias, Jakob Frank. Analisando a doutrina religiosa singular do "frankismo", Scholem sublinha:

A abolição de todas as leis e normas é a visão da redenção niilista. [...] que não pode externar-se em instituições, e a única expressão que encontra são rituais que vêm representar a força do elemento negativo e destrutivo. De Bakunin, o pai do anarquismo, surgiu a frase: "A força da destruição é uma força criadora." Cem anos antes, Frank colocou no centro de sua utopia a força redentora da destruição.[71]

É provavelmente por causa de passagens como essa e outras não menos impressionantes que encontramos nos escritos históricos de Scholem, que seu biógrafo David Biale julga poder definir sua busca como um "anarquismo demoníaco" – no sentido goethiano do termo *dümonisch* – que "concebe o irracionalismo demoníaco como uma força criativa: a destruição é necessária para a construção futura"[72].

A significação dessa temática, para Scholem, não pode ser circunscrita ao domínio da história das religiões: trata-se também, em última análise, de *sua própria visão do mundo*. É verdade que a tendência anarquista permanece numa dimensão subterrânea na obra de Scholem: raramente surge como uma filosofia social assumida enquanto tal (exceto nos escritos e entrevistas autobiográficos de seus últimos anos). Mas provavelmente é uma das fontes espirituais de toda a sua atitude em face dos fenômenos religiosos e, especialmente, de seu interesse pelos movimentos messiânicos heréticos "anarquistas" dos séculos XVII e XVIII (Sabatai Tzvi, Jakob Frank). Ela é também uma das raízes da profunda afinidade que irá ligá-lo durante toda a vida a Walter Benjamin e à sua obra – igualmente atravessada por correntes anarquistas e messiânicas, sobretudo nos escritos teológicos e linguísticos da juventude e nas *Teses Sobre a Filosofia da História*, de 1940.

Em outras palavras: não se pode separar o Scholem historiador do Scholem anarquista religioso. Isso não quer dizer, como pretendem alguns de seus críticos, que sua historiografia não seja objetiva. Segundo Biale, "é difícil evitar a impressão de que Scholem tentou encontrar um precursor para a sua própria teologia anarquista no antinomismo sabataísta"[73]. Em nossa opinião, essa formulação é errônea: seria mais correto constatar que as concepções anarquizantes de Scholem o atraíram para o fenômeno do sabataísmo e, particularmente, para certos aspectos "libertários" deste.

LEO LÖWENTHAL é um caso pouco excepcional nesse conjunto de autores: é o único que foi atraído desde a juventude pelo marxismo e que manteve vínculos com o movimento operário alemão. O que o aproxima (durante os anos 1919-1926) dos outros intelectuais dessa corrente é a dimensão profunda e explicitamente religiosa (messiânica) de sua identidade judaica. Amigo de juventude de Siegfried Kracauer, Ernst Simon e Erich Fromm, participa com eles do círculo em torno da personalidade carismática do rabino Nobel (Nehemiah Anton Nobel) em Frankfurt, e da Freies Jüdisches Lehrhaus, de Rosenzweig.

É por revolta contra o ambiente familiar, dominado por uma atmosfera burguesa assimilada, *aufklärerisch*, antirreligiosa, materialista e cientificista, que ele se volta para a mística, o socialismo e, por um breve período, o sionismo[74]. Sua tese de doutorado, apresentada em 1923, tem por tema a filosofia social de Franz von Baader. Comentando esse trabalho, numa entrevista autobiográfica, Löwenthal explica o que o atraiu nesse filósofo, "o mais conservador que se possa imaginar no início do século XIX", que pregava uma aliança entre o proletariado e a Igreja contra a burguesia secularizada: sua crítica radical da sociedade liberal como universo "unidimensional", excluindo tudo o que é autenticamente humano[75]. Diga-se de passagem que Walter Benjamin, Gershom Scholem e Ernst Bloch serão também atraídos – e até mesmo fascinados – pela filosofia romântica/mística de Franz von Baader.

Em sua tese, Löwenthal põe em evidência, com verdadeiro deleite, as diatribes de Baader contra a "democracia" capitalista, o poder do dinheiro "herdeiro da tribo de Caim" e "a indústria racionalista-burguesa (*spiessbürgerlich*), míope-egoísta", que deveriam ser substituídos pela "verdadeira e grandiosa cultura" do homem reconciliado com Deus e a Natureza. Como Benjamin mais tarde, sente-se atraído pela dimensão cosmopolita do filósofo romântico, que vê numa Igreja cristã reunificada (acolhendo católicos e cristãos ortodoxos) a "corporação mundial" capaz de romper as "limitações nacionais". Descobre também em Baader um aspecto *teocrático-anarquista*, a nostalgia de uma "sociedade natural" submetida unicamente à autoridade divina (teocrática em sentido estrito), onde não há dominadores nem dominados, porque todos os homens são ao mesmo tempo sacerdotes e reis. Uma tal teocracia em toda a sua pureza não existiu senão antes da Queda, mas a comunidade humana que mais se aproximou dela foi a dos judeus no tempo de Moisés. Para Baader, a temporalidade histórica é uma punição infligida aos homens após o pecado de Adão: a redenção significará "a reintegração do tempo na eternidade", o retorno dos homens a Deus, a vinda do Reino de Deus – concepção messiânico-restitucionista do tempo que se confunde com a tradição judaica (que Baader, aliás, conhecia muito bem)[76].

A revolta contra o pai ateu-assimilado e a busca de sua identidade judaica levarão Löwenthal não apenas ao círculo do rabino Nobel, mas também, durante um curto período (1923), a tentar viver segundo as regras da ortodoxia religiosa tradicional. Uma outra tentativa, também efêmera, será a adesão ao sionismo: em 1924, funda com Ernst Simon (amigo chegado de Martin Buber) uma revista judaica de tendência sionista, *Judisches Wochenblatt*. Conforme testemunhará mais tarde, o que o atraía no sionismo era menos a dimensão estritamente nacional do que seu aspecto utópico-messiânico, a aspiração pelo estabelecimento de uma sociedade socialista exemplar na Terra de Israel. Mas rapidamente irá se desencantar, publicando nessa revista um artigo (assinado "Hereticus") que questiona radicalmente a prática sionista na Palestina, vista por ele como "uma política europeia colonial em relação aos árabes". Intitulado "As Lições da China" (1925), esse artigo convoca os sionistas a mudarem não de tática, mas de atitude, porque na Palestina, como na China, "uma maioria nacional está em vias de reclamar justiça". Com isso se encerra sua breve incursão no movimento sionista, mas não seu interesse pela cultura e pela religião judaicas[77].

A rebelião antiburguesa do jovem Löwenthal manifesta-se também de forma diretamente política: saudando a Revolução Russa como "um ato de libertação da humanidade", irá aderir, em 1918, a uma associação de estudantes socialistas e, em 1919-1920, ao Partido Socialista Independente (USPD). Quando da cisão deste em 1920, permanecerá com a ala esquerda (majoritária), que se unificará com o Partido Comunista, pois ele sempre considerou a socialdemocracia uma força "pequeno-burguesa ou burguesa, traidora da revolução". Contudo, a partir da metade dos anos 1920, distancia-se da Rússia, que lhe parece abandonar a revolução na Alemanha à sua própria sorte. Sua atitude geral na época era a de uma oposição radical e revolucionária a tudo o que constituía (segundo uma fórmula de Lukács em *A Teoria do Romance*, de que ele se valia) "a infâmia do existente" (*die Infamie des Bestehenden*). Convencido de que a revolução mundial era iminente, pregava uma filosofia marxista/messiânica que (sessenta anos mais tarde) descreve nos seguintes termos: "uma mistura de radicalismo revolucionário, messianismo judaico [...] e uma filosofia hínica análoga à de Bloch"[78].

Sua inclinação pelo marxismo não o impede de admirar Gustav Landauer, que foi um dos grandes heróis de sua juventude, e cujo retrato ornou seu quarto de trabalho durante muito tempo. É característico de sua evolução política que, num texto escrito em 1930, mencione entre os "grandes nomes judeus" de nosso século (ao lado de Einstein e Freud) Landauer e Trótski[79].

Seu principal escrito dessa época é um ensaio sobre "O Demoníaco" (Das Dämonische) publicado em 1921 numa antologia em homenagem ao rabino Nobel (da qual participaram também Martin Buber, Franz Rosenzweig, Siegfried Kracauer e Ernst Simon). Combinação estranha entre mística judaica e marxismo, esse texto um tanto esotérico foi recebido com entusiasmo por Bloch – e com reserva por Rosenzweig. Ele esboça os fundamentos de uma *teologia negativa* que se vale de Marx, Lukács e Bloch para afirmar que vivemos num mundo sem Deus e sem redenção, um mundo frio e entregue ao desespero, um espaço entre o Paraíso e o Messias à procura de Deus sem encontrá-lo. A fórmula-chave dessa filosofia religiosa é dada por uma citação extraída de *A Teoria do Romance*: "A ironia do escritor é a mística negativa das épocas sem Deus." Todavia, Löwenthal não chega a contentar-se com essa constatação: aspira intensamente à abolição dessa condição do mundo e à vinda da "luz messiânica resplandecente" (*strablende messianische Licht*) que porá fim a tudo que é crepuscular e demoníaco[80].

A partir de 1926, Löwenthal irá integrar-se cada vez mais ao trabalho científico do Instituto de Pesquisa Social de Frankfurt, e abandonará suas preocupações místicas e messiânicas para se tornar o principal sociólogo da literatura da Escola.

5. "Theologia Negativa" e "Utopia Negativa"

Franz Kafka

Numa conversa com Gustav Janouch, Kafka observou, ao comentar a exclusão dos poetas do Estado por Platão: "Os poetas [...] são elementos perigosos para o Estado, já que eles querem transformá-lo. Ora, o Estado e seus devotos não aspiram, da parte deles, senão a sobreviver." Não é por acaso que sua própria obra tenha sido também decretada "perigosa" por todos os Estados autoritários do século xx.

Kafka ocupa um lugar muito particular no firmamento cultural judeu-alemão. Como Benjamin, não pertence a nenhuma das constelações de que aqui nos ocupamos: não é nem verdadeiramente religioso nem inteiramente assimilado, nem sionista nem revolucionário engajado. Mas, enquanto Walter Benjamin encontra-se na encruzilhada dos caminhos, atravessado pelas correntes contraditórias, Kafka parece estar efetivamente no exterior. Com relação ao conjunto dos autores mencionados neste trabalho, sua posição é completamente marginal: o único com quem mantém relações pessoais é Martin Buber (embora tenha exercido uma influência notável sobre Scholem, Benjamin e Bloch). Sua particularidade consiste no caráter estritamente negativo que adquirem em sua obra tanto o messianismo judaico quanto a utopia libertária. Essas duas dimensões ocupam um lugar decisivo nos seus escritos, e é possível discernir a afinidade eletiva que neles subjaz, mas sua orientação procede de uma negatividade radical.

Como os outros intelectuais judeus da Europa Central, sua relação com o judaísmo é tardia, e precedida de uma imersão profunda na cultura alemã. Seu vínculo com o romantismo alemão não é tão direto quanto o de Landauer, Benjamin ou Bloch: nem Novalis, nem Schlegel, nem Hölderlin serão fontes para sua obra. Kleist é o único autor romântico "clássico" que exercerá sobre ele um impacto formador essencial – a ponto de Kurt Tucholsky considerá-lo um "neto de Kleist"[1]. Mesmo assim, a maior parte de seus autores preferidos pertence à corrente romântica "antiburguesa" europeia: Schopenhauer, Nietzsche, Kierkegaard, Flaubert, Tolstói, Dostoiévski, Strindberg etc.

Em larga medida, Kafka compartilha a crítica neorromântica da *Zivilisation* moderna (capitalista) desenvolvida por seus amigos do círculo sionista-cultural Bar-Kochba – por exemplo, na coletânea *Von judentum* publicada em 1913 (da qual havia um exemplar na biblioteca de Kafka)[2]. Isso se manifesta de modo impressionante em *América* – particularmente nas descrições do trabalho mecanizado. Os empregados do Tio – proprietário de uma gigantesca empresa comercial – passam o dia fechados em suas cabines telefônicas, indiferentes a tudo, a cabeça presa num círculo de aço: só seus dedos se mexem, num movimento mecânico "inumanamente uniforme (*gleichmässig*) e rápido". Da mesma forma, o trabalho dos ascensoristas do Hotel Ocidental é estafante, enfadonho e monótono (*einförmig*); limitam-se a apertar botões e ignoram totalmente o funcionamento das máquinas. Nos escritórios e nas ruas o ruído é avassalador, das campainhas atordoantes, dos carros que buzinam, um alarido frenético "que não parecia mais provocado pelos homens, mas por algum elemento estranho"[3]. Poderíamos multiplicar os exemplos: é toda a atmosfera do livro que transpira a inquietude e a angústia do ser humano, entregue a um mundo sem piedade e a uma civilização técnica que lhe escapa. Como observa com perspicácia Wilhelm Emrich, essa obra é "uma das críticas mais lúcidas da sociedade industrial moderna que a literatura moderna conhece. O mecanismo econômico e psicológico secreto dessa sociedade e suas consequências satânicas são revelados sem concessões". Trata-se de um mundo dominado pelo retorno monótono e circular do sempre-igual, pela temporalidade puramente quantitativa do relógio[4]. A América do romance é também percebida como uma *Zivilisation* sem *Kultur*: o espírito e a arte não parecem desempenhar mais nenhum papel, e o único livro mencionado é, de forma característica, uma obra de correspondência comercial[5].

Sabe-se que uma das principais fontes para o romance foi o livro do socialista judeu Artur Holitscher, *Amerika heute und morgen* (América Hoje e Amanhã), publicado em 1912, onde se encontra uma descrição detalhada do "inferno" que representa a civilização americana moderna e uma crítica mordaz ao taylorismo: "A especialização do trabalho, resultante da produção em massa, reduz cada vez mais o trabalhador ao nível de uma peça morta da máquina, de uma roda dentada ou uma alavanca funcionando com precisão e automatismo."[6] A correspondência de Kafka dessa época revela seus próprios sentimentos de angústia em face da mecanização do mundo: numa carta a Felice, em 1913, refere-se a um aparelho de ditar (parlógrafo) como exemplo de máquinas que exercem "uma coerção muito mais forte e repugnante (*grausamen*) que um ser humano"[7]. Alguns anos mais tarde, numa conversa com Janouch, ele dá livre curso a essa "repugnância" diante do taylorismo, numa linguagem com ressonâncias bíblicas:

Um sacrilégio [*Frevel*] tão enorme não pode levar senão à sujeição pelo Mal [*das Böse*]. Isso é natural. A parte mais nobre e mais insondável de toda a criação, o tempo, é aprisionado na rede de interesses mercantis impuros. Nessas condições, são maculados e rebaixados não apenas a criação, mas sobretudo o homem que é parte integrante dela. Uma tal vida taylorizada é uma terrível maldição, de que só podem resultar a fome e a miséria em vez da riqueza e do ganho desejados.[8]

Essa hostilidade moral e religiosa contra o "progresso" industrial/capitalista é acompanhada em Kafka de uma nostalgia da comunidade tradicional, da *Gemeinschaft* orgânica, que o atrai para a cultura (e a língua) ídiche dos judeus orientais, para os projetos de vida rural na Palestina de sua irmã Ottla, assim como (de forma mais ambígua) para o sionismo romântico-cultural de seus amigos de Praga. A comunidade camponesa (tcheca), vivendo em paz e harmonia com a natureza, suscita também sua admiração maravilhada: "Impressão geral que dão os camponeses: são nobres que se refugiaram na agricultura, onde organizaram seu trabalho com tanta sabedoria e humildade que ele se insere sem a menor falha no conjunto das coisas, e estão protegidos contra todo balanço e enjoo do mar até a hora benfazeja de sua morte. Verdadeiros cidadãos da terra."[9] É impressionante comparar esse quadro idílico e tranquilo com a descrição da turbulência doentia do porto de Nova York, no primeiro capítulo de América: "Era um movimento sem fim, uma turbulência, que se transmitia do mar turbulento aos homens desguarnecidos e a suas obras."[10]

Como Scholem e Benjamin, Kafka irá revoltar-se contra a atmosfera assimilacionista de sua família; na Carta ao Pai (1919), censura-lhe amargamente a inconsistência e a superficialidade de sua relação com a tradição judaica: "Mas que judaísmo foi o que recebi de você! [...] Impossível também tornar compreensível a um filho com uma capacidade de observação exacerbada por puro medo que as poucas futilidades que você praticava em nome do judaísmo – com uma indiferença correspondente a elas – podiam ter um sentido mais alto."[11] A exemplo de Benjamin, Kafka terá por toda a vida uma atitude ambígua quanto à cultura e à religião judaicas, bem como ao sionismo.

É a partir de 1910, com a passagem do teatro ídiche por Praga, que ele começará a se interessar mais ativamente pelo judaísmo, estudando a literatura ídiche, A História dos Judeus, de Heinrich Graetz, e os contos hassídicos – sobre os quais escreverá a Max Brod que são "os únicos elementos judaicos com os quais, independentemente de meu estado de espírito, sinto-me sempre à vontade"[12]. Antes dessa data, a palavra "judaísmo" não figura em seus escritos ou correspondência. Em 1913 visita Martin Buber (em Berlim), com quem se corresponderá durante alguns anos. Num depoimento posterior, Buber lembra-se de ter conversado com ele sobre a significação do Salmo 82, interpretado por ambos como sendo a promessa da punição, pelo poder divino, dos juízes injustos que reinam sobre a terra[13]. Enfim, a partir dessa época, ele frequenta algumas reuniões do clube sionista Bar-Kochba e começa a se interessar pelos *kibutzim*; sob a influência de seu amigo Max Brod, irá até mesmo estudar hebraico, alimentando um (bastante vago) projeto de viagem à Palestina. Mas sua atitude para com a religião judaica e o sionismo permanece reservada e contraditória: conforme escreverá ironicamente numa nota dos anos 1917-1919, "não consegui agarrar a última ponta do manto de prece judaica que se vai, como os sionistas"[14]. Todavia – sobre esse ponto a maioria dos intérpretes e exegetas está de acordo – a religião judaica é uma das principais fontes espirituais de sua obra. Kafka seria um crente? Em suas notas e aforismos, parece hesitar constantemente entre a dúvida e a fé. Ora afirma sua confiança em "algo de indestrutível" no homem, do qual uma das possibilidades de expressão é "a crença num Deus pessoal"; ora, no parágrafo seguinte, constata secamente: "O céu é mudo, não faz eco senão ao mudo." Essa dupla atitude, entrelaçamento sutil de esperança e desespero, exprime-se às vezes no interior de uma única e mesma passagem, como nesta enigmática *parábola da luz*: "Vistos com o olho maculado que é o nosso neste mundo, encontramo-nos na situação de viajantes de trem retidos num longo túnel por um acidente, e isto num lugar onde não se vê mais a luz do começo e onde a luz do fim é tão minúscula que o olhar deve a todo momento buscá-la e a perde a todo momento, a ponto de começo e fim não serem mesmo seguros."[15]

Contudo, é inegável que uma atmosfera estranha de religiosidade impregna os grandes romances inacabados de Kafka. Viria ela do messianismo judaico? Como caracterizar essa espiritualidade misteriosa, difusa, ambivalente? Deixando de lado a questão controvertida das fontes – Kierkegaard, a Gnose, a Cabala, a *Bíblia* ou o hassidismo –, qual a estrutura significativa dessa visão religiosa do mundo? Trata-se de um messianismo positivo, carregado de esperança e fé, como parece acreditar Max Brod? Apesar de sua tentativa de construir a todo custo uma imagem "positiva" do amigo, o próprio Brod é obrigado a reconhecer que seus grandes romances e esboços são dominados pela negatividade: procura, porém, desembaraçar-se dela, atribuindo-a a "seu gênio fabulador" e à "sua imaginação altamente terrificante"[16].

A única passagem em praticamente toda a obra romanesca de Kafka que poderia ser interpretada como uma alegoria positiva da redenção messiânica é o célebre capítulo final de *América*, que versa sobre o "Teatro Natural de Oklahoma", onde "cada um pode encontrar seu lugar" – inclusive o jovem Karl Rossmann, o herói/vítima do romance. Tal interpretação parece reforçada por uma conversa relatada por Brod, durante a qual Kafka teria dado a entender, "sorrindo e com palavras enigmáticas", que o romance deveria acabar com a felicidade reencontrada do jovem Karl, numa atmosfera de "magia paradisíaca" (*paradieischen Zauber*). Infelizmente, há no *Diário* de Kafka uma anotação de 1915 que prevê uma conclusão bem diferente para o livro: "Rossmann e K., o inocente e o culpado, são ambos finalmente executados ([*strafweise umgebracht*]: literalmente, 'mortos de maneira punitiva') sem distinção, o inocente de modo rápido, antes eliminado do que esmagado."[17] Segundo a interpretação de Alfred Wirkner, o Teatro de Oklahoma não passava de um grande embuste para explorar a ingenuidade dos imigrantes: o capítulo estaria assim em harmonia com o resto do livro e mostraria Karl Rossmann caindo em sua última e pior servidão, da qual só sairia através do seu assassinato. Wirkner levanta também a hipótese de que o pseudônimo escolhido por Karl no momento de sua inscrição no Teatro – "Negro" – corresponde a uma imagem do livro de Holitscher, onde se vê um negro que está para ser linchado, tendo como legenda *Idyll aus Oklahoma*. Sabemos que Kafka prestou atenção a essa imagem, porque o manuscrito de *América* repete o erro tipográfico de Holitscher na escrita do nome "Oklahama". É possível, portanto, que Karl Rossmann estivesse destinado a acabar como o Negro da imagem[18]. Levando em conta a formulação mais benigna do *Diário* – Karl seria executado, mas "antes eliminado do que esmagado" –, pode-se também imaginar uma conclusão que seria simétrica com o primeiro capítulo: movido por seu sentimento de justiça ao tomar a defesa de um negro ameaçado pela lei de Lynch (tal como havia tentado defender o foguista), Karl Rossmann seria "eliminado" pelos linchadores.

Que dizer de *O Processo*? Um dos textos-chaves para tentar decifrar a significação religiosa do segundo romance de Kafka (e mesmo do conjunto de sua obra) é a fascinante parábola "Diante da Lei", publicada enquanto ainda era vivo e incluída no manuscrito de *O Processo*. Evidentemente, há uma multiplicidade infinita de interpretações possíveis desse escrito enigmático, mas parece-me que a abordagem mais convincente é a que vê no guardião da porta (aquele que impede ao homem do campo o acesso à lei) o representante de uma "ordem do mundo" fundada sobre "a mentira" – para retomar a expressão utilizada por Joseph K. O homem do campo deixou-se intimidar: não é a força que o impede de entrar, mas o medo, a falta de confiança em si, a falsa obediência à autoridade, a passividade submissa[19]. Quanto ao padre que lhe "explica" a parábola na Igreja – justificando a posição do guardião como "não verdadeira mas necessária" –, seu discurso revela, segundo Hannah Arendt, "a teologia secreta e a crença íntima dos burocratas como crença na necessidade por ela mesma, os burocratas sendo, em última análise, funcionários da necessidade"[20]. A "necessidade" que o padre invoca não é portanto a da Lei, mas a das leis do mundo corrupto e decaído que impedem o acesso à verdade. Em conclusão, como escreve Marthe Robert: "o homem do campo está perdido porque não ousa colocar sua lei pessoal acima dos tabus coletivos, dos quais o guardião personifica a tirania"[21]. Um exemplo análogo seria o comportamento de Joseph K, quando tem a intuição, no início de *O Processo*, de que "a solução simples para tudo isso" seria não dar importância aos guardas, abrir "a porta do próximo quarto e quem sabe mesmo a porta de entrada" – mas ele não ousa fazê-lo[22].

A vinda do Messias parece estreitamente ligada, aos olhos de Kafka, a essa concepção individualista da fé. Num dos aforismos (datado de 30 de novembro de 1917), ele escreve: "O Messias virá a partir do instante em que o individualismo mais desregrado for possível na fé (*de zügelloseste Individualismus des Glaubens*) – quando não houver ninguém para destruir essa possibilidade e ninguém para tolerar essa destruição, ou seja, quando os túmulos se abrirem". Esse surpreendente "anarquismo religioso" impregna também uma outra anotação sobre o messianismo, de 4 de dezembro de 1917: "O Messias só virá quando não for mais necessário, só virá um dia após sua chegada, não virá no último, mas depois do último dia."[23] Se relacionarmos os dois aforismos, podemos formular a seguinte hipótese: para Kafka, a redenção messiânica será obra dos próprios homens, no momento em que, seguindo a lei interna de cada um, fizerem desabar as coerções e autoridades exteriores; a vinda do Messias seria somente a sanção religiosa de uma autorredenção humana – ou, pelo menos, esta seria a preparação, a precondição da era messiânica de liberdade absoluta[24]. Essa posição, que faz lembrar as ideias de Buber, Benjamin ou Rosenzweig sobre a dialética entre emancipação humana e redenção messiânica, encontra-se evidentemente bastante afastada da visão tradicional, rabínica/ortodoxa, da vinda do Messias.

Na parábola "Chacais e Árabes" (1917), Kafka entrega-se a uma crítica implacável de certos aspectos da tradição religiosa judaica – a espera passiva de um Salvador supremo e o sonho de vingança sangrenta sobre as nações (*goim*) – que estão em contradição com sua concepção ativa e universalista do messianismo. É difícil não ver nessa parábola uma metáfora irônica da condição judaica na Diáspora. E o apelo dos chacais ao viajante para que cumpra seu "velho ensinamento" – tomando a tesoura e cortando a garganta dos árabes (o que ele recusa) – é uma referência bastante transparente a um certo modo de conceber o papel do Messias[25].

Como interpretar, portanto, a dimensão messiânica de *O Processo*? Gershom Scholem escreveu, em 1934, um belo poema intitulado "Com um Exemplar do *Processo* de Kafka". A estrofe abaixo contém, a meu ver, a quintessência religiosa da obra de Kafka:

> Só assim brilha a Revelação
> Numa época que Te rejeitou
> Teu nada é a única experiência
> Que de Ti é permitida.[26]

Em resposta a esse poema, Benjamin escreve a seu amigo, numa carta de 20 de julho de 1934: "Mas quando escreves 'a experiência permitida não é senão a de teu nada', é nesse ponto mesmo que posso ligar minha tentativa de interpretação: tentei mostrar que é pelo avesso [*Kehrseite*] desse 'nada', em seu forro [*Futter*], se ouso dizer, que Kafka procurou roçar o dedo na redenção."[27] Segundo Benjamin, as questões angustiantes que a obra de Kafka coloca não encontram sua resposta (ou melhor, a supressão das próprias questões) senão num outro estado do mundo, um mundo diferente que Kafka não teria descoberto, mas teria percebido "no ar, ou em sonho". A imagem insólita do "forro" – o termo alemão *Futter* refere-se efetivamente ao forro de um casaco – remete a algo de oculto, invisível, que constitui o lado inverso (*Kehrseite*), o contrário simétrico do visível, do dado. Scholem escreverá mais tarde, num ensaio sobre Benjamin, a propósito dessa carta:

> Benjamin descobre no mundo de Kafka a inversão negativa [*negativen Umschlag*] de categorias judaicas. Nada de doutrina positiva. Apenas subsiste [...] uma promessa estritamente utópica, impossível ainda de

formular. [...] Benjamin reconhecia em Kafka a *Theologia negativa* de um judaísmo que perdeu o sentido positivo da Revelação, mas que não perdeu em nada sua intensidade.[28]

Theodor Adorno, numa carta a Benjamin de 1934, propõe uma imagem que sugere também uma espécie de inversão: a obra de Kafka é "uma fotografia da vida terrestre, da perspectiva da vida salva pela rendenção"[29]. Assim como Scholem, tanto Benjamin quanto Adorno percebem, portanto, na redenção messiânica – sob a forma negativa ou inversa –, uma dimensão essencial dos escritos de Kafka[30].

Parece-me que o conceito de *theologia negativa* é, de fato, o único capaz de explicar adequadamente o tipo muito particular de problemática religiosa presente nos romances de Kafka. A redenção messiânica (e também a utopia libertária, como veremos) não aparece nele senão de modo recôndito, no "forro" do real, ou desenhada em filigrana pelo negro contorno do mundo presente. Isso vale sobretudo para seu último grande escrito romanesco, *O Castelo*.

A tentativa mais influente de leitura "positiva" do universo religioso dessa obra foi a de Max Brod. Em seu célebre prefácio à primeira edição de *O Castelo* (1934), não hesita em escrever que

esse "Castelo" onde Kafka não obtém o direito de entrar, e do qual não pode nem mesmo se aproximar, é exatamente a "Graça" no sentido dos teólogos, o governo de Deus que dirige os destinos humanos (a "Aldeia"). [...] *O Processo* e *O Castelo* nos apresentariam, portanto, as duas formas – Justiça e Graça – sob as quais, segundo a Cabala, a Divindade se oferece a nós[31].

Mesmo os episódios do romance que revelam os altos mandatários do "Castelo" sob uma luz tremendamente sórdida (a carta obscena de Sortini a Amália) são interpretados por Brod como demonstração de que "as categorias da moral e as da religião não coincidem"[32]. Inútil insistir na inadequação grosseira de uma tal leitura, já qualificada por Benjamin como *insustentável* e cada vez mais rejeitada pelos críticos[33]. Como escreve com pertinência Hanna Arendt, "o malefício do mundo, ao qual os heróis de Kafka estão submetidos, é precisamente sua deificação, sua presunção de representar uma necessidade divina"[34].

Longe de ser o símbolo da Graça, o Castelo parece antes pertencer a uma lógica infernal. Erich Heller observa com razão que há em Kafka ao mesmo tempo um sonho de liberdade absoluta e o conhecimento da terrível servidão: dessa contradição insolúvel nasce "a convicção da danação", que é "tudo o que resta da fé". Heller equivoca-se, porém, ao acreditar que se pode descobrir na obra de Kafka um maniqueísmo gnóstico, de tal maneira que o Castelo do romance seria algo como "o reduto extremamente fortificado de uma companhia de demônios gnósticos"[35]. Nada indica que Kafka fosse conhecedor das doutrinas gnósticas, e esse tipo de interpretação (como as que se referem à Cabala) implica uma leitura alegórica, mística e esotérica um tanto exterior ao texto e sem relação com os conhecimentos ou preocupações do autor (tais como nos revelam sua correspondência, seu diário etc.). Ante a avalanche de interpretações simbólicas e alegóricas, talvez fosse conveniente adotar um pouco mais de prudência: e se o Castelo não for símbolo de alguma outra coisa, mas simplesmente um *castelo*, ou seja, a sede de um poder terrestre e humano?[36] A religiosidade de Kafka manifesta-se menos num sistema elaborado e oculto de figuras simbólicas do que numa certa *Stimmung*, uma "atmosfera espiritual", um "sentimento do mundo" e da condição humana moderna.

Martin Buber também fala de "demônios gnósticos", mas ele está mais perto da significação profunda do universo religioso de *O Castelo* quando o define como um mundo infernal, padecendo da não redenção (*Unerlöstheit der Welt*)[37]. De fato, Kafka parece partilhar a convicção de Strindberg (que se encontra igualmente em Benjamin) de que "o inferno é esta vida aqui". Num dos aforismos de Zürau, ele escreve: "mais diabólico do que isto aqui, isso não existe"[38]. É precisamente esse olhar desolado sobre o mundo que nos remete à aspiração messiânica. Ninguém percebeu melhor essa dialética paradoxal em Kafka do que Adorno: para ele, em *O Castelo* (e em *O Processo*) nossa existência aparece como "o inferno visto do ponto de vista da redenção"; ela é iluminada por uma luz que "revela as fissuras do mundo como infernais"[39].

Nesse mundo decaído, toda tentativa isolada – como a do agrimensor K. – de opor a verdade à mentira está condenada ao fracasso. Segundo Kafka, "num mundo de mentira, a mentira não é suprimida nem por seu contrário – só pode sê-lo por um mundo de verdade"[40] – ou, em outras palavras, pela redenção, que poderá abolir o mundo existente e substituí-lo por um novo. Apesar disso, o clima de *O Castelo* nada tem de uma descida patética aos círculos infernais; ao contrário, é sóbrio e irônico. Poderíamos aplicar-lhe a fórmula de Lukács em *A Teoria do Romance* e que Löwenthal incorporou em seu ensaio "Das Dämonische" (O Demoníaco): "A ironia do escritor é a mística negativa das épocas sem Deus."

Em suma: *O Processo* e *O Castelo* descrevem um mundo desesperado, entregue ao absurdo, à injustiça autoritária e à mentira, um mundo sem liberdade onde a redenção messiânica só se manifesta negativamente, por sua ausência radical. Não apenas não há qualquer mensagem positiva, como também a promessa messiânica do porvir só existe implicitamente, na forma religiosa de conceber (e rejeitar) o mundo contemporâneo enquanto infernal. A crítica do estado de coisas existente é social e política, mas tem igualmente uma dimensão transcendental, metafísica (o que distingue radicalmente suas obras de qualquer romance "realista") e teológica.

A "teologia" de Kafka – se é que podemos utilizar essa palavra – é portanto negativa num sentido preciso: seu objeto é a não presença de Deus no mundo e a não redenção dos homens. Essa maneira de não exprimir o positivo senão às avessas, através do seu *Gegenstück* (equivalente) negativo, manifesta-se tanto nos romances quanto nos paradoxos que compõem os aforismos. Como escreve Maurice Blanchot, "toda a obra de Kafka está à procura de uma afirmação que ela gostaria de obter pela negação. [...] A transcendência é justamente essa afirmação que só pode se afirmar pela negação"[41].

À *theologia negativa*, ao messianismo negativo de Kafka, corresponde, no terreno político, uma utopia negativa, um anarquismo negativo. Heinz Politzer fala de Kafka como de um "anarquista metafísico"[42]. Parece-me de fato que suas principais obras – especialmente *O Processo* e *O Castelo* – contêm uma dimensão crítica da reificação burocrática e da autoridade hierarquizada do Estado (jurídica ou administrativa) de inspiração claramente anarquista. Essa interpretação "política" é evidentemente apenas parcial: o universo de Kafka é demasiado rico e multiforme para que se possa reduzi-lo a uma fórmula unilateral. Mas de modo algum está em contradição com a leitura religiosa ou teológica: muito pelo contrário, existe entre as duas uma analogia estrutural impressionante. À ausência da redenção, indicador religioso de uma época maldita, corresponde a ausência da liberdade no universo sufocante do arbítrio burocrático. É apenas de modo latente que se projetam a esperança messiânica e a esperança utópica: o radicalmente outro. O anarquismo torna-se, assim, carregado de espiritualidade religiosa e adquire uma projeção "metafísica".

Um certo número de dados biográficos nos informa sobre o interesse do jovem Kafka pelo movimento e pelas ideias anarquistas.

Aproximadamente na mesma época em que começa a trabalhar no Departamento de Seguros Sociais, Kafka passa a frequentar reuniões de diversas organizações anarquistas ou anarquizantes em Praga. Segundo informações fornecidas por Michal Kacha, um dos fundadores do movimento anarquista em Praga, e Michal Mares, então jovem anarquista tcheco, Kafka participou das assembleias do Klub Mladych (Clube da Juventude), da associação política operária Vilem Körber e do Movimento Anarquista Tcheco, de orientação anarco-sindicalista. Os dois testemunhos coincidem ao afirmar que Kafka observava e escutava com o maior interesse, sem todavia pedir a palavra ou participar das discussões. Kacha, que gostava muito dele, chamava-o de Klidas, "o gigante silencioso"[43].

Michal Mares conta que Kafka assistiu, a seu convite, a várias conferências e encontros anarquistas. O primeiro, em 1909, foi uma manifestação contra a execução do pedagogo e pensador anarquista espanhol Francisco Ferrer, aliás, dispersada pela polícia. Outros encontros a que Kafka assistiu, segundo Mares, tinham por tema o amor livre (1910), o aniversário da Comuna de Paris (1911) e a luta contra a guerra (também em 1911). Em 1912, finalmente, Kafka participou de uma manifestação contra a execução do anarquista Liabeuf em Paris, manifestação violentamente reprimida pela polícia, que prendeu vários manifestantes, entre os quais, Franz Kafka. Na delegacia de polícia, deram-lhe a escolha entre uma multa de um florim e 24 horas de prisão. Kafka preferiu pagar a multa[44].

Ainda segundo Mares, Kafka lia com muito interesse e simpatia as obras de escritores e divulgadores anarquistas como os irmãos Reclus, Domela Nieuwenhuis, Vera Figner, Bakunin, Jean Grave, Kropótkin, Emma Goldmann etc. De fato, alguns desses autores são mencionados no *Diário* de Kafka (Bakunin, Kropótkin). Janouch menciona inclusive uma conversa em que Kafka teria manifestado seu interesse pela figura de Ravachol[45] e pela vida e obra de anarquistas como Godwin, Proudhon, Stirner, Bakunin, Kropótkin, Tolstói, Erich Mühsam e Rudolf Grossmann[46] (conhecido pelo pseudônimo de "Pierre Ramus").

É um fato bem conhecido que Kafka detestava profundamente seu trabalho no Departamento de Seguros Sociais – que ele chamava de "ninho sombrio de burocratas"[47] – e que se indignava com a sorte dos operários mutilados e das viúvas pobres enredados nos labirintos jurídicos e administrativos do Departamento. A frase seguinte, relatada por Max Brod, é uma expressão irônica, lapidar e violenta de seus sentimentos "anarquistas" para com esse tipo de instituição: "Como essa gente é humilde. [...] Vêm aqui para mendigar. Em vez de atacar o Departamento e tomar o que é seu, vêm mendigar."[48] É provável que a rebelião de Kafka contra seu emprego burocrático tenha sido uma das fontes do componente libertário de seus escritos.

Teria sido essa tendência libertária apenas um "episódio de juventude" em sua vida, limitada aos anos 1909-1912? Com efeito, depois de 1912 Kafka parou de participar das atividades dos anarquistas tchecos para se aproximar dos círculos judaicos e sionistas de Praga. Mas suas conversas com Gustav Janouch, por volta de 1920, mostram a persistência das primeiras inclinações. Ele não apenas qualifica os anarquistas de Praga como homens "muito gentis e muito alegres", "tão gentis e amigáveis que nos vemos obrigados a acreditar em cada uma de suas palavras", como também as ideias políticas e sociais que exprime permanecem muito próximas do anarquismo.

Por exemplo, sua definição do capitalismo como "um sistema de relações de dependência" em que "tudo é hierarquizado, tudo é escravizado, é tipicamente anarquista, por sua insistência no caráter opressivo e autoritário do regime existente (e não na exploração econômica, como o marxismo). Mesmo sua atitude cética em face do movimento operário organizado parece inspirada pela desconfiança libertária ante os partidos e instituições políticas. Referindo-se a uma manifestação operária que desfilava com faixas e bandeiras desfraldadas, ele observa:

> Essa gente é tão consciente de si mesma, tão segura de si mesma e tão bem-humorada! São os donos da rua e acreditam-se donos do mundo. No entanto, eles se enganam. Logo atrás já avançam os secretários, os burocratas, os políticos profissionais, todos os sultões modernos que se preparam para tomar o poder. [...] A revolução se evapora, resta apenas o lodo de uma nova burocracia. Os grilhões da humanidade torturada são feitos de papéis de ministérios.[49]

O testemunho de Janouch sugere, portanto, que Kafka permaneceu próximo das ideias anarquistas durante toda a sua vida. Evidentemente, não era de modo algum uma convicção política doutrinária, cristalizada e militante, mas antes uma afinidade espiritual, uma simpatia profunda pelo caráter antiautoritário do pensamento de Bakunin, Kropótkin e seus discípulos tchecos. A utopia libertária não é objeto de nenhuma "demonstração" nos romances de Kafka[50]. Percebe-se apenas no modo profundamente crítico com que é representada a face obsessiva e onipresente da não liberdade: a autoridade.

O antiautoritarismo (de origem libertária) atravessa o conjunto da obra romanesca de Kafka, num movimento de universalização e abstração crescente: da autoridade paterna e pessoal para a autoridade administrativa e impessoal. Inicialmente, Kafka percebe uma conexão entre a autoridade despótica do pai e a autoridade política e social. Na *Carta ao Pai* ele recorda: "Você assumia para mim o que há de enigmático em todos os tiranos, cujo direito está fundado, não no pensamento, mas na própria pessoa." Comentando o tratamento brutal, injusto e arbitrário do pai em relação aos empregados, escreve: "Mas para mim essa circunstância tornava a loja insuportável, ela lembrava demais minha relação com você [...] Por isso eu pertencia necessariamente ao partido dos empregados."[51] Encontra-se aqui uma das raízes íntimas e pessoais de sua simpatia pelos anarquistas de Praga – e também, de forma mais direta, de seu interesse por Otto Gross. Aprisionado por ordem do pai num hospital psiquiátrico (1913), o anarquista freudiano Otto Gross conseguirá a libertação graças a uma campanha na imprensa levada a cabo por escritores expressionistas. Inspirado por Nietzsche, Freud e Max Stirner, Gross ataca, em seus escritos, a vontade de potência, o poder matriarcal e o princípio de autoridade, tanto na família quanto na sociedade. Kafka irá conhecê-lo durante uma viagem de trem em julho de 1917; pouco depois, num encontro em Praga, Otto Gross propõe a Werfel e a Kafka a publicação de uma revista intitulada *Páginas de Combate Contra a Vontade de Potência* (*Blätter zur Bekämpfung des Machtwittens*). Numa carta a Brod de novembro de 1917, Kafka manifesta sua adesão entusiasta a esse projeto. Sem sombra de dúvida, Otto Gross personifica, a seus olhos, a convergência entre a revolta contra a tirania paterna e a resistência (anarquista) a toda autoridade institucional[52].

Em seu primeiro escrito maior, *O Veredicto* (1912), Kafka põe em cena unicamente a autoridade paterna; é também um dos raros escritos em que o herói (Georg Bendemann) parece submeter-se inteiramente e sem resistência ao veredicto autoritário (afogando-se no rio). Comparando *O Veredicto* com *O Processo*, Milan Kundera observa: "A semelhança entre as duas acusações, inculpações e execuções revela a continuidade que liga o íntimo 'totalitarismo' familiar ao das grandes visões de Kafka."[53] Essa continuidade é essencial para compreender a atmosfera dos três romances, mas existe também um elemento novo em relação a *O Veredicto*: o caráter cada vez mais anônimo, hierarquizado, opaco e longínquo do poder.

América (1913-1914) constitui a esse respeito uma obra de transição. As personagens poderosas são figuras paternais (o pai de Karl Rossmann e o tio Jakob), marginais (Delamarche) e altos funcionários (o Chefe do Pessoal e o Chefe dos Porteiros). Todos têm em comum um insuportável autoritarismo, cujas características voltarão a aparecer nos romances e novelas dos anos seguintes: 1. atitude inteiramente arbitrária, sem justificação (moral, racional, humana) alguma; 2. exigências descabidas e absurdas para com o herói/vítima; 3. injustiça: a culpabilidade é considerada (sem razão) como evidente, inquestionável, indubitável; 4. punição totalmente desproporcional à "falta" (inexistente ou trivial). Quem obedece a tudo sem resistir acaba por tornar-se "um cão": quando se é sempre tratado como um cão, diz Robinson, "acaba-se por pensar que se é de fato". O jovem Karl Rossmann pensa, todavia, que isso só vale para "os que consentem": ele obedece apenas ao veredicto das personagens paternais e procura, ao contrário, resistir – inclusive fisicamente – aos outros. Os mais odiosos são sem dúvida os chefes da hierarquia administrativa do Hotel Ocidental, encarnação do Princípio de Autoridade. Rejeitando os esforços conciliadores da Chefe da Cozinha, o Chefe do Pessoal exclama: "Trata-se de minha autoridade, o jogo é muito sério, um rapaz como este me estragaria toda a turma."[54] Sua autoridade conserva no entanto uma dimensão de tirania pessoal, combina a frieza burocrática com um despotismo individual que beira o sadismo – especialmente no Chefe dos Porteiros, que experimenta um prazer sinistro em maltratar o jovem Rossmann.

O símbolo desse autoritarismo punitivo surge já na primeira página do livro: numa modificação carregada de sentido, Kafka apresenta a estátua da Liberdade na entrada do porto de Nova York como se empunhasse, em vez da tradicional tocha, uma espada. Num mundo sem justiça nem liberdade, a força bruta e o poder arbitrário reinam soberanos. A simpatia do herói dirige-se às vítimas dessa sociedade: por exemplo, o foguista do primeiro capítulo, encarnando "o sofrimento de um pobre homem submetido aos poderosos", ou a mãe de Teresa, arrastada ao suicídio pela fome e pela miséria. Ele encontra amigos e aliados do lado dos pobres: a própria Teresa, o estudante, os moradores do bairro popular que se recusam a entregá-lo à polícia – isso porque, escreve Kafka, "os operários não estão do lado das autoridades"[55].

Um detalhe característico mostra até que ponto certos burocratas em *América* conservam ainda um parentesco com a autoridade pessoal/paterna: num dos escritórios do hotel, vemos os porteiros atirando ao chão objetos que eram em seguida recolhidos e devolvidos ao lugar por extenuados garotos de recados; ora, na *Carta ao Pai* Kafka descreve dessa maneira o comportamento do pai para com os empregados: "Era na loja, porém, que eu o via [...] atirar do balcão, com um golpe, mercadorias que você não queria ver confundidas com outras [...] e o caixeiro tinha de erguê-las do chão."[56]

O aspecto autoritário da civilização americana aparece bem menos no livro de Holitscher; é de fato Kafka que faz ressaltar a onipresença da dominação nas relações sociais. Essa diferença é particularmente evidente se examinamos o capítulo de Holitscher intitulado "Hotel Athenäum, Chautauqua"; trata-se de um grande hotel moderno onde trabalha um jovem ascensorista ginasiano – exatamente como Karl Rossmann no Hotel Ocidental. Mas em vez de ser oprimido por uma hierarquia burocrática impiedosa, como o herói de *América*, esse jovem *Liftjunge* (ascensorista), conversa com um hóspede rico sobre gramática latina, e Holitscher conclui daí que a diferença entre as classes sociais é menos acentuada na América do que na Europa[57].

Pouco após *América*, Kafka redige a novela *Na Colônia Penal*, que de todos os seus escritos é aquele onde a Autoridade se apresenta sob a face mais mortífera e injusta. Encontramos ainda a autoridade tradicional, pessoal (de origem patriarcal): os Comandantes (o Antigo e o Novo). Mas o papel que essas personagens desempenham é relativamente limitado: a manifestação essencial da autoridade se desloca para um mecanismo impessoal.

Sugeriu-se frequentemente ser esse o escrito mais profético de Kafka, já que anunciava os campos de concentração da Segunda Guerra Mundial. Pode ser verdade, mas Kafka referia-se a uma realidade bem precisa de sua época quando escreveu a novela: o colonialismo e, mais particularmente, o colonialismo francês. Os oficiais e comandantes da "colônia" são franceses; os soldados rasos, os estivadores, as vítimas que devem ser executadas são "indígenas" que "não compreendem uma só palavra do francês". Esse pano de fundo colonial é utilizado por Kafka para tornar compreensível a extraordinária violência da dominação, aqui bem mais direta e brutal do que em *O Castelo* e *O Processo*, mas o alcance do texto vai além disso.

Em *Na Colônia Penal*, Kafka conta a monstruosa vingança da autoridade ultrajada. Um pobre soldado é condenado à morte "por indisciplina e comportamento insultante para com um superior". Tendo faltado ao cumprimento de uma tarefa exagerada e ridícula e ter levado chicotadas do capitão no rosto, esse soldado ousa revoltar-se contra a autoridade. Sem nenhuma chance de defesa – de acordo com a doutrina dos oficiais, que afirma: "a culpa não deve jamais ser posta em dúvida!" – ele é condenado à morte por meio de uma máquina de tortura que escreve lentamente em seu corpo (com agulhas que o perfuram): "Honra teus superiores".

A personagem central dessa história não é o explorador que observa os acontecimentos com indignação, nem o prisioneiro, nem o oficial, nem mesmo (como se pensa habitualmente) o Comandante. É a Máquina.

Toda a narração gira ao redor desse engenho mortal, de sua origem, de seu funcionamento, de sua significação; as demais personagens estão estruturadas em função desse eixo central. Ao longo da explicação do oficial, a Máquina aparece progressivamente como sendo um fim em si. A Máquina não existe para executar o homem, é antes o homem que está aí para a Máquina, para fornecer um corpo sobre o qual ela possa escrever sua obra--prima estética, sua inscrição sangrenta ilustrada "com muitos florilégios e embelezamentos". O próprio oficial não é senão um servidor da Máquina e, no final, ele mesmo sacrifica-se a esse insaciável Moloch.

A autoridade aparece aqui em sua figura mais alienada, mais reificada, enquanto mecânica "objetiva": fetiche produzido pelos homens, ela os subjuga, os domina e os destrói.

Em que "Máquina" específica, sacrificadora de vidas humanas, pensava Kafka? *Na Colônia Penal* foi escrita em outubro de 1914, três meses após a eclosão da Primeira Guerra Mundial.

A guerra mundial, para Kafka, é um maquinismo inumano não apenas enquanto engrenagem cega, que escapa ao controle de todos, mas também num segundo sentido, mais imediato: trata-se de um imenso confronto entre máquinas de matar. Num texto redigido em 1916 (um apelo público para a construção de um hospital destinado aos doentes nervosos vítimas da guerra), Kafka faz menção explícita a esse aspecto:

A guerra mundial, que concentrou em si toda a miséria humana, é também, mais do que toda guerra anterior, uma guerra de nervos. [...] Do mesmo modo que nas últimas décadas de paz a utilização intensiva das máquinas punha em perigo, perturbava e tornava doentes os nervos daqueles que delas se ocupavam, o papel enormemente acrescido das máquinas nas ações de guerra atualmente provoca os mais graves perigos e sofrimentos para os nervos dos combatentes.[58]

Em *O Processo* e *O Castelo*, é a autoridade impessoal e hierárquica que ocupa o lugar central: segundo Benjamin, Kafka escreve do ponto de vista do "cidadão moderno que se sabe entregue a um aparelho burocrático impenetrável, cujo funcionamento é controlado por instâncias que permanecem nebulosas mesmo para seus órgãos de execução, *a fortiori* para os que são por ela manipulados"[59]. Ao contrário do que frequentemente se afirma, os dois grandes romances de Kafka não são uma crítica ao velho Estado imperial austro-húngaro, essa "mistura de despotismo e negligência", de que falava Victor Adler. Seu objeto é precisamente o aparelho do Estado no que ele tem de mais moderno, de mais anônimo, enquanto sistema reificado, coisificado, autônomo, transformando num fim em si. Muitos críticos interpretam *O Processo* como uma obra profética: o autor teria previsto, com sua imaginação visionária, a justiça dos Estados totalitários, os processos nazistas ou stalinistas etc. Bertolt Brecht, embora companheiro de estrada leal à URSS, observava, numa conversa com Benjamin a propósito de Kafka, em 1934 (antes mesmo dos Processos de Moscou): "Kafka só teve um único problema, o da organização. O que ele captou é a angústia diante do Estado-formigueiro, o modo com que os homens se alienam a si mesmos pelas formas de sua vida em comum. E ele previu certas formas dessa alienação, como por exemplo os métodos da GPU."[60] Esse tipo de nota pode ser considerado uma legítima homenagem à clarividência do escritor de Praga, mas oferece poucas luzes sobre suas motivações e o significado de *O Processo* para o próprio autor. Além disso, essas referências *a posteriori* aos Estados ditos "de exceção" obscurecem o que constitui uma das mais importantes ideias-forças do romance: a natureza alienada e opressiva do Estado "normal", legal e constitucional. Desde as primeiras páginas isso é dito claramente: "K. vivia bem num Estado de direito (*Rechtsstaat*), a paz reinava em toda parte, todas as leis estavam em vigor, quem portanto ousava assaltá-lo em sua casa?"[61] Como os anarquistas, Kafka parece considerar toda forma de Estado, o Estado enquanto tal, uma hierarquia autoritária fundada na ilusão e na mentira.

Não é num futuro imaginário mas em fatos históricos contemporâneos[62] que é preciso buscar a fonte de inspiração para a trama de *O Processo*: entre esses fatos, os grandes processos antissemitas de sua época eram um exemplo flagrante da injustiça do Estado. Os mais célebres foram o processo Isza (Hungria, 1882), o processo Dreyfus (França, 1894-1899), o processo Hilsner (Tchecoslováquia, 1899-1900), o processo Beiliss (Rússia, 1912-1913). Apesar das diferenças entre as formas de Estado (absolutismo, monarquia constitucional, república), o sistema judiciário condenou vítimas inocentes, cujo único crime era serem judeus.

Embora Kafka fosse ainda jovem em 1899, o processo Hilsner parece tê-lo impressionado. Condenado por "assassinato ritual" à pena de morte, apesar da ausência de provas, o jovem judeu tcheco Leopold Hilsner só conseguiu salvar-se graças a uma campanha empreendida por Masaryk; quando da revisão do processo, sua pena foi comutada em detenção pelo resto da vida. Numa conversa relatada por Janouch, Kafka menciona esse episódio como o ponto de partida de sua tomada de consciência da condição judaica[63]. Mas é provável que o processo contra Beiliss o tenha abalado ainda mais; o jornal de seus amigos praguenses *Selbstwerhr* era obcecado pelo caso, e sabemos que entre os papéis que Kafka queimou pouco antes de sua morte encontrava-se uma história sobre Mendel Beiliss[64]. Kafka compreendeu esses processos não apenas enquanto judeu, mas enquanto espírito universal antiautoritário: descobre na experiência judaica a quintessência da experiência humana na época moderna. Em *O Processo*, o herói, Joseph K., não tem nacionalidade ou religião determinada: é o representante por excelência das vítimas da máquina legal do Estado.

Joseph K. é preso numa certa manhã, e ninguém sabe explicar-lhe por quê. É julgado por um tribunal que lhe impede todo acesso aos juízes, funcionários arrogantes e misteriosos que não reconhecem a defesa mas apenas a "toleram", cujo comportamento é inexplicável e imprevisível, e sob cuja decisão ele é finalmente condenado e executado. O verdadeiro caráter de uma tal justiça é simbolizado pelo quadro de Titorelli que representa a deusa da Justiça, e onde esta se assemelha muito à deusa da Vitória ou – quando o quadro é bem iluminado – à deusa da Caça.

A lei, na verdade, está praticamente ausente desse "processo". Ela é algo desconhecido, impossível de conhecer, e talvez mesmo inexistente. A problemática da lei misteriosa, que provavelmente não existe, aparece também na parábola "Sobre a Questão das Leis", onde Kafka põe em cena um povo dominado por uma pequena casta aristocrática que guarda o segredo das leis. Essas leis enigmáticas são confiadas à nobreza, mas sua existência mesma é duvidosa. A conclusão parece inspirada por uma ironia libertária: "Um partido que, juntamente com a crença nas leis, repudiasse a nobreza, tal partido logo teria todo o povo a seu lado."[65]

A ausência da lei é completada, em *O Processo*, pela presença de uma poderosa organização legal que Joseph K. denuncia com indignação:

Organização que não apenas utiliza guardas venais, inspetores e juízes de instrução estúpidos [...] mas que mantém ainda toda uma magistratura de alto escalão com seu indispensável cortejo de lacaios, escribas, gendarmes e outros auxiliares, talvez até mesmo carrascos, não hesito em dizer. E qual o sentido, senhores, dessa grande organização? Mandar prender inocentes e mover-lhes processos sem razão.[66]

Em *O Processo*, o jurista Kafka considera a máquina judiciária do Estado do ponto de vista de suas vítimas: uma estrutura burocrática opaca e absurda, imprevisível e incompreensível, impessoal e impiedosa[67].

Num primeiro momento, Joseph K. revolta-se contra essa máquina: chega mesmo a pensar, no início do romance, em escapar pura e simplesmente. Mas acaba por curvar-se às regras do jogo: como observa Hanna Arendt,

em *O Processo* a subordinação não é obtida pela força, mas por um sentimento crescente de culpabilidade evocado em K. pela acusação infundada e vazia. [...] O desenvolvimento interno do herói e o funcionamento da máquina finalmente se encontram na última cena da execução, quando K. permite que o levem e o matem sem resistência, e mesmo sem contradição[68].

É por essa razão que Joseph K. lamenta morrer "como um cão". O cão representava para Kafka aquele que obedece servilmente à autoridade, como vimos a propósito de Robinson em *América*. Em *O Processo*, o comerciante Block é também apresentado como uma espécie de cão do advogado, e *Na Colônia Penal* há a submissão "canina" (*hündisch*) do condenado. A vergonha que deve sobreviver a Joseph K. (última palavra de *O Processo*) é a de ter cedido sem resistência a seus carrascos.

Em *O Castelo* Kafka trata diretamente do Estado e do sistema burocrático. Não é, como se supõe muitas vezes, uma crítica ao despotismo arcaico – como a monarquia austro-húngara. O que interessa não é a figura tradicional e pessoal do poder, o conde Westwest (personagem negligenciável no romance). Ele questiona, isso sim, os fundamentos de todo Estado, do Estado de forma geral (a exemplo dos anarquistas) e particularmente do Estado moderno, com seu aparelho hierárquico impessoal, autoritário e alienado. Sua correspondência da época testemunha a mesma inquietude: numa carta a Milena, constata (ao falar da guerra, mas sua nota tem um alcance mais geral) que "as coisas não se julgam e se decidem de fato senão na hierarquia infinita das instâncias" – uma formulação que parece diretamente extraída de *O Processo* ou de *O Castelo*[69].

O "Castelo", no romance, encarna o Poder, a Autoridade, o Estado, em face do povo, representado pela "Aldeia". Esse Castelo se apresenta como um poder alienado, arrogante, inacessível, longínquo e arbitrário, que governa a Aldeia através de um labirinto de burocratas, cujo comportamento é grosseiro, inexplicável e rigorosamente desprovido de sentido.

No quinto capítulo, Kafka esboça uma paródia tragicômica do universo burocrático, da confusão "oficial" que sua personagem K. considera eminentemente ridícula. A lógica interna, circular e vazia desse sistema é revelada por uma frase do administrador:

Se há um serviço de controle? Só um estrangeiro poderia fazer tal pergunta. Tudo é serviço de controle no Castelo! Não digo que esses serviços sejam feitos para encontrar erros no sentido grosseiro da palavra, pois não se produzem erros, e mesmo que acontecesse algum, como em vosso caso, quem teria o direito de dizer de uma vez por todas que se trata de um erro?[70]

O administrador sugere assim que o conjunto da máquina burocrática é composto unicamente de serviços de controle que se controlam uns aos outros. Mas acrescenta imediatamente que não há nada a controlar, uma vez que não há propriamente erros. Cada frase nega a precedente, e o resultado final é o *nonsense* "administrativo".

Enquanto isso, no plano de fundo, alguma coisa cresce, invade e submerge tudo: a papelada oficial, essa papelada de que são feitos, segundo Kafka, os grilhões da humanidade torturada. Um oceano de papel cobre a sala do administrador, uma montanha de papel se acumula no escritório de Sordini.

Mas o ponto culminante da alienação burocrática é atingido quando o administrador descreve o aparelho oficial como uma máquina autônoma que parece trabalhar "por si mesma":

"Dir-se-ia que o organismo administrativo não pode mais suportar a tensão, a irritação que acumulou com os anos pelo próprio uso, por menor que fosse, aliás, e pronuncia ele mesmo o veredicto sem a intervenção dos funcionários."[71] Portanto, Kafka apresenta o sistema burocrático como um mundo reificado, onde as relações entre indivíduos tornam-se uma coisa, um objeto independente, uma engrenagem cega.

O homem, o indivíduo, é impotente em face desse aparelho indecifrável e onipotente. Não apenas K. enquanto "perturbador", mas também todos os que desafiam a Autoridade, mesmo em seus caprichos mais vis (o caso Amália), são vencidos e punidos com a exclusão.

Segundo Marthe Robert, o Agrimensor K. representa uma etapa nova (em relação a Joseph K.) na "lenta marcha do herói rumo à reconquista de seu Eu sobre a tirania do 'administrativo'": ele morre esgotado, mas ao menos "desmontou peça por peça, símbolo após símbolo, signo após signo, a construção todo-poderosa que só se mantém de pé graças ao arbítrio de seus senhores, devidamente secundados pela pobreza de espírito e credulidade dos indivíduos cegos"[72]. O Agrimensor é o *estrangeiro* – implicitamente: o judeu – que se encontra em situação de exterioridade na relação de dominação/subordinação entre o Castelo e a Aldeia. Como estrangeiro, é capaz de espantar-se – no sentido do *taumasein* grego, início de todo conhecimento filosófico – ante o absurdo burocrático encarnado pelos funcionários do Castelo. Ele não pede graça nem favor, apenas seu direito – mas isso é estritamente impossível no universo da injustiça administrativa.

A utopia libertária enquanto tal não aparece em parte alguma nos romances e novelas aqui examinados; ela só existe em negativo, como crítica de um mundo totalmente desprovido de liberdade, submetido à lógica absurda e arbitrária de um "aparelho" todo-poderoso. É o modo de criticar o estado de coisas existente que manifesta o ponto de vista anarquista. A homologia estrutural com a *theologia negativa* é evidente: em ambos os casos, o contrário positivo do mundo estabelecido (utopia libertária ou redenção messiânica) fica radicalmente ausente, e é precisamente essa ausência que define a vida dos homens como degradada, desgraçada ou desprovida de sentido. A afinidade eletiva subterrânea entre as duas configurações "negativas" conduz aqui a uma convergência íntima que forma a estrutura significativa dos romances: o esmagamento do indivíduo ("como um cão") ou a denegação soberana da liberdade são precisamente indícios da não redenção do mundo – assim como, inversamente, a liberdade (religiosa) ilimitada do indivíduo parece anunciar a vinda do Messias.

Teologia negativa e utopia negativa tendem a fundir-se numa forma inversa de anarquismo metafísico (religioso) que constitui provavelmente um dos componentes essenciais da qualidade espiritual enigmática e singular dos escritos de Kafka.

6. Distante de Todas as Correntes e no Cruzamento dos Caminhos

Walter Benjamin

> *Como vê caminhos por toda parte,*
> *ele se encontra sempre na encruzilhada.*
> WALTER BENJAMIN, *Das destruktive Charakter*

"Distante de Todas as Correntes" é o título do último artigo de Adorno sobre Walter Benjamin (publicado no *Le Monde* em 31 de maio de 1969). De fato, a singularidade da obra de Benjamin situa-o como um ser à parte, à margem das principais tendências intelectuais ou políticas da Europa no início do século XX: neokantismo ou fenomenologia, marxismo ou positivismo, liberalismo ou conservadorismo. Estritamente inclassificável, irredutível aos modelos estabelecidos, ele está ao mesmo tempo no cruzamento de todas as estradas, no centro da rede complexa de relações que se tecem no meio judaico-alemão. Os caminhos que levam de Berlim a Jerusalém (Scholem, Buber) ou de Berlim a Moscou (Bloch, Lukács) cruzam-se nele, e seu pensamento sutil e esotérico parece ser o foco onde se concentram todas as contradições políticas e culturais da intelectualidade judaica da *Mitteleuropa*: entre teologia e materialismo histórico, assimilação e sionismo, romantismo conservador e revolução niilista, messianismo místico e utopia profana.

Para compreender essa particularidade, essa riqueza e essa tensão, poderíamos partir da seguinte hipótese: Walter Benjamin seria um dos raros autores nos quais a afinidade eletiva entre messianismo judaico e utopia libertária resultou numa verdadeira fusão, isto é, no nascimento de uma forma de pensamento nova, irredutível a seus componentes. A significação dessa forma não é somente política ou religiosa: implica uma certa percepção da temporalidade histórica. Porque Benjamin, ao contrário do que se pensa frequentemente, não é apenas um grande crítico literário ou um renovador da estética marxista: o rasgo profundo de sua obra, como observaram certos autores (sobretudo Miguel Abensour e Stephane Moses), é uma nova concepção da história, que se encontra esboçada nos escritos dos outros pensadores messiânicos-libertários mas atinge nele sua mais alta expressão filosófica.

As anotações a seguir visam a reconstituir o desdobramento da afinidade eletiva entre messianismo e utopia no itinerário espiritual de Walter Benjamin. Esse itinerário bastante desconcertante manifesta a uma só vez uma espantosa continuidade – com relação a certos temas fundamentais – e viradas bruscas, reviravoltas inesperadas, fugas para frente e saltos para trás. O pensamento de Benjamin avança como o quadro de um artista que não apaga jamais seus traços, mas cobre-os a todo instante com uma camada nova de tinta, parecendo ora seguir o contorno dos primeiros esboços, ora ultrapassá-los em direção a uma forma inesperada.

O ponto de partida desse percurso espiritual singular, como para muitos dos jovens judeus alemães de sua geração, é a cultura romântica. Um dos seus primeiros escritos publicados – um artigo de 1913 intitulado precisamente "Romantismo" – fala do nascimento de um novo romantismo, proclamando que "a vontade romântica de beleza, a vontade romântica de verdade, a vontade romântica de ação" são experiências "insuperáveis" (*unüberwindlich*) da cultura moderna[1]. Sua correspondência dos anos 1910-1920 contém inúmeras referências aos românticos – particularmente a Hölderlin, Novalis, Schlegel, Tieck, Franz von Baader e Franz Joseph Molitor (os dois últimos, aliás, apaixonados pela cabala e pela mística judaica). Em sua tese sobre *O Conceito de Crítica de Arte no Romantismo Alemão* (1919), saúda nos românticos (em particular Friedrich Schlegel e Novalis) a superação (*überwindung*) dos "dogmas racionalistas"[2].

Evidentemente, sua própria concepção do romantismo é irredutível às ideias românticas clássicas; mas a referência às críticas culturais de tipo romântico à civilização industrial/capitalista – e às concepções românticas da religião, da arte e da cultura – está presente em seus escritos, desde o ensaio sobre Hölderlin (1915) até o artigo sobre E.T.A. Hoffmann de 1930. Conforme dirá numa carta a Gershom Scholem de junho de 1917, para ele "o romantismo é seguramente o último movimento que ainda uma vez salva no presente a tradição (*die Tradition hinüberettete*)"[3].

A associação íntima entre temas messiânicos e utópico-anarquistas finca suas raízes na crítica neorromântica do "progresso". Se examinarmos um de seus primeiros trabalhos, o discurso "A Vida dos Estudantes" (1914), podemos já perceber o esboço de toda a sua *Weltanschauung* sociorreligiosa. Contra "a informe tendência progressista", ele celebra o poder crítico de imagens utópicas, como a Revolução Francesa de 1789 ou o reino messiânico. As verdadeiras questões que se colocam para a sociedade não são as da técnica e da ciência, mas os problemas metafísicos levantados por Platão, Spinoza, os românticos e Nietzsche, que devem inspirar os estudantes para que sua comunidade se torne "a elite de uma permanente revolução do espírito". O anarquismo é sugerido pela afirmação de que toda ciência e toda arte livres são necessariamente "estranhas ao Estado e frequentemente inimigas do Estado". Mas ele se exprime de forma mais direta na referência ao espírito tolstoiano, com seu apelo a colocar-se a serviço dos pobres, "espírito que brotou nas concepções dos anarquistas mais profundos e nas comunidades monásticas cristãs"[4]. Utopia, anarquismo, revolução e messianismo estão alquimicamente combinados, e articulados com uma crítica cultural neorromântica do "progresso" e do conhecimento puramente técnico/científico. O passado (as comunidades monásticas) e o futuro (a utopia anarquista) associam-se diretamente num escorço tipicamente romântico-revolucionário. Esse documento contém *in nuce* várias das futuras *iluminações* de Benjamin, e é possível mostrar de modo preciso e rigoroso as semelhanças com seus últimos escritos. Propõe certos temas que atravessarão toda a sua obra, às vezes abertamente, às vezes como uma corrente subterrânea oculta. Vemos assim esboçar-se a continuidade essencial de sua trajetória espiritual de 1914 a 1940. Isso não quer dizer que não tenha havido nesse itinerário mudanças importantes: é inegável que depois de 1924 o marxismo torna-se cada vez mais um componente crucial de sua visão do mundo. Todavia, como procuraremos mostrar, o comunismo e o materialismo histórico não substituíram suas antigas convicções românticas espiritualistas e libertárias, mas se amalgamaram com elas, constituindo uma figura-de-pensamento singular e única.

É verdade que nos anos 1930, com sua apropriação crescente do materialismo histórico, as referências ao romantismo tornam-se menos frequentes, mas alguns elementos essenciais da visão do mundo romântica estão no núcleo de suas ideias religiosas e filosófico-políticas. Não se pode compreender nem o messianismo nem o anarquismo de Benjamin sem o campo cultural romântico que lhes serve de fundamento comum.

Seria, contudo, errôneo não ver também a dimensão racionalista, *Aufklärer*, de sua visão do mundo, especialmente em relação a Kant e ao neokantismo (Hermann Cohen). Em certo sentido, seu método provém de uma síntese *sui generis* entre romantismo e *Aufklärung*, com a predominância do primeiro em seus escritos anteriores a 1930 e do segundo em suas obras materialistas posteriores. Num artigo de 1931 sobre Franz von Baader, cujo "diagnóstico sobre a condição social das classes trabalhadoras estava à frente de quase todos os contemporâneos" (no início do século XIX), Benjamin insiste na articulação entre *Romantik* e *Aufklärung* no pensamento político desse filósofo conservador e místico, que sonhava com um clero que pudesse encarnar "o espírito da humanidade" para além das fronteiras nacionais[5]. O mesmo argumento vale, *mutatis mutandis*, para o próprio Benjamin, em sua busca do ponto de convergência possível entre messianismo judaico e internacionalismo proletário, crítica romântica da civilização burguesa e humanismo esclarecido.

O vínculo entre romantismo e messianismo é ilustrado não apenas pelo interesse de Benjamin pelos escritores místicos e cabalísticos de pensadores românticos como Franz von Baader e Franz Joseph Molitor, mas sobretudo por sua tese de doutorado, onde sublinha que a verdadeira essência do *Frühromantik* (primeiro romantismo) "deve ser buscada no messianismo romântico". Ele descobre a dimensão messiânica do romantismo sobretudo nos escritos de Schlegel e Novalis, e cita, entre outras, esta passagem surpreendente do jovem Friedrich Schlegel: "o desejo revolucionário de realizar o reino de Deus é [...] o início da história moderna"[6].

Encontramos nessa obra (*O Conceito de Crítica de Arte no Romantismo Alemão*, 1919) uma passagem capital para compreender sua filosofia messiânica da história em gestação: ele opõe uma concepção qualitativa do tempo (*qualitative zeitliche Unendlichkeit*) "que provém do messianismo romântico", e para a qual a vida da humanidade é um processo de realização (*Erfüllung*) e não um simples devenir, à concepção vazia e infinita do tempo (*leeren Unendlichkeit der Zeit*) característica da ideologia moderna do Progresso (*Ideologie des Fortschritts*)[7]. Inútil sublinhar o parentesco desse texto (que parece ter escapado à atenção dos comentadores) com as formulações das Teses *Sobre o Conceito de História* de 1940.

Os primeiros escritos de Benjamin sobre a teologia judaica são, eles também, inspirados pelo romantismo. Isso vale especialmente para o ensaio de 1916 "Sobre a Linguagem em Geral e Sobre a Linguagem Humana", que habitualmente se atribui à influência de certas fontes cabalísticas. Ora, Gershom Scholem afirma em suas memórias que só começou a discutir Cabala com Benjamin a partir de 1917, e é também após essa data que seu amigo descobre os escritos do cabalista cristão Franz Joseph Molitor[8]. Estudos de Winfried Menninghaus mostram de forma convincente que a filosofia romântica da linguagem de Novalis, Schlegel, Hamman e Herder – ela própria inspirada por temas emprestados da Cabala – é a fonte direta da teoria benjaminiana da "magia linguística"[9].

O ensaio de 1916 sobre a língua está impregnado de nostalgia pelo paraíso perdido, com seu "bem-aventurado espírito linguístico" adâmico, antes da descoberta da Árvore do Bem e do Mal (o pecado original) e a queda na "tagarelice" e na confusão das línguas (torre de Babel)[10]. A dimensão utópica/messiânica dessa filosofia da linguagem não irá se manifestar senão num escrito posterior, "À Tarefa do Tradutor" (1921), que incorpora já os resultados das discussões com Scholem sobre a Cabala e da leitura de Molitor. Segundo esse artigo, a multiplicidade das línguas está destinada a ser abolida no "termo messiânico de sua história", isto é, no "Reino prometido e interdito onde as línguas se reconciliarão e se cumprirão."[11]

Qual foi exatamente a contribuição de Scholem à reflexão mística e messiânica do jovem Benjamin durante essa época?

Uma carta inédita de Scholem a Hannah Arendt (de 1960) lança algumas luzes sobre o assunto, referindo-se a um artigo sobre a significação da *Torá* na mística judaica (publicado nesse mesmo ano por Scholem): "São essas ideias que constituíram a verdadeira atração para as inclinações cabalísticas de Walter Benjamin, na medida em que pude explicá-las a ele em minha juventude de forma antes intuitiva que instruída."[12] Ora, um dos temas essenciais desse ensaio é a descrição da época messiânica por vir (em alguns documentos cabalísticos) como um retorno à utopia paradisíaca, ultrapassando a separação entre o bem e o mal: "O mundo inteiro será tão perfeito quanto o era o jardim do Éden."[13]

A teologia linguística do jovem Benjamin parece portanto construir-se conforme um paradigma messiânico/restitucionista de inspiração cabalística e romântica, voltado para a restauração da harmonia edênica – paradigma relacionado com os escritos de Franz Joseph Molitor sobre a Cabala, segundo os quais a tarefa do *Maschiach* (Messias) é "destruir o mal em sua raiz mais íntima e apagar a *p'gimá* (Mancha) resultante da queda de Adão", trazendo assim a redenção e restabelecendo o estado anterior (*früheren Zustand wiederhergestellf*)[14].

A utopia libertária de Benjamin está também fundada numa estrutura de sensibilidade neorromântica. Numa passagem muito esclarecedora de uma carta de 1918 a Scholem, essa conexão é explicitamente afirmada (referindo-se, todavia, a outros autores): Benjamin designa o romantismo como "um dos mais poderosos movimentos de nossa época", e acrescenta que o aspecto ideal do romantismo católico (em oposição a seu lado político) "desenvolveu-se, através da recepção de elementos sociais, no anarquismo (Leonhard Frank, Ludwig Rubiner)"[15]. Como vimos há pouco, a dimensão católico-romântica restitucionista está intimamente ligada, no discurso aos estudantes de Benjamin de 1914, às ideias libertárias: as comunidades monásticas e os grupos anarquistas são apresentados como os dois modelos mais significativos de ação social.

De um modo geral, as concepções políticas de Benjamin são influenciadas pelas dos pensadores libertários, anarquistas ou anarcossindicalistas mais profundamente aparentados ao romantismo anticapitalista e às suas aspirações restitucionistas: Georges Sorel, Gustav Landauer, Tolstói, Strindberg[16]. Contudo, suas ideias estão longe de ser "políticas" no sentido habitual da palavra. Scholem definiu como "anarquismo teocrático" a doutrina que ambos tinham em comum em 1919 – o termo "teocrático" não tendo nenhum sentido político, mas exclusivamente uma significação religiosa[17]. Segundo Werner Kraft, que nessa época era seu amigo chegado, o anarquismo de Benjamin tinha uma certa qualidade "simbólica"; não estava nem à esquerda nem à direita, mas "em alguma outra parte"[18]. O próprio Benjamin emprega com manifesto deleite o termo "niilismo" para designar, durante os anos 1920, suas ideias políticas (ou melhor, antipolíticas). Por exemplo, numa carta a Scholem em 1924 refere-se a "meu niilismo", termo que Scholem interpreta como sinônimo de "convicções anarquistas"[19]. Scholem certamente contribuiu para desenvolver essas convicções em Benjamin, fornecendo-lhe por exemplo literatura libertária (particularmente os escritos de Landauer)[20]; mas a tendência já existia antes de eles se encontrarem, como se pode deduzir do discurso "A Vida dos Estudantes", de 1914.

A chave para a compreensão do caráter particular do anarquismo de Benjamin é sua relação com o messianismo judaico, uma relação que somente o conceito de *afinidade eletiva* permite explicar: partindo das mesmas raízes neorromânticas, as duas figuras culturais têm em comum uma estrutura utópico-restitucionista, uma perspectiva revolucionária/catastrófica da história e uma imagem libertária do porvir edênico.

Um dos primeiros escritos em que essas visões libertárias e revolucionárias manifestam-se com toda a sua explosividade é o ensaio sobre a violência "Zur Kritik der Gewalt", (1921) (Para uma Crítica da Violência), diretamente inspirado pelas reflexões sobre a violência de Sorel. Nesse texto, Benjamin exprime seu desprezo absoluto pelas instituições do Estado, como a polícia ("a forma de violência mais degenerada que se possa conceber") ou o Parlamento ("deplorável espetáculo"). Ele aprova sem reservas a crítica antiparlamentar "radical e perfeitamente justificada" dos bolchevistas e dos anarcossindicalistas (uma associação altamente reveladora), bem como a ideia soreliana de uma greve geral que "se atribua como única e exclusiva tarefa destruir a violência do Estado". Essa concepção, que ele próprio designa como *anarquista*, parace-lhe "profunda, moral e autenticamente revolucionária". Todavia – e aqui Benjamin separa-se de Sorel e coloca-se numa esfera bem diferente: a teologia messiânica – a violência revolucionária, enquanto violência pura e imediata, é uma manifestação da violência divina, a única capaz de romper o "círculo mágico das formas míticas do direito" (aí incluída a violência do Estado) e de instaurar assim "uma nova era histórica". Essa violência divina/revolucionária é "destruidora de direito", e se opõe portanto à violência mítica fundadora de direito bem como à violência conservadora de direito[21].

A dialética *sui generis* entre anarquia e messianismo, revolução e teologia reencontra-se também, sob uma forma particularmente densa, em *Fragmento Teológico-Político*. Escrito mais ou menos na mesma época, esse texto "anarquista metafísico" (Scholem) distingue radicalmente a esfera do devenir histórico daquela do Messias: "nenhuma realidade histórica pode por si mesma pretender referir-se ao messianismo". Mas imediatamente depois ele constrói sobre esse abismo aparentemente infinito uma ponte dialética, uma passarela sutil, uma estranha passagem, que parece diretamente inspirada por certos parágrafos de *A Estrela da Redenção* (1921) de Rosenzweig. A *dynamis* do profano – ou, mais precisamente, da "ordem profana do profano" (o equivalente da "ordem humana do mundo" de Rosenzweig) –, que Benjamin define como a "busca de felicidade da humanidade livre" (a comparar com as "grandes obras de libertação" em Rosenzweig), pode "favorecer o advento do Reino messiânico". A formulação de Benjamin é menos imperativa que a de Rosenzweig – "favorecer o advento" (ou "categoria de sua aproximação mais natural") em vez de "condição necessária do advento do reino de Deus" – mas trata-se da mesma busca, visando a estabelecer uma mediação entre as lutas emancipadoras, históricas, "profanas" dos homens e o cumprimento da promessa messiânica[22]. Na conclusão do fragmento, Benjamin invoca uma *restitutio in integrum* temporal e espiritual – tarefa que atribui a uma forma singular de política mundial "cujo método deve chamar-se niilismo" (termo que substitui o de "anarquismo", julgado talvez demasiado profano por Benjamin). A *restitutio in integrum* (ou *restitutio omnium*) é uma figura da teologia cristã que remete ao mesmo tempo à ressurreição dos mortos no Juízo Final e ao retorno escatológico de todas as coisas à sua primeira perfeição. O termo aparece em Bloch em *O Espírito da Utopia* de 1918 (obra citada por Benjamin no "Fragmento") e em Thomas Münzer (1921), e foi provavelmente dessas fontes que Benjamin o retirou[23].

Um eco paradoxal da problemática libertária de Benjamin encontra-se em *A Origem do Drama Barroco* (escrito em 1924, publicado em 1928): ele toma emprestado ao jurista conservador Carl Schmitt o conceito de soberania como fundado, em última análise, sobre os poderes ditatoriais do Estado de exceção[24]. Num recente comentário sobre esse texto, Nobert Bolz observa que Benjamin estava interessado em Schmitt por causa da "analogia fisiognomônica entre a crítica reacionária e a anarquista": ambas rejeitam os mitos liberais e percebem o Estado de exeção como o núcleo da ordem política. A situação extrema possui um indicador histórico-filosófico: define o "momento do último combate entre Autoridade e Anarquia"[25].

A primeira referência ao bolchevismo nos escritos de Benjamin é a que mencionamos acima, no ensaio sobre a violência de 1921, onde aparece diretamente associado ao anarcossindicalismo como doutrina revolucionária antiparlamentar. O vínculo entre ideias comunistas e libertárias estará presente de uma forma ou outra ao longo de sua evolução política. Longe de substituir o anarquismo, o marxismo de Benjamin será em larga medida impregnado de coloração libertária. Após sua descoberta simultânea do marxismo, por meio da *História e Consciência de Classe* de Lukács, e do bolchevismo, graças a Asja Lacis (1924), o comunismo (e mais tarde o materialismo histórico) tornar-se-á um elemento central na reflexão política de Benjamin. Consciente das tensões entre o que chama "os fundamentos do meu niilismo" e a dialética hegeliano-marxista, representada pela obra de Lukács, sente-se todavia profundamente atraído pela "práxis política do comunismo" enquanto "conduta que engaja" (*verbindliche Haltung*). O que o interessa no livro de Lukács (descoberto graças a Ernst Bloch por ocasião de seu encontro em Capri em 1924) é, antes de tudo, a articulação entre teoria e prática que constitui "o núcleo filosófico duro" da obra e confere-lhe uma superioridade tal que "qualquer outra abordagem não é senão fraseologia demagógica e burguesa"[26].

Dois anos mais tarde (em maio de 1926) ele diz numa carta a Scholem que está pensando em aderir ao Partido Comunista, mas afirma também que isso não significa "abjurar" seu antigo anarquismo (diga-se de passagem, essa carta é o primeiro escrito onde Benjamin refere-se explicitamente a suas próprias convicções como anarquistas em vez de simplesmente "niilistas"). Para ele, os métodos anarquistas são "seguramente impróprios", e os objetivos comunistas, "um contrassenso"; no entanto, isso "não diminui em nada a ação comunista, pois ela é o corretivo desses objetivos e porque não há objetivos políticos sensatos"[27].

Poderíamos talvez retirar dessas observações obscuras e essencialmente negativas algumas sugestões "positivas": os objetivos anarquistas são significativos porque não são objetivos políticos, mas o melhor método para atingi-los é fornecido pela ação comunista. Tentando interpretar essa passagem enigmática, o pesquisador americano Richard Wolin escreve que para Benjamin os únicos objetivos válidos são, em última instância, os objetivos messiânicos[28]. Isso é correto, com a condição de não se esquecer que para Benjamin os objetivos messiânicos e anarquistas estão estreitamente associados: nessa mesma carta a Scholem, ele fala de uma identidade entre observância religiosa e política "que se manifesta somente na transformação (*Umschlagen*) paradoxal de uma na outra (não importa a direção)"[29]. Essa inversão/reversão paradoxal do anarquismo (ou "niilismo") em messianismo e vice-versa é talvez uma das chaves mais essenciais para compreender a visão do mundo social/religioso esotérica de Benjamin, desde o "Fragmento Teológico-Político" até as Teses *Sobre o Conceito de História*.

A primeira obra de Benjamin em que o impacto do marxismo se faz sentir é *Rua de Mão Única* (escrita em 1925, publicada em 1928). A virada que intervém no pensamento de Benjamin como resultado da crise econômica (falência dos negócios de seu pai em Berlim!), da recusa de sua habilitação à Universidade (1925) e da descoberta do comunismo (Asja Lacis...) pode ser ilustrada comparando-se uma primeira versão do manuscrito – redigido em 1923 – com a definitiva que escreverá dois anos mais tarde. Por exemplo, o capítulo intitulado "Panorama Imperial" contém na formulação de 1923 a seguinte observação, a propósito do homem vítima da miséria (por causa da crise e da inflação): "Ele deve, então, manter seus sentidos vigilantes para cada humilhação que lhes é infligida e mantê-los disciplinados até que seu sofrimento tenha trilhado, não mais a ladeirenta rua do ódio, mas o caminho ascensional da oração (*den aufsteigenden Pfad des Gebetes*)". A versão de 1925 retoma palavra por palavra essa frase, salvo quanto à conclusão, que se torna agora algo radicalmente diferente: "até que seu sofrimento tenha trilhado não mais a ladeirenta rua da amargura, mas o caminho ascensional da revolta (*den aufsteigenden Pfad der Revolte*)"[30]. Nessa imagem fulgurante se entrevê a espantosa mudança em suas ideias políticas ao longo desses dois anos.

Sua antiga crítica neorromântica do progresso não desaparece, mas carrega-se de uma tensão revolucionária, marxista. Num fragmento de *Rua de Mão Única* significativamente intitulado "Alarme de Incêndio", ele dispara o sinal de alarme: "e se a eliminação da burguesia não estiver efetivada até um momento quase calculável do desenvolvimento econômico e técnico (a inflação e a guerra de gases o assinalam), tudo está perdido. Antes que a centelha chegue à dinamite, é preciso que o pavio que queima seja cortado". O proletariado saberia realizar a tempo essa *interrupção revolucionária*? "A permanência ou o fim de um desenvolvimento cultural de três milênios são decididos pela resposta a isso."[31] Esse texto é o primeiro em que Benjamin opõe a revolução à continuidade catastrófica do progresso técnico submetido às classes dominantes. O alvo de sua crítica não é a negação da técnica mas sua redefinição radical: em vez de "dominação da natureza", ela deve tornar-se "o domínio da relação entre a natureza e a humanidade"[32].

É interessante também constatar que, apesar de seu interesse pelo comunismo, a única corrente política revolucionária mencionada nesse trabalho é o anarcossindicalismo: contrariamente ao homem político conservador, que não hesita em colocar sua vida privada em contradição com as máximas que defende na vida pública, o anarcossindicalismo submete rigorosamente sua vida privada às normas que ele quer transformar em leis de um estado social futuro. Essas duas figuras são apresentadas no fragmento intitulado "Ministério do Interior" como os dois tipos ideais do comportamento político[33].

A tentativa de articular o comunismo e o anarquismo é o *leitmotiv* do ensaio de Benjamin sobre o surrealismo (1929). Ele se refere a si próprio ("o observador alemão") como situado numa posição "infinitamente perigosa entre a fronda anarquista e a disciplina revolucionária", e celebra os surrealistas como os mais notáveis herdeiros da tradição libertária: "Desde Bakunin, não havia mais na Europa uma ideia radical da liberdade. Os surrealistas dispõem dessa ideia." É verdade que seu conceito de anarquismo tem uma dimensão metafórica ampla: ele se refere, por exemplo, a Dostoiévski, Rimbaud e Lautréamont como "alguns grandes anarquistas" que, durante os anos 1865-1875, "sem comunicação entre si, trabalharam em suas máquinas infernais", e cujos engenhos vieram a explodir exatamente ao mesmo tempo quarenta anos mais tarde (com o surgimento do surrealismo). O termo "niilismo" aparece também a propósito de Breton, saudado por seu "niilismo revolucionário"; ele chama a atenção, aliás, para uma passagem de Nadja em que o poeta surrealista se congratula com os dias de tumulto em Paris em solidariedade aos mártires anarquistas Sacco e Vanzetti[34].

É verdade que Benjamin se inquieta com o perigo de uma insistência muito exclusiva no "componente anarquista" da revolução, em detrimento da "preparação metódica e disciplinada" (isto é, o comunismo). No entanto, acredita que, em relação às questões cardinais da época, o surrealismo e o comunismo estão muito próximos: em oposição ao otimismo diletante e beato da socialdemocracia, ambos compartilham a mesma percepção do destino da humanidade europeia: "Pessimismo integral. Sem exceção." E se o *Manifesto Comunista* exige que a realidade seja ela própria ultrapassada (por uma "descarga revolucionária"), então "os surrealistas são os únicos que conseguiram compreender as palavras de ordem que o *Manifesto* nos transmite hoje"[35].

A partir de 1930, a referência ao anarquismo parece desaparecer de seus escritos, assim como as menções à era messiânica, mas é possível perceber sua presença hermética, como uma espécie de fornalha oculta, um fogo subterrâneo que modela ativamente os desdobramentos na superfície. Por exemplo, é provável que sua simpatia pelo comunismo durante os anos 1925-1935 esteja relacionada com a orientação claramente "apocalíptica" do Komintern durante essa época: o assim chamado "Terceiro Período", com sua doutrina da iminência da revolução mundial. Numa carta a Scholem de abril de 1931, ele se refere à "revolução bolchevista na Alemanha" como um acontecimento provável no futuro próximo! Em sua resposta, Scholem vê um perigo na intensa aspiração de

Benjamin a uma comunidade "mesmo que seja esta, apocalíptica, da revolução". Benjamin replica em julho de 1931: "acho muito pouco provável que seja preciso esperar mais do que o próximo outono para a eclosão da guerra civil"[36]. Há também, no artigo de 1930 sobre as teorias do fascismo, o célebre último parágrafo (que Adorno quis suprimir numa reedição dos anos 1960) em que ele convoca a transformar a guerra mundial em guerra civil (na Alemanha)[37]. Em troca, ele mantém uma atitude cética diante da Frente Popular na França, de modo consequente com suas antigas convicções antiparlamentares. Numa carta a Fritz Lieb de julho de 1937, lamenta que os jornais de esquerda "prendam-se apenas ao fetiche da maioria 'de esquerda' e ninguém se aborreça com o fato de ela fazer uma política que, praticada pela direita, provocaria insurreições"[38].

Mas existem sinais mais diretos da persistência da fé anarquista esotérica de Benjamin durante os anos 1930: em fevereiro de 1935 – ou seja, durante o período em que parecia mais próximo da doutrina comunista ortodoxa –, escreve uma carta a Alfred Cohn dizendo que, ao ler o conto de Drieu La Rochelle, "Le Déserteur", "para meu grande espanto, encontrei exatamente apresentada minha própria atitude política"[39]. Assim, um exame desse conto – publicado em 1934 – poderá nos fornecer uma pista muito preciosa para captar sua filosofia política oculta. Seu herói (ou anti-herói) é um desertor francês da Primeira Guerra Mundial exilado na América Latina, um internacionalista cosmopolita para quem "o nacionalismo é o aspecto mais ignóbil do espírito moderno". O viajante que conversa com ele (provavelmente exprimindo as opiniões de Drieu) trata-o ora de "velho reacionário", ora de "judeu errante", "anarquista" ou "utopista inofensivo". O desertor responde: "Não quero saber de vosso estado de guerra europeu, de vossa mobilização perpétua, de vossa socialização militar. Dê a isso o nome que achar melhor: anarquismo, se quiser. Mas eu sei bem que não tenho nada a ver com teorias das quais jamais li os livros." Há, porém, uma espécie de espírito espontaneamente libertário em sua filosofia antipolítica e anti-Estado: "A política é o jogo mais grosseiro dentre os jogos que oferece este planeta. Tudo o que é do Estado é tarefa de criados."[40] Se essa figura literária representa, para usar as palavras do próprio Benjamin, a "exata apresentação" de sua posição política, não há dúvida de que tal posição está muito mais próxima do anarquismo do que sua obra escrita dos anos 1930 parece sugerir.

Essa permanência mais ou menos oculta de certos temas anarquistas é talvez uma das razões da atitude crítica que mantém em relação à URSS, apesar de sua simpatia pela experiência soviética. Em seu *Diário de Moscou* (final de 1926 início de 1927), encontramos opiniões que se identificam em larga medida com as da oposição de esquerda dentro do Partido Bolchevista (Trótski-Zinoviev-Kamenev): o governo soviético busca "suspender o comunismo militante, esforça-se por instituir por um tempo uma paz de classe, por despolitizar a vida cívica em toda a medida do possível [...] Procura-se deter a dinâmica do processo revolucionário na vida do Estado – entrou-se, queira-se ou não, na restauração [...]"[41] O interesse de Benjamin pelos escritos de Trótski, mesmo após sua expulsão da URSS, é um testemunho dessa distância crítica; em 1932, lendo a autobiografia do fundador do Exército Vermelho e sua *História da Revolução Russa*, escreve numa carta a Gretel Adorno: "Há muito tempo eu não assimilava nada com tamanha tensão, de cortar o fôlego."[42]

Contudo, depois de 1933 – isto é, após o triunfo do nazismo na Alemanha – começa um curto período durante o qual Benjamin parece se aproximar muito mais do modelo soviético de comunismo; é também o período em que parece se ligar a uma concepção "progressista" da técnica.

Num admirável ensaio sobre "a estrutura messiânica das últimas reflexões de Walter Benjamin", Irving Wohlfarth escreve que Benjamin concebia a revolução ora acelerando a dialética do progresso histórico, ora puxando seu freio de emergência[43]. Essa formulação é muito esclarecedora mas, em minha opinião, seria preciso especificar que a primeira variante foi uma breve experimentação intelectual na metade dos anos 1930, ao passo que a crítica da ideologia do "progresso" é um componente essencial da maioria de seus escritos.

Como é possível explicar essa efêmera excursão de Benjamin no "progressismo"? O argumento habitual é "a influência de Brecht"; isso é verdade, mas, de forma geral, a influência, longe de explicar alguma coisa, requer ela própria uma explicação. Poderíamos adiantar a seguinte hipótese: os artigos escritos em

1933-1935, nos quais se pode encontrar uma avaliação altamente favorável do progresso tecnológico – particularmente "Erfahrung und Armut" (Experiência e Pobreza) de 1933, "O Autor Como Produtor" de 1934 e "A Obra de Arte na Era de Sua Reprodutibilidade Técnica" de 1935 –, são também os que manifestam um sustentáculo acrítico em relação à URSS, cuja ideologia nessa época (Segundo Plano Quinquenal) era mais do que nunca uma versão ferozmente industrialista e produtivista do marxismo. Não é por acaso que o início do "parêntese progressista" em Benjamin coincida com o advento de Hitler na Alemanha, que faz a URSS aparecer, aos olhos de muitos intelectuais de esquerda, como o último baluarte contra o fascismo.

É preciso, no entanto, relativizar a significação desses escritos aparentemente contraditórios com a trajetória global de Benjamin. De um lado, porque durante o mesmo período ele escreve trabalhos que estão em continuidade com suas preocupações tradicionais (o ensaio sobre Kafka de 1934, sobre Bachofen de 1935, o texto "Paris, Capital do Século XIX" de 1935 etc.), e, de outro lado, porque os três textos em questão são eles próprios um tanto ambíguos. Em "Erfahrung und Armut", Benjamin celebra o fim da cultura como uma tabula rasa salutar, mas o conceito com o qual designa a nova civilização – "sóbria e fria" como o vidro e o aço – é pouco gratificante: "uma nova barbárie". Quanto ao ensaio sobre a obra de arte, Scholem já havia sublinhado a profunda tensão entre a primeira parte (a perda da aura) e a segunda (celebração do cinema)[44]. Um exemplo que ilustra a que ponto esse texto ambivalente é suscetível de leituras diferentes, quando não contraditórias: segundo um comentário de Nathalie Heinrich, o artigo de Benjamin, longe de exaltar a modernidade, seria, em última análise, "um eco das reações de indignação diante da ascensão das massas e da preponderância da técnica"![45]

O fim desse período de adesão experimental ao progressismo de tipo soviético e de celebração da tecnologia enquanto tal parece coincidir com os Processos de Moscou de 1936, recebidos com perplexidade por Benjamin[46]. Entre os seus papéis recentemente descobertos por Giorgio Agambem (atualmente depositados na Biblioteca Nacional de Paris), encontra-se uma breve nota sobre Brecht – provavelmente de 1937 – que não hesita em comparar as práticas da GPU com as dos nazistas na Alemanha. O texto ridiculariza o poema de Brecht, "Manual Para os Habitantes das Cidades", por sua "glorificação poética dos erros, perigosos e cheios de consequências para o movimento operário, da práxis da GPU"; critica também seu próprio comentário do poema como uma "piedosa mentira" (*fromme Fälschung*)[47].

Um outro sintoma de distanciamento em relação à URSS de Stálin é o fato de, por volta de 1937, Benjamin se interessar de novo pela crítica trotskista da União Soviética: ele trava conhecimento com Pierre Missac e conversa com ele sobre *A Revolução Traída*, de Trótski – obra que fora objeto de uma apreciação muito favorável de Missac na revista *Cahiers du Sud* (n. 196, agosto de 1937). No ano seguinte, na Dinamarca, com Brecht, o problema "Trótski" volta a ser discutido em suas conversações; segundo Brecht, os escritos de Trótski "provam que uma suspeita permanece, uma suspeita justificada que exige uma abordagem cética dos assuntos da Rússia". Alguns dias mais tarde, Brecht refere-se à URSS como uma "monarquia operária", e Benjamin compara um tal organismo às "fantasias grotescas da natureza que são extraídas do fundo do mar sob a forma de um peixe cornígero ou de algum outro monstro"[48]. Após o pacto germano-soviético de 1939, ele irá romper definitivamente com a monstruosa variante stalinista do comunismo condenada nas *Teses* de 1940 pela alusão transparente aos "políticos nos quais os adversários do fascismo haviam depositado suas esperanças, que jazem por terra e agravam a derrota com a traição à sua própria causa"[49]. Paralelamente a essa evolução em relação à URSS, a crítica ao "progressismo" tecnológico torna-se de novo (particularmente a partir de 1936) um tema essencial de sua reflexão, culminando nas teses *Sobre o Conceito de História*.

Isso não quer dizer que depois de 1936 Benjamin simplesmente rejeite a ciência e a técnica, ou que negue o progresso dos "conhecimentos e aptidões" da humanidade (explicitamente reconhecido nas *Teses*). O que ele recusa apaixonada e obstinadamente é o mito mortalmente perigoso de que o desenvolvimento técnico trará por si mesmo uma melhora da condição social e proporcionará a liberdade dos homens, e de que os socialistas têm apenas que seguir o movimento irresistível do progresso material para estabelecer uma sociedade emancipada. Está intimamente convencido de que, sem uma interrupção revolucionária do progresso técnico tal como se dá sob o capitalismo, a existência mesma da humanidade está em perigo. Além disso, inclina-se cada vez mais a pensar que o "progresso" capitalista/industrial produziu um grau considerável de "regresso" social, fazendo da vida humana moderna exatamente o contrário do paraíso perdido, a saber: um inferno. Em "Zentralpark" (1938), acha-se esta passagem extraordinária, carregada da energia do desespero: "É preciso fundar o conceito de progresso sobre a ideia de catástrofe. Que as coisas continuem 'desse jeito', eis a catástrofe [...]. O pensamento de Strindberg: o inferno não é de maneira alguma o que nos espera – mas é *esta vida aqui*."[50]

A crítica das doutrinas do progresso ocupa um lugar importante no ensaio "O Narrador", de 1936, onde Léskov é saudado (por meio de uma citação de Tolstói) como o primeiro escritor "que denunciou os inconvenientes do progresso econômico", e como um dos últimos narradores que permaneceram fiéis à idade de ouro em que os homens viviam em harmonia com a natureza[51]. Ela sustenta a polêmica de Benjamin, no artigo sobre Fuchs, de 1937, contra o positivismo (aí incluída a socialdemocracia positivista) que "não foi capaz de ver senão o progresso da ciência natural no desenvolvimento da tecnologia, sem se dar conta do retrocesso simultâneo da sociedade". Ele opõe a esse evolucionismo (darwinista) socialdemocrata e suas tolas ilusões otimistas – ignorando os perigos da técnica moderna, especialmente em relação à guerra – a "visão da barbárie emergente percebida por Engels em *A Condição da Classe Trabalhadora na Inglaterra* e vislumbrada por Marx em seus prognósticos do desenvolvimento capitalista"[52].

Essas citações ilustram o fato de que o abandono por Benjamin da perspectiva materialista/progressista dos anos 1933-1935 não é em absoluto uma ruptura com o marxismo. Nada mais falso do que identificar, como se faz seguidamente, o marxismo de Benjamin unicamente com os textos do período "brechtiano". Os ensaios de 1936-1940 também estão relacionados com o marxismo, salvo que provêm de uma interpretação (alimentada de teologia judaica e cultura romântica) do materialismo histórico radicalmente distinta da ortodoxia da Terceira Internacional.

É a partir do marxismo – e dos escritos de autores como Turgot e Jochmann – que Benjamin irá formular o que designa em *Passagenwerk* (Trabalho das Passagens) (1935-1939) como a teoria crítica da História, cujo ponto de vista evidencia pelo menos tanto as regressões (*der Rückschritt*) quanto um progresso qualquer na história. Ele reconhece que o conceito de progresso pode ter tido uma função crítica em sua origem, mas a partir do século XIX, quando a burguesia conquista posições de poder, essa função desaparece; donde a necessidade de submetê-lo a uma crítica imanente por meio do materialismo histórico, "cujo conceito fundamental não é o progresso mas a atualização"[53].

Em seu importante artigo sobre Benjamin, Habermas não hesita em proclamar a incompatibilidade entre a filosofia benjaminiana da história e o materialismo histórico. Segundo Habermas, Benjamin cometeu o erro de querer dotar o materialismo histórico – "que leva em conta progressos não apenas do domínio das forças produtivas, mas também no da dominação" – de uma "concepção antievolucionista da história"[54]. Ora, uma interpretação dialética (levando em conta tanto "progressos" quanto "regressos") e antievolucionista existe de fato no seio do materialismo histórico, desde Antônio Labriola até a Escola de Frankfurt, e pode encontrar apoio em numerosos textos de Marx. É possível falar, como sugere Habermas, de um progresso nas relações de dominação? Benjamin teria se enganado a tal ponto ao colocar no centro de sua reflexão o estado de exceção e o fascismo? Num ensaio sobre Benjamin e Blanqui, Miguel Abensour propõe o seguinte comentário, que me parece muito pertinente:

Pensar o fascismo do ponto de vista do progresso é não ver nisso mais que um interlúdio, uma regressão provisória, ou uma sobrevivência destinada a se apagar para de novo dar livre curso ao progresso, como se nada tivesse acontecido. Pensar o fascismo do ponto de vista do Estado de exceção (judaico ou proletário) é construir a presença permanente da barbárie da história.[55]

É porque têm em comum a hostilidade ao progresso que Benjamin aproxima, em *Passagenwerk*, Baudelaire e Blanqui. No seu ensaio sobre a exposição universal de 1855, Baudelaire denuncia furiosamente a ideia do progresso como um "fanal pérfido", uma "ideia grotesca, que floresceu no solo apodrecido da fatuidade moderna", e graças à qual os povos "adormecerão sobre o travesseiro da fatalidade do sono estúpido da decrepitude". Benjamin havia estudado atentamente esse texto e cita em *Passagenwerk* o seguinte trecho: "Os discípulos dos filósofos da máquina a vapor e dos fósforos químicos o entendem assim: o progresso não lhes aparece senão sob a forma de uma série indefinida. De onde vem essa garantia?" Se Baudelaire pôde dominar Paris em sua poesia – contrariamente aos poetas da grande cidade que o sucederam –, isso se deve, segundo Benjamin, à distância crítica em relação ao seu tema, que resultava de sua "hostilidade frenética em face do progresso"; seu *spleen* é na realidade "o sentimento que corresponde à catástrofe permanente". Quanto a Blanqui, um de seus grandes méritos foi o de ter "armado a classe revolucionária de uma saudável indiferença ante as especulações sobre o progresso"[56].

Não resta dúvida de que Benjamin partilha em larga medida os sentimentos do autor das *Flores do Mal*. Em uma nota sobre Baudelaire, redigida provavelmente por volta de 1938, dá uma coloração anticapitalista a esta crítica: "A desvalorização do ambiente humano pela economia mercantil teve um impacto profundo sobre sua experiência histórica. [...] Nada mais desprezível do que fazer entrar em jogo a ideia do progresso contra essa experiência. [...] A história posteriormente mostrou o quanto ele tinha razão em não confiar no progresso técnico."[57]

Em minha opinião, seria falso ligar essa concepção da história unicamente à conjuntura precisa que Benjamin vivia no final dos anos 1930: irresistível escalada do fascismo, preparação e deflagração da guerra mundial. Trata-se de uma reflexão fundamental sobre a modernidade, cujas raízes se encontram nos seus primeiros escritos e cujo alcance é bem mais vasto e significativo que um comentário sobre a atualidade política. Sendo assim, é evidente que encontramos nesses textos – talvez mais do que em qualquer outro escrito contemporâneo – o sentimento da catástrofe iminente que se irá abater sobre a Europa e o mundo, e a intuição lúcida de que ela tomará proporções sem precedentes na história da humanidade, sobretudo graças ao extraordinário aperfeiçoamento técnico dos instrumentos de guerra.

É no contexto geral dessa filosofia da história, fundada na crítica mais radical e profunda das ilusões progressistas, que caberia analisar as observações de Benjamin sobre o declínio da experiência no mundo moderno. A experiência (*Erfahrung*) não se confunde para ele com a experiência vivida (*Erlebnis*); enquanto a primeira é um traço cultural enraizado na tradição, a segunda situa-se num nível psicológico imediato, não tendo absolutamente a mesma significação. Baudelaire, em "Spleen" e "La Vie antérieur", tem em mãos "os fragmentos disjuntos de uma verdadeira experiência histórica"; ao contrário, o mau infinito da "duração", de Bergson, incapaz de acolher uma tradição, ilustra, aos olhos de Benjamin, todos os vividos (*Erlebnisse*) "que se enfeitam com as plumas da experiência". É no ensaio sobre Baudalaire que ele define da forma mais precisa o que entende por *Erfahrung*: "a experiência pertence à ordem da tradição, tanto na vida coletiva como na vida privada. Ela consiste menos em dados isolados, rigorosamente fixados pela memória, do que em dados acumulados, geralmente inconscientes, que se combinam nela"[58].

A ideia de que a modernidade produz uma degradação ou perda da experiência aparece muito cedo nos escritos de Benjamin. No "Programa da Filosofia Vindoura", de 1918, ele já discute o "caráter medíocre e vulgar da experiência", próprio da época das Luzes e, de maneira mais geral, do conjunto dos tempos modernos[59]. O tema será retomado e desenvolvido em seus escritos dos anos 1936-1940, particularmente em "O Narrador", onde constata que na época contemporânea "as ações da experiência estão em baixa, e tudo indica que continuarão caindo até que seu valor desapareça de todo". É no universo da experiência coletiva, pré-capitalista, dos meios populares e artesanais, que nascem a narração e o conto de fadas (que ele opõe ao mito), cujo "feitiço libertador (*befreiende Zauber*) não põe em cena a natureza como uma entidade mítica, mas indica a sua cumplicidade com o homem liberado"[60]. O desencantamento do mundo (*Entzauberung der Welt*), analisado por Max Weber em relação ao advento da era capitalista, significa para Benjamin o declínio da *Erfahrung* coletiva e a ruptura do "feitiço libertador", em proveito de um novo desencadeamento do pesadelo mítico destruidor da cumplicidade entre homem e natureza.

Em *Passagenwerk*, Benjamin relaciona o início do processo de depauperação (*Verkümmerung*) da experiência ao advento da manufatura e da produção de mercadorias. Mas é evidentemente com o surto da indústria moderna que esse empobrecimento atinge seu ponto mais baixo. Benjamin examina, em seus escritos sobre Baudelaire dos anos 1936-1939 – que formam, com o *Passagenwerk* e as *Teses* de 1940, um todo de partes inseparáveis –, a experiência "inóspita e ofuscante, própria da época da grande indústria", apoiando-se diretamente nas análises de Marx em *O Capital*. Devido ao adestramento operado pela máquina, os trabalhadores são obrigados a "adaptar seu movimento ao movimento contínuo e uniforme do autômato". O operário sofre uma profunda perda de dignidade, e "seu trabalho torna-se impermeável à experiência". Em Benjamin, a perda da experiência está, assim, estreitamente ligada à transformação em autômato: gestos repetitivos, mecânicos e carentes de sentido dos trabalhadores às voltas com a máquina reaparecem nos gestos de autômatos dos transeuntes na multidão descritos por Poe e E.T.A. Hoffmann. Tanto uns como outros não conhecem mais a *Erfahrung* mas apenas a *Erlebnis*, e em particular a *Chockerlebnis*, a experiência vivida do choque, que provoca neles um comportamento reativo, de autômatos "que liquidaram completamente sua memória"[61].

Numa conferência de 1930, Benjamin já havia manifestado seu interesse pelo dualismo "decididamente religioso" entre a Vida e o Autômato que se encontra nos contos fantásticos de Hoffmann, Poe, Kubin e Panizza[62]. É provável que se referisse, entre outros, a um texto de Poe intitulado "O Jogador de Xadrez de Maelzel", a respeito de um autômato jogador de xadrez "vestido à moda turca", cuja "mão esquerda segura um cachimbo" e que, se fosse verdadeiramente uma máquina, "deveria sempre ganhar". Uma das hipóteses de explicação mencionadas por Poe é de que "um anão fazia a máquina se mover", tendo previamente se ocultado dentro dela. Não há dúvida de que esse relato de Poe inspirou a primeira das *Teses Sobre o Conceito de História*, na qual Benjamin põe em cena um fantoche autômato "ridiculamente vestido à turca", "com um narguilé na boca" e que "devia necessariamente ganhar toda partida", contanto que um anão corcunda dirigisse a mão do fantoche. Em minha opinião, a relação entre o texto de Poe e a tese de Benjamin não é apenas anedótica. A conclusão filosófica de "O Jogador de Xadrez de Maelzel" é a seguinte: "É inteiramente certo que as operações do Autômato são reguladas pelo espírito e não por outra coisa". O espírito de Poe torna-se em Benjamin a teologia, isto é, o espírito messiânico sem o qual a revolução não pode triunfar nem o materialismo histórico "ganhar a partida" – em oposição às concepções materialistas vulgares ("mecanicistas") da socialdemocracia e do comunismo stalinista, que concebem o desenvolvimento das forças produtivas, o progresso econômico, como conduzindo "automaticamente" à crise final do capitalismo e à vitória do proletariado[63].

Quanto a E.T.A. Hoffmann, Benjamin observa que suas narrações (*Erzählungen*) estão fundadas na identidade entre o automático (*automatischen*) e o satânico, a vida do homem cotidiano sendo "o produto de um infame mecanismo artificial, regido em seu interior por Satã"[64]. O exemplo clássico dessa identidade é obviamente a personagem Olympia, essa boneca-autômato (fabricada pelo diabólico doutor Coppelius) por quem o pobre Nathanael fica enlouquecido de amor, não percebendo que "seu jeito, seu canto, têm aquele compasso regular e desagradável que lembra o funcionamento da máquina"[65]. Em *Passagenwerk* há uma seção sobre a boneca e o autômato que trata particularmente dos "autômatos fatídicos" da mitologia. Benjamin menciona nesse contexto um ensaio de Caillois que analisa o mito de Pandora, "autômato fabricado pelo deus ferreiro para a desgraça dos homens", e outras figuras de "mulher-máquina, artificial, mecânica [...] e sobretudo assassina"[66].

As duas citações nessa seção têm por tema a transformação generalizada – no mundo moderno – dos seres humanos em bonecos ou autômatos: tal é o sentido, por exemplo, da frase de Franz Dingelstedt: "Em vez dos relógios, são os olhos que mostram as horas."[67]

A alegoria do autômato, a percepção aguda e desesperante do caráter mecânico, uniforme, vazio e repetitivo da vida dos indivíduos na sociedade industrial, é uma das grandes iluminações que atravessam os últimos escritos de Benjamin.

Se o autômato é o homem que perdeu toda experiência e memória, o vínculo entre a *Erfahrung*, a teologia e o materialismo histórico, para Benjamin, é a rememoração (*Eingedenken*) – que ele distingue da lembrança (*Andenken*) ligada ao simples "vivido" (*Erlebnis*)[68]. Em um fragmento de *Passagenwerk*, na rememoração (*Eingedenken*) "temos uma experiência (*Erfahrung*) que nos impede de conceber a história de um modo radicalmente ateológico"[69]; e numa das notas das *Teses*, a rememoração é apresentada como "a quintessência" da "concepção teológica da história" entre os judeus[70]. A rememoração relaciona-se de maneira privilegiada a dois domínios da experiência perdida: o combate das gerações vencidas (as vítimas do progresso) e, mais recuado no passado, o "paraíso perdido" – de que somos afastados pela tempestade do progresso –, ou seja, a experiência das sociedades sem classes da pré-história. Em "Paris, Capital do Século XIX", de 1936, Benjamin refere-se aos sonhos do porvir como estando sempre "casados" (*vermählt*) com elementos oriundos da história arcaica (*Urgeschichte*), isto é, de "uma sociedade sem classes". Depositadas no inconsciente coletivo, as experiências dessa sociedade, "em ligação recíproca com o novo, dão nascimento à utopia"[71].

O que significava exatamente para Benjamin essa sociedade sem classes pré-histórica, arcaica ou primitiva? Sua principal referência em tal contexto era a obra de Bachofen. O artigo sobre Bachofen escrito (em francês) por Benjamin em 1935 é uma das chaves mais decisivas para a compreensão de toda a sua filosofia da história. A obra de Bachofen, afirma Benjamin, foi inspirada por "fontes românticas" e atraiu o interesse de pensadores marxistas e anarquistas (como Elisée Reclus) por sua "evocação de uma sociedade comunista na aurora da história". Refutando as interpretações conservadoras (Klages) e fascistas (Bäumler), Benjamin mostra que Bachofen "pesquisou a uma profundidade inexplorada as fontes que, através dos tempos, alimentavam o ideal libertário reclamado por Reclus". Também Engels e Lafargue se interessaram por seus estudos das sociedades matriarcais, onde havia um grau elevado de democracia e igualdade cívica, bem como formas de comunismo primitivo que significavam uma verdadeira "subversão do conceito de autoridade"[72]. Esse texto – assim como a referência, na mesma época, ao "Desertor" anarquista do conto de Drieu La Rochelle – testemunha a continuidade das simpatias libertárias de Benjamin, que ele concebe sempre como complementares (e não contraditórias) com o marxismo[73].

As sociedades arcaicas da *Urgeschichte* são também as da harmonia entre o homem e a natureza, rompida pelo "progresso" e que deve ser restabelecida na sociedade emancipada do futuro. Um nome representa para Benjamin tal promessa de reconciliação futura: Fourier. No ensaio sobre Jochmann (1937), ele é mencionado como um dialético que descobriu que "todos os aperfeiçoamentos parciais na constituição social da humanidade durante a 'civilização' são necessariamente seguidos de uma deterioração de seu estatuto geral", e em "Paris, Capital do Século XIX" é comparado com Paul Scheerbart (um escritor libertário muito apreciado por Benjamin) como exemplo paradigmático da conjunção entre o antigo e o novo numa utopia que dá uma vida nova aos símbolos primitivos (*Uralte*) do desejo[74].

Em *Passagenwerk*, Benjamin vincula estreitamente a abolição da exploração do homem ao fim da exploração da natureza pelo homem, referindo-se ao mesmo tempo a Fourier e a Bachofen como figuras emblemáticas da nova e da antiga harmonia. O "trabalho apaixonado" de Fourier, pela transformação do jogo em modelo de um trabalho não explorado e não explorador, aparece-lhe como capaz de criar um mundo novo em que a ação seria finalmente irmã do sonho. A imagem ancestral dessa reconciliação é a da natureza como mãe doadora, descoberta por Bachofen na constituição matriarcal pré-histórica[75]. Ideias semelhantes são propostas na versão de 1939 (em francês) do artigo de *Passagenwerk* e nas *Teses Sobre a Filosofia da História*, onde Benjamin critica explicitamente o marxismo vulgar e contrapõe-lhe "as fantasias" de Fourier – interpretadas como ilustrações de um trabalho que, "longe de explorar a natureza, libera as criações que dormem, como virtualidades em seu ventre"[76].

Isso não quer dizer de maneira alguma que Benjamin pregue um retorno a uma era primitiva qualquer (real ou imaginária). Ao contrário, ele afirma claramente em *Passagenwerk* que a metamorfose do trabalho em jogo, pregada por Fourier, "pressupõe forças produtivas altamente desenvolvidas, que só hoje se encontram à disposição da humanidade, pela primeira vez[77]. Sua busca, características do romantismo revolucionário, é tecer relações dialéticas entre o passado pré-capitalista e o porvir pós-capitalista, a harmonia arcaica e a harmonia utópica, a experiência antiga perdida e a futura experiência liberada.

Ao situar sua idade de ouro no passado pré-histórico, Benjamin afasta-se da corrente principal do romantismo alemão, cuja pátria nostálgica era a Idade Média. Nisso estava muito próximo (mais do que ele próprio supunha) de Marx e Engels: numa carta a Engels de 25 de março de 1868, Marx escrevia que a primeira reação contra a ideologia das Luzes fora concebida "sob o ângulo medieval, romântico", enquanto a segunda reação, correspondente à orientação socialista, "consiste em mergulhar por cima da Idade Média na época primitiva de cada povo", onde encontramos "no mais antigo, o mais moderno", e, em particular, "igualitários a um ponto que faria Proudhon se arrepiar"[78]. É muito pouco provável que Benjamin tivesse conhecimento dessa carta, mas é impressionante a espantosa similaridade com suas próprias referências a uma época primitiva, onde o mais antigo e o mais novo estão intimamente unidos. Na verdade, a nostalgia de um passado arcaico é de fato patrimônio do romantismo (Rousseau!).

Não se trata portanto, para Benjamin, de restaurar o comunismo primitivo, mas de reencontrar, pela rememoração coletiva, a experiência perdida do antigo igualitarismo antiautoritário e antipatriarcal, e fazer dele uma força espiritual no combate revolucionário pelo estabelecimento da sociedade sem classes do futuro. Como se sabe, as formulações do primeiro artigo de *Passagenwerk* foram severamente criticadas por Adorno, que insistia, numa carta a Benjamin de agosto de 1935, que todo o texto pecava por uma "superestimação do arcaico", comparável ao pensamento mítico de um Klages ou de um Jung. Adorno recusa a associação do passado arcaico com "a Idade de Ouro", ou a da era mercantil do presente com "o Inferno"[79].

Impressionado pela crítica de Adorno, Benjamin irá relativizar esse aspecto "arcaico" em seus próximos escritos ligados a *Passagenwerk*; todavia, ele continua presente, de um modo implícito ou explícito, nos ensaios sobre Baudelaire de 1939, onde é possível reconhecer, através de um estudo atento dos textos, uma nova versão da oposição entre "o Inferno" do presente capitalista e o "Paraíso" pré-histórico.

A modernidade é caracterizada como "Inferno" tanto em "Zentralpark" (a referência a Strindberg mencionada anteriormente) quanto em *Passagenwerk* – particularmente na nova versão de 1939 (em francês) do artigo "Paris, Capital do Século XIX" a propósito de Blanqui e de sua obra *L'Éternité par les astres* (A Eternidade Segundo os Astros). Essa obra (escrita na prisão pelo velho Blanqui) é, na opinião de Benjamin, "um terrível requisitório [...] contra a sociedade", uma "visão do inferno" que revela, sob a forma de uma fantasmagoria astral, a essência do mundo (capitalista) moderno. Dominado pela mercadoria, esse é o universo por excelência da repetição, do "sempre-igual" (*Immergleichen*) disfarçado em novidade, do mito angustiante e infernal do eterno retorno. No livro de Blanqui, a novidade "aparece como o atributo do que pertence ao banco da danação" – abordagem que Benjamin associa estreitamente ao poema dos sete anciãos de Baudelaire, essa "procissão infernal" que multiplica sempre a mesma imagem repugnante. No reino da mercadoria, de que a obra astronômica de Blanqui e o poema de Baudelaire são a imagem suprema, "a humanidade [...] faz o papel de condenado" porque o "novo" repetitivo e factício da produção mercantil é "tão incapaz de fornecer-lhe uma solução libertadora quanto uma nova moda de renovar a sociedade"[80].

Em que sentido, portanto, o inferno é, aos olhos de Benjamin, a alegoria que condensa os traços essenciais da modernidade? De um lado, enquanto catástrofe permanente (Strindberg), de outro, enquanto repetição desesperadora das "penas eternas e sempre novas" (fórmula do *vaudeville* "Ciei et enfer", citado no artigo de 1939). Sob esse ângulo, o pior dos infernos é o da mitologia grega, onde padecem Sísifo, Tântalo e as Danaides, condenados ao eterno retorno da mesma punição. É o destino do operário, prisioneiro da linha de montagem, que Benjamin (citando Engels) compara a Sísifo. Daí também a inscrição na entrada das fábricas (mencionada por Marx) e a que orna as portas do Inferno de Dante[81].

Diante desse universo "condenado", votado a *Immergleichen* da indústria do maquinismo, da mercadoria, da moda, da *Chockerlebnis*, que reduz os homens à condição de autômatos desprovidos de memória e de *Erfahrung*, a hermenêutica benjaminiana descobre na poesia de Baudelaire uma forma sutil de resistência a esse "progresso" devastador; a evocação libertadora da experiência perdida e da "Idade de Ouro".

Nas sociedades primitivas ou pré-capitalistas "onde predomina a experiência no sentido estrito, observa-se a conjunção, no interior da memória, entre conteúdos do passado individual e conteúdos do passado coletivo. As cerimônias do culto, suas festividades [...] permitiam, entre esses dois elementos da memória, uma fusão sempre renovada"[82]. É precisamente esse aspecto da *Erfahrung* que se encontra no cerne das "correspondências" de Baudelaire, permitindo-lhe opor-se de forma radical à catástrofe moderna: "O essencial é que as correspondências contenham uma concepção da experiência que dê lugar a elementos cultuais. Foi preciso que Baudelaire se apropriasse desses elementos para poder julgar plenamente o que significa na realidade a catástrofe da qual ele mesmo era, enquanto homem moderno, testemunha." É nesse contexto que reaparece a figura da idade edênica do passado: "As 'correspondências' são os dados da rememoração. Não os dados da história, mas os da pré-história. O que faz a grandeza e a importância dos dias de festa é o fato de permitirem o reencontro com uma 'vida anterior'." Nas correspondências de Baudelaire "é o passado que murmura, e sua experiência canônica tem seu próprio lugar numa vida anterior"[83]. Voltamos a encontrar aqui a imagem dialética da comunidade sem classes (Bachofen) designada no artigo de 1936 como fonte das utopias socialistas. Como observa com razão Tiedemann, "a ideia das correspondências é a utopia pela qual um paraíso perdido surge projetado no futuro"[84]. Esse "paraíso" pré-histórico, essa "vida anterior" caracterizam-se também, para Benjamin, pela harmonia, pela reciprocidade, pela cumplicidade entre o homem e a natureza – radicalmente ausentes da vida moderna[85].

É possível que a associação entre os "dias de festa" e a rememoração da "Idade de Ouro" tenha sido inspirada a Benjamin pela conferência de Roger Caillois no Collège de Sociologie em maio de 1939 sobre "A Festa". Sabe-se que Benjamin tinha vínculos com o Collège de Sociologie, e ele menciona, numa carta a Gretel Adorno de fevereiro de 1940, o artigo (reproduzindo essa conferência) que Caillois havia publicado na *Nouvelle Revue Française* em dezembro de 1939[86]. Segundo Caillois, "a festa apresenta-se como uma atualização dos primeiros tempos do universo, da *Urzeit*, da era original eminentemente criadora. [...] A Idade de Ouro, a infância do mundo, como a infância do homem, responde a essa concepção de um paraíso terrestre onde tudo é dado de início e do qual, ao sair, foi preciso ganhar o pão com o suor do próprio rosto. É o reino de Saturno ou de Cronos, sem guerra e sem comércio, sem escravidão nem propriedade privada"[87]. A analogia com a problemática de Benjamin é notável, apesar das inegáveis diferenças entre suas respectivas abordagens.

A experiência perdida buscada por Benjamin e cuja rememoração ele encontra em Baudelaire é, portanto, a de uma sociedade sem classes, vivendo num estado de harmonia edênica com a natureza – experiência desaparecida na civilização moderna, industrial-capitalista, e cuja herança deve ser salva pela utopia socialista. Contudo, a rememoração enquanto tal é impotente para transformar o mundo: um dos grandes méritos de Baudelaire aos olhos de Benjamin é precisamente o reconhecimento desesperado dessa impotência. Analisando o verso de Baudelaire (em *As Flores do Mal*) "A Primavera adorável perdeu seu odor!", Benjamin escreve: "A palavra 'perdeu' exprime o desmoronamento interior de uma experiência que já foi um dia familiar. [...] Eis por que o verso de Baudelaire traduz seu insondável desespero. Para o ser que já não pode ter experiência, não há nenhum consolo." Os poemas que Baudelaire dedica "à ineficácia desse consolo, à falência desse fervor, ao fracasso desse empreendimento [...] não são em nada inferiores àqueles em que Baudelaire celebra o festival das 'correspondências'"[88]. Como superar essa impotência, esse desespero infinito, e reencontrar a Primavera perdida da humanidade?

Em "Zentralpark", Benjamin observa: "Interromper o curso do mundo – era o desejo mais profundo de Baudelaire."[89] Mas ele era incapaz de realizar tal tarefa – daí sua impaciência e sua cólera. Quem poderia se encarregar dessa missão decisiva? A resposta a essa questão encontra-se nas *Teses* de 1940 (e em suas "Notas Preparatórias"): é a *revolução proletária que pode e deve operar a interrupção messiânica do curso do mundo*. Só ela é capaz, por se alimentar das forças da rememoração, de restaurar a experiência perdida, abolir o "Inferno" da mercadoria, romper o círculo maléfico do *Immergleichen*, libertar a humanidade da angústia mítica e os indivíduos da condição de autômatos. Ao reconciliar de novo o homem com a natureza, a revolução mundial estabelecerá a sociedade sem classes, forma secularizada da era messiânica, do paraíso perdido/reencontrado. A revolução não é a continuação do "progresso" mas sua interrupção, e a atualização da *Erfahrung* pré-histórica e/ou pré-capitalista.

A revolução, portanto, é ao mesmo tempo utopia do porvir e redenção (*Erlösung*) messiânica. É nesse sentido que se deve interpretar a observação sibilina de Benjamin em *Passagenwerk*: "a concepção autêntica do tempo histórico repousa inteiramente sobre a imagem da redenção (*Erlösung*)"[90]. Voltada aparentemente para o passado, a busca benjaminiana da experiência perdida orienta-se afinal para o porvir messiânico/revolucionário.

É nas teses *Sobre o Conceito de História* (e em suas "Notas Preparatórias") de 1940 que Benjamin formula de modo mais fértil sua visão da revolução como interrupção redentora da continuidade da história, como o acionar dos freios de emergência pela humanidade que viaja no trem da história – em oposição radical aos mitos liberais, socialdemocratas e marxistas-vulgares do progresso enquanto melhoria automática, irresistível e ilimitada, e do desenvolvimento técnico enquanto corrente que basta seguir para avançar[91]. Blanqui, o legendário combatente revolucionário, "cujo soar de bronze fizera vibrar, como um sino, o século XIX", encarna a seus olhos essa visão: o pressuposto fundamental de sua atividade nunca foi a crença ilusória no progresso (que ele desprezava) mas a decisão de pôr fim à atual injustiça. De todos os revolucionários, ele era o mais decidido a "arrancar no último instante a humanidade da catástrofe que a ameaça permanentemente"[92].

Não há quase nenhuma referência explícita ao anarquismo nos últimos escritos de Benjamin – a menos que se considere Blanqui, para quem "a Anarquia regular é o futuro da humanidade", como um pensador libertário[93]. Mas Rolf Tiedemann mostrou com muita exatidão que esses escritos "podem ser lidos como um palimpsesto: sob o marxismo explícito torna-se visível o velho niilismo, cujo caminho corre o risco de levar à abstração da prática anarquista"[94]. O termo "palimpsesto" talvez não seja bem preciso: a relação entre as duas mensagens é menos um elo mecânico de superposição do que uma liga química de substâncias previamente destiladas.

Isso vale em particular para as teses *Sobre o Conceito de História*: segundo Tiedemann, "a representação da práxis política em Benjamin era antes a entusiasta do anarquismo do que aquela, mais sóbria, do marxismo"[95]. Todavia, essa formulação nos parece também inadequada, na medida em que opõe como mutuamente exclusivas abordagens que Benjamin funde no "cerne duro" de sua teoria. Também Habermas refere-se à presença de uma "concepção anarquista dos tempos de agora (*Jetztzeiten*)" nas *Teses*[96]. Nas "Notas Preparatórias" às *Teses*, encontra-se, por sinal, a referência direta a uma figura anarquista: Netchaiev, que ele associa aos

"Demônios" de Dostoievski (e também a Marx) ao falar da tentativa de "tecer a destruição revolucionária com a ideia de Redenção"[97]. Messianismo e anarquismo voltam a ser amalgamados.

Analisando as ideias normativas que governavam o pensamento de Benjamin, Scholem observa com notável penetração:

A ideia messiânica, que, ao se metamorfosear, continua a desempenhar na última parte de sua obra um papel primordial, adquire nele um caráter profundamente apocalíptico e destruidor. O princípio de destruição [...] surge agora como um aspecto da Redenção, que se manifesta na imanência e se realiza através da história do trabalho humano.[98]

Scholem vincula essa problemática sobretudo ao ensaio "O Caráter Destrutivo" de 1931 e aos escritos literários dos anos 1930, mas as "Notas Preparatórias" das teses *Sobre o Conceito de História* são a expressão mais notável desse conceito messiânico-revolucionário que "tece" ou "entrelaça" (*verschränken*) a luta de classes com a redenção, Marx com Netchaiev, o materialismo histórico e Dostoiévski (considerado por Benjamin, em 1929, como um dos "grandes anarquistas" do século XIX).

O "princípio de destruição" não é o único terreno onde se opera uma convergência entre messianismo e revolução libertária/comunista nos últimos escritos de Benjamin. A afinidade eletiva entre ambos está também fundada em sua estrutura restitucionista/utópica comum: o futuro redimido como restauração de um paraíso perdido (*Tikun*). *Ursprung ist das Ziel* (a origem é o alvo): o epigrama de Karl Kraus que serve de epígrafe à tese XIV *Sobre o Conceito de História* – a que define a revolução como "um salto de tigre em direção ao passado" – é a expressão dessa estrutura significativa.

Nas *Teses* de 1940, a revolução dos oprimidos é associada com a figura do Messias que "não vem apenas como salvador" mas também "como o vencedor do Anticristo" (cujo rosto atual, aos olhos de Benjamin, é o Terceiro Reich)[99]. Sua missão é realizar a tarefa que o Anjo da história, com as asas presas na tempestade do progresso, não pode cumprir: "despertar os mortos e restaurar o que foi destruído" – fórmula que remete, de acordo com Scholem, ao conceito cabalístico de *Tikun*[100]. Esse messianismo histórico situa-se nos antípodas de todo historicismo progressista: "O Messias rompe a história; o Messias não vem ao final de uma evolução."[101]

Há um vínculo misterioso, uma correspondência no sentido baudelairiano, entre cada termo da utopia revolucionária profana e da esfera messiânica sagrada, entre a história da redenção e a história da luta de classes: ao Paraíso perdido corresponde a sociedade comunista pré-histórica, igualitária (sem classes), democrática e não autoritária, vivendo numa harmonia edênica com a natureza; à expulsão do Jardim do Éden, ou à tempestade que afasta os homens do Paraíso em direção ao Inferno, correspondem "o progresso", a civilização industrial, a sociedade capitalista/mercantil, a catástrofe moderna e sua acumulação de detritos; ao Advento do Messias corresponde a interrupção revolucionária/proletária da história; e à Era Messiânica, ao restabelecimento do Paraíso com sua língua adâmica, correspondem a nova sociedade sem classes e sem Estado e sua linguagem universal. *Ursprung ist das Ziel* e *restitutio in integrum* são a quintessência espiritual dessa "teologia da revolução" marxista/libertária[102].

Muitos comentadores concebem a relação entre messianismo e revolução nos escritos de Benjamin como um movimento de "secularização", ao passo que outros (Gerhard Kaiser) falam de uma "teologização do marxismo"[103]. Ao longo das acirradas polêmicas em torno de Benjamin durante aos anos 1960 na Alemanha, insistia-se ora na sua metafísica religiosa, ora em seu materialismo comunista. O próprio Benjamin referia-se ao seu pensamento como tendo "a face de Janus", mas parece que os críticos ou adeptos preferiam não olhar senão uma das faces, ignorando a outra. Para poder ultrapassar esse tipo de polêmica não é inútil lembrar que o deus romano tinha, com efeito, duas faces mas uma só cabeça: as "faces" de Benjamin são manifestações de um único e mesmo pensamento que apresentava simultaneamente uma expressão messiânica e uma secular.

Na realidade, Benjamin já havia explicado, em 1926 (na carta a Scholem mencionada anteriormente), que ele estava interessado numa forma de identidade entre religião e política que se manifesta apenas "na transformação (*Umschlagen*) paradoxal de uma na outra": as teses *Sobre o Conceito de História* são exatamente uma transformação paradoxal da religião judaica em luta de classes marxista ou, inversamente, da utopia revolucionária em messianismo apocalíptico.

A primeira forma de transformação – do messiânico ao político – não pode ser apreendida pela categoria de "secularização" *stricto sensu*, já que a dimensão religiosa não desaparece (como numa verdadeira secularização). Pode-se dizer, no entanto, que essa dimensão tem implicações e consequências seculares. Nas notas preparatórias às *Teses*, Benjamin escreve: "Marx secularizou a representação da Era Messiânica na representação da sociedade sem classes. E ele tinha razão." Contudo, essa secularização foi aproveitada pela socialdemocracia para apresentar a sociedade sem classes como o objetivo final do "progresso histórico", despojando-a assim de sua verdadeira significação: "a interrupção mil vezes fracassada mas finalmente atingida" do curso da história. Em consequência, "é preciso restituir ao conceito de sociedade sem classes sua verdadeira face messiânica (*echtes messianisches Gesicht*), no interesse da própria política revolucionária do proletariado"[104]. Criticando essas notas, Tiedemann crê que, para Benjamin, "a política revolucionária do proletariado não deve ser posta em prática no interesse do estabelecimento de uma sociedade sem classes, mas, inversamente, esta última não é senão uma ocasião para fazer entrar em jogo a política revolucionária, visando assim à revolução pela revolução. [...] O fim e os meios – a sociedade sem classes e a revolução – se confundem"[105]. Em vez de "confusão", existe a meu ver, em Benjamin, uma unidade dialética entre objetivo e meios: não haverá sociedade sem classes sem uma interrupção revolucionária da continuidade histórica ("progresso"), e não haverá ação revolucionária do proletariado se o objetivo (a sociedade sem classes) não for compreendido em toda a sua explosividade messiânica, como um ponto de ruptura. O objetivo de Benjamin não é "a revolução pela revolução", mas, para ele, sem revolução não pode haver redenção, e sem uma visão messiânica/redentora da história não há práxis revolucionária autenticamente radical.

Num artigo sobre os utópicos socialistas/religiosos (como Leroux), Miguel Abensour mostra que sua dimensão religiosa não é uma fuga do político para o místico, mas uma forma de "busca do desvio absoluto" que permitiria à utopia subverter os jogos políticos clássicos e situar-se em relação à questão revolucionária[106]. Ocorre algo de análogo com Walter Benjamin: a consequência profana do messianismo de seus últimos escritos é aumentar sua carga explosiva; contribui para conferir-lhes a qualidade subversiva única que faz das *Teses Sobre a Filosofia da História* um dos documentos mais radicais, inovadores e visionários do pensamento revolucionário desde as *Teses* sobre Feuerbach de Marx.

É preciso aplicar ao estudo da obra de Benjamin a distinção que ele próprio estabelece entre o químico/comentador e o alquimista/crítico: ao olhar para além da "madeira" e das "cinzas" de seus escritos, o alquimista deve concentrar sua atenção sobre a chama espiritual que arde em sua obra: a redenção revolucionária da humanidade.

7. Os Judeus Assimilados, Ateu-Religiosos, Libertários

Gustav Landauer, Ernst Bloch, György Lukács, Erich Fromm

Esse grupo de autores situa-se fora do quadro religioso judaico; suas inquietações religiosas referem-se a fontes judaicas, mas não provêm de nenhuma confissão religiosa nem da religião no sentido habitual da palavra. Elas tendem a escapar às distinções tradicionais entre religião e vida secular, sagrado e profano (Durkheim), natural e sobrenatural (Max Weber), transcendente e imanente (Mircea Eliade). O termo provisório *ateísmo religioso* (proposto por Lukács a propósito de Dostoiévski) permite delimitar essa figura paradoxal do espírito que parece buscar, com a energia do desespero, o ponto de convergência messiânico entre o sagrado e o profano.

Alguns deles receberam na juventude uma educação judaica religiosa (Fromm), mas a maior parte só veio a descobrir tardiamente o judaísmo. Independentemente dessa trajetória individual, têm eles em comum uma postura estranha e contraditória, que associa a recusa das crenças religiosas propriamente ditas a um interesse apaixonado pelas correntes místicas e milenaristas judaicas e cristãs. Trata-se, de qualquer forma, de uma espiritualidade messiânica/revolucionária que tece, entrelaça, entrecruza de maneira inextricável o fio da tradição religiosa e o da utopia social.

Simpatizante do ideal libertário durante os anos 1914-1923, a maioria (com exceção de Gustav Landauer) irá aproximar-se progressivamente do marxismo, chegando em certos casos a aderir ao comunismo (György Lukács e – em certa medida – Ernst Bloch), com passagens intermediárias pelo anarcobolchevismo. Outras figuras judaicas da mesma época estão próximas da problemática desse grupo: Ernst Toller, Manes Sperber, Eugen Leviné etc.

GUSTAV LANDAUER. Nascido a 7 de abril de 1870 em uma família judaica burguesa e assimilada do sudoeste da Alemanha, escritor, filósofo, crítico literário, amigo de Martin Buber e Kropótkin, redator da revista libertária *Der Sozialist* (1909-1915), Gustav Landauer é o único anarquista militante do conjunto de autores aqui estudados. Em abril de 1919, tornar-se-á comissário do povo para assuntos culturais na efêmera República dos Conselhos da Baviera, e será assassinado pelo Exército no dia 2 de maio de 1919, após a derrota da revolução em Munique. Sua obra profundamente original foi definida por alguns pesquisadores modernos como "um messianismo judaico de caráter anarquista"[1].

Gustav Landauer é antes de tudo um romântico revolucionário, e é partindo dessa origem comum que se pode compreender tanto seu messianismo quanto sua utopia libertária[2]. Na verdade, o romantismo revolucionário manifesta-se em sua visão do mundo de uma maneira quase "ideal-típica": é difícil imaginar um autor no qual passado e futuro, conservadorismo e revolução estejam tão diretamente ligados, tão intimamente articulados. Se existe um modelo acabado de pensamento restaurador/utópico no universo cultural do século XX, é na obra de Landauer que podemos encontrá-lo.

Num artigo autobiográfico redigido em 1913, Landauer descreve a atmosfera de sua juventude como uma revolta contra o meio familiar, como o "choque incessante de uma nostalgia romântica contra as estreitas barreiras do filisteísmo (*echte Philisterschranken*)"[3]. O que significa o romantismo para ele? Em uma nota que se encontra entre seus papéis no Arquivo Landauer de Jerusalém, indica que o romantismo não deve ser entendido nem como "reação política (Chateaubriand)" ou "medievalismo alemão-patriótico", nem como "escola literária". O que o romantismo, Goethe, Schiller, Kant, Fichte e a Revolução Francesa têm em comum é que todos eles são antifilisteus (*Antiphilister*)[4] – filisteu é uma expressão que designa, na linguagem cultural do século XIX, a estreiteza, a mesquinharia e a vulgaridade burguesas.

Além dos poetas românticos – sobretudo Hölderlin, que ele compara, numa conferência de 1916, aos profetas bíblicos! – é a Nietzsche que Landauer recorre mais frequentemente em seus escritos. Mas, contrariamente ao autor de *Zaratustra* e à maioria dos outros críticos românticos da civilização moderna, sua orientação é desde o início socialista e libertária. Eis por que se indentifica com Rousseau, Tolstói e Strindberg, nos quais encontra a fusão harmoniosa entre "revolução e romantismo, pureza e fermentação, santidade e loucura"[5].

Como entre os românticos "clássicos", a *Gemeinschaft* (comunidade) medieval ocupa um lugar de honra em sua problemática restauradora. Para ele, a Idade Média cristã (em sua dimensão "católica" universal e não "alemã-patriótica") foi uma época de "brilhante elevação" em que "o espírito dá à vida um sentido, uma sacralização e uma bênção". Reconhece nas comunas, guildas, fraternidades, corporações e associações medievais a expressão de uma vida social autêntica e rica em espiritualidade, ao contrário do Estado moderno, "essa forma suprema do não espírito (*Ungeist*)": e critica o marxismo por negar a afinidade entre o socialismo do futuro e certas estruturas sociais do passado, como as repúblicas urbanas da Idade Média, a marca rural e o *mir* (comuna rural russa)[6].

A filosofia romântica da história de Landauer exprime-se de forma mais sistemática no ensaio "A Revolução", publicado em 1907 numa coleção de monografias sociológicas dirigidas por Martin Buber. A Idade Média cristã é apresentada nesse texto como "um apogeu cultural", um período de expansão e plenitude; ele não desconhece seus aspectos obscurantistas mas esforça-se por relativizá-los: "Se me objetarem que houve também esta e aquela forma de feudalismo, de clericalismo, de inquisição, isto mais aquilo, não posso senão responder: 'Sei muito bem – e no entanto...'" Em contrapartida, toda a era moderna que se inaugura com o século XVI é a seu ver "um tempo de decadência e, portanto, de transição", de desaparecimento do espírito e sua substituição pela violência, pela autoridade, pelo Estado. Nesse longo caminho que vai do declínio do espírito comum cristão (medieval) ao surgimento do novo espírito comum do futuro socialista, as revoluções são o único momento de autenticidade, o único verdadeiro "banho de espírito": "Sem essa regeneração passageira, não poderíamos mais continuar a viver, estaríamos condenados a desaparecer." A primeira revolução moderna e a mais importante é, para Landauer, a de Thomas Münzer e dos anabatistas, que "tentaram, de uma vez por todas e para sempre, mudar a vida, toda a vida", e "restabelecer o que havia existido na época do espírito". Manifesta também sua simpatia pelos contestadores cristãos da monarquia, a Liga[7], a Fronda[8] e todos os movimentos antecentralistas que testemunham "esforços da tradição para restaurar e ampliar as velhas instituições da federação das ordens e dos parlamentos"[9].

No *Apelo ao Socialismo* de 1911, ele ataca diretamente a filosofia do progresso comum aos liberais e aos marxistas da Segunda Internacional: "Nenhum progresso, nenhuma técnica, nenhum virtuosismo nos trarão a salvação e a felicidade." Rejeitando a "crença na evolução progressista (*Fortschrittsentwicklung*)" dos marxistas alemães, apresenta sua própria visão da mudança histórica: "Para nós, a história humana não é feita de processos anônimos, e não consiste apenas numa acumulação de inumeráveis pequenos acontecimentos. [...] Sempre que a humanidade presenciou algo de elevado e grandioso, assombroso e inovador, foram o impossível e o inacreditável [...] os responsáveis por esse feito". O momento privilegiado dessa irrupção do novo é precisamente a revolução, quando "o inacreditável, o milagre, desloca-se para o reino do possível"[10].

É portanto com razão que Karl Mannheim via no anarquismo radical, e em particular no pensamento de Gustav Landauer, o herdeiro do milenarismo anabatista e até mesmo "a forma moderna relativamente mais pura de consciência quiliástica". Trata-se de uma forma de pensamento que recusa todo conceito de evolução, toda representação de progresso: no quadro de uma "diferenciação qualitativa do tempo", a revolução é percebida como uma irrupção (*Durchbruch*), um instante abrupto (*abrupten Augenblick*), um vivido-do-agora (*Jetzt-Erleben*)[11]. Essa análise é tanto mais impressionante porque se aplica não apenas a Landauer, mas também, com algumas nuanças, a Martin Buber,

Walter Benjamin (recordemos seu conceito messiânico de *Jetztzeit*) e vários outros pensadores judeus alemães.

A principal crítica de Landauer ao "progresso", à modernidade e à era industrial é a de que eles conduziram à dominação absoluta do "verdadeiro Anticristo", do "inimigo mortal daquilo que havia sido o verdadeiro cristianismo ou o espírito da vida": O Estado moderno[12]. Anarquista convicto, recorre à herança de Proudhon, Kropótkin, Bakunin e Tolstói para opor ao Estado centralizado a *regeneratio* da sociedade pela constituição de uma rede de estruturas autônomas, inspiradas nas comunidades pré-capitalistas. Não se trata de um retorno ao passado medieval, mas de dar ao antigo uma forma nova e de criar uma *Kultur* com os meios da *Zivilisation* moderna[13].

Isso significa concretamente que as formas comunitárias da Idade Média, que se preservaram durante séculos de decadência social, devem tornar-se "os germes e os cristais de vida (*Lebenskristalle*) da cultura socialista por vir". As comunas rurais, com seus vestígios da antiga propriedade comunal e sua autonomia em relação ao Estado, serão os pontos de apoio para a reconstrução da sociedade: os militantes socialistas se instalarão nas aldeias, ajudando a ressuscitar o espírito dos séculos XV e XVI – o espírito dos camponeses heréticos e revoltados do passado – e a restabelecer a unidade (rompida pelo capitalismo) entre agricultura, indústria e artesanato, entre trabalho manual e trabalho espiritual, entre ensino e aprendizagem[14].

Num ensaio sobre Walt Whitman, Landauer compara o poeta americano a Proundhon, sublinhando que ambos unem "espírito conservador e espírito revolucionário, individualismo e socialismo"[15]. A definição aplica-se rigorosamente à sua própria visão social do mundo, cuja dialética utópica reúne tradição ancestral e esperança no porvir, conservação romântica e revolução libertária. É o que observa Martin Buber no capítulo "Landauer" de seu livro *Utopia e Socialismo*: "O que ele tem em mente é precisamente um conservantismo revolucionário: uma escolha revolucionária dos elementos do ser social que merecem ser conservados e que são válidos para uma nova construção."[16]

Entre os "elementos do ser social que merecem ser conservados", figuram com destaque algumas tradições religiosas místicas e heréticas. Em primeiro lugar, cristãs: até 1908 as referências religiosas de Landauer são quase exclusivamente tomadas de empréstimo ao cristianismo. São as heréticas e as místicas que o atraem de maneira particular. Em *A Revolução* (1907), ele celebra o profeta hussita do século XIV Peter Chelcicky, "um anarquista cristão muito avançado para o seu tempo, que reconheceu na Igreja e no Estado os inimigos mortais de toda a vida cristã", assim como a Guerra dos Camponeses e o verdadeiro espírito cristão que os inspirava[17]. Entre os místicos cristãos, é sobretudo Mestre Eckhart que o interessa; durante a permanência de um ano na prisão, em 1899 (por "ultraje às autoridades"), Landauer traduz para o alemão moderno uma coletânea de seus escritos, precedida de um prefácio onde proclama: "Mestre Eckhart é bom demais para uma homenagem histórica; ele deve ressuscitar como vivo."[18] Percebe-se aqui um paralelo evidente com Martin Buber, que estudava pela mesma época os místicos do Renascimento e publicará em 1901 um ensaio sobre Jakob Böhme. Esse interesse comum pelo misticismo cristão será, aliás, um dos primeiros elementos de aproximação pessoal entre os dois após seu encontro em 1900[19].

De um modo mais geral, o conceito de religião de Landauer é o que os românticos foram buscar em Goethe e Spinoza. Seria ele uma forma de panteísmo? Num ensaio de 1901, Landauer identifica Deus com a *natura naturans*, ao referir-se a Mestre Eckhart, Spinoza e Goethe[20]. Em todo caso, essa religião é radicalmente distinta (e em alguns aspectos diretamente oposta) daquela das Igrejas ou confissões. Em uma carta de 1891 (que se encontra entre seus papéis no Instituto de História Social de Amsterdã), ele escreve: "Um rabino [...] não pode possuir a verdadeira religião, senão não seria o clérigo de uma confissão estabelecida."[21] Adota como sua esta observação do teólogo romântico Schleiermacher: a religião deve ser o acompanhamento da vida, como a música. Deve-se fazer tudo *com* religião, nada *por* religião. Como os românticos, Landauer busca nas alturas supremas do *Geist* (Espírito) o ponto de união entre Religião, Ciência e Arte.

Um dos temas centrais dessa religiosidade romântica panteísta ou ateia é o "tornar-se-Deus do homem". Num de seus primeiros artigos publicados – um ensaio sobre "A Educação Religiosa da Juventude", de 1891 –, Landauer proclama que o único Deus em que se deve crer é "o Deus que queremos nos tornar e que nos tornamos".[22] Reencontramos essa problemática heterodoxa em vários de seus escritos e especialmente num longo comentário (que permanece inédito) sobre o *Evangelho Segundo São João*, que invoca a promessa das Escrituras: "Vós sereis como Deuses."[23]

Landauer sentia-se próximo dos libertários religiosos como Tolstói, em que via "o novo Jesus" vindo trazer uma mensagem de redenção social, uma religião oposta às Igrejas, sem mitologia e sem superstições. Inimigo do farisaísmo, Tolstói amava os criminosos e os pecadores, mas odiava a mentira: sua religião era a do amor "no sentido de Platão, no sentido de Jesus, no sentido de Spinoza"[24].

Como vários outros judeus românticos dessa geração, Landauer é fascinado pela figura de Cristo, que ele considera, juntamente com Moisés e Spinoza, uma das três grandes figuras proféticas do povo judaico[25]. Em uma nota conservada no Arquivo Landauer de Jerusalém, encontra-se esta observação: "Jesus, o maior de todos os oradores, não poderia hoje fazer *senão um único* discurso: imediatamente após seria lançado à prisão por *crime de alta traição* [...] De que Templo expulsaria os *fariseus*, se *voltasse!*"[26]

Antes de 1908, há muito poucas referências ao judaísmo nos escritos – ou mesmo na correspondência – de Landauer. Num ensaio de 1907, intitulado "Povo e Terra, Trinta Teses Socialistas", menciona as figuras espirituais de cada nação: Rabelais, Moliere e Voltaire para a França, Goethe para a Alemanha etc. Então acrescenta: "Assim, também os judeus têm sua unidade e seu Isaías, Jesus, Spinoza" – uma escolha muito característica, em que dois dos representantes superiores do judaísmo estão no mínimo afastados da tradição religiosa ortodoxa... Na realidade, suas simpatias mais profundas nesse texto não se dirigem ainda ao judaísmo mas a uma outra cultura, que ultrapassava os limites dos Estados e das línguas: "a cristandade com seu Dante e seu gótico, estendendo-se de Moscou até a Sicília e a Espanha"[27].

O que provocará a virada de Landauer para o judaísmo é a descoberta, graças aos escritos de Martin Buber – particularmente *A Lenda do Baal Schem*, de 1908[28] –, de uma nova concepção da espiritualidade judaica, de uma religiosidade judaica romântica.

Pouco após o aparecimento desse livro, Landauer saúda, em uma carta de outubro de 1908, "esses maravilhosos contos e lendas da tradição de místicos judeu-poloneses do século XVIII do Baal Schem e de rabi Nakhman"[29]. Ele escreve um artigo a respeito – que aparecerá somente em 1910 –, pondo em evidência os aspectos românticos/messiânicos do livro: "O extraordinário dessas lendas judaicas é [...] que o Deus que é buscado deve não apenas libertar dos limites e ilusões da vida sensível, mas sobretudo ser o Messias, que fará erguer do sofrimento e da opressão os pobres judeus torturados." Os contos hassídicos são a obra coletiva de um *Volk* (povo), o que não significa algo de "popular" ou trivial mas "um crescimento vivo: o futuro no presente, o espírito na história, o conjunto no indivíduo. [...] O Deus libertador e unificador no homem aprisionado e dilacerado, e o céu na terra"[30].

Por outro lado, Landauer também leva em conta nesse artigo, de modo explícito, a mudança de sua própria atitude, em face do judaísmo, resultante da leitura da obra:

Em nenhum lugar pode um judeu aprender, como no pensamento e na escrita de Buber, o que muitos hoje não sabem espontaneamente, e só descobrem através de um impulso exterior: que o judaísmo não é um acidente exterior (*äussere Zufälligkeit*) mas uma qualidade interna imperecível (*unverlierbare innere Eigenschaft*), cuja identidade reúne um certo número de indivíduos em uma *Gemeinschaft*. Assim se estabelece entre aquele que escreve este artigo e o autor do livro um terreno comum, uma equivalência na situação da alma (*Seelensituat*).[31]

O próprio Landauer era um desses judeus para os quais o judaísmo havia sido um "acidente exterior": numa carta à redação do jornal *Zeit* (em resposta ao artigo antissemita de um certo von Gerlach), ele definia o fato de pertencer ao judaísmo como um "acaso" (*Zufall*)[32].

Em outro artigo sobre Buber, escrito em 1913, Landauer acentua que, graças à sua obra, que tirou do esquecimento uma tradição oculta e subterrânea, "a imagem da essência judaica (*jüdischen Wesens*) tornou-se diferente para judeus e não judeus"[33]. *O Baal Schem* de Buber foi, portanto, para Landauer, assim como para muitos outros intelectuais judeus de cultura alemã, "o impulso exterior" que lhes permitiu descobrir sua própria identidade judaica. Seria, contudo, muito unilateral querer explicar essa "virada judaica" somente pela influência de Buber. Ainda mais que *as ideias religiosas de Buber são, elas próprias, profundamente influenciadas pela filosofia social de Landauer e por seus escritos sobre a mística cristã*[34]. Na verdade, os dois bebem da mesma fonte – a cultura neorromântica alemã –, e é a partir dessa base comum que irão se influenciar reciprocamente.

O que distingue a abordagem de Landauer da de Buber – além de suas opções políticas diferentes – é sua atitude em face da religião. Enquanto a espiritualidade de Buber provém da fé religiosa no sentido estrito, a do filósofo anarquista pertence mais ao domínio ambíguo do ateísmo religioso. Os temas proféticos, místicos ou messiânicos judaicos são, pelo menos de um certo modo, secularizados em sua utopia socialista; mas não se trata de uma secularização no sentido habitual da palavra: a dimensão religiosa permanece presente no núcleo mesmo do imaginário político. Não é abolida, mas conservada/suprimida – no sentido dialético de *Aufhebung* – na profecia utópica e revolucionária. Nessa secularização mística – certos autores falam do "ateísmo místico" de Landauer[35] –, o universo simbólico religioso inscreve-se explicitamente no discurso revolucionário e carrega-o de uma espiritualidade *sui generis* que parece escapar às distinções habituais entre fé e ateísmo. Ele recusa-se a crer num Deus "para além da terra e do mundo" (*überisdischen und überweltlichen Gott*); seguindo Feuerbach, afirma que foi o homem que criou Deus e não o inverso. Mas isso não o impede de definir o socialismo como uma "religião"[36].

Sua atitude para com a religião judaica é inspirada pela dialética romântica da utopia: reúne, num mesmo movimento do espírito, o passado milenar e o futuro libertado, a tradição conservada na memória coletiva e a revolução. Num artigo de 1913 sobre a questão judaica, proclama: "o arquiantigo, que reencontramos em nossa alma, é o caminho do devir da humanidade, e a tradição de nosso coração martirizado e nostálgico não é outra coisa senão a revolução e a regeneração da humanidade"[37].

Um exemplo característico desse tradicionalismo revolucionário é a interpretação, em seu *Apelo ao Socialismo* (1911), da instituição do Jubileu criada por Moisés, que restabelecia a cada cinquenta anos a igualdade social por uma redistribuição das terras e dos bens:

A sublevação (*Aufruhr*) como Constituição, a transformação e a subversão como uma regra prevista para sempre [...] tal era o grandioso e o sagrado

(*Heilige*) dessa ordem social mosaica. Precisamos novamente disso: uma regulamentação nova e uma subversão pelo espírito, que não fixe as coisas e as ordenações de modo definitivo, mas declare-se a si mesma como permanente. A revolução deve tornar-se um elemento de nossa ordem social, deve tornar-se a regra fundamental de nossa Constituição.[38]

Uma nota que se encontra no Arquivo Landauer retoma esse tema sob um outro ângulo: em outras religiões, os deuses ajudam a nação e protegem seus heróis; no judaísmo, ao contrário, "Deus é o eterno oponente à baixeza, portanto o sedicioso (*Aufrührer*), o provocador (*Aufrüttler*), o admoesta (*Mafoner*)". A religião judaica é o testemunho da "santa insatisfação do povo consigo mesmo[39].

Na concepção messiânica da história de Landauer, os judeus ocupam um lugar especial: sua missão (*Amt*), sua vocação (*Beruf*) ou tarefa (*Deinst*) é colaborar para a transformação da sociedade e a gestação de uma nova humanidade. Por que o judeu? "Uma voz irrefutável, como um grito selvagem que ressoa no mundo inteiro e como um suspiro em nosso foro íntimo, nos diz que a redenção do judeu só poderá ter lugar ao mesmo tempo que a da humanidade; e que ambas são uma única e mesma coisa: esperar o Messias no exílio e na dispersão e ser o Messias dos povos."[40]

Trata-se evidentemente de uma forma típica de messianismo pária, que inverte no domínio espiritual o "privilégio negativo" (Max Weber) do povo pária. Para Landauer, essa vocação judaica remonta à própria *Bíblia*: num comentário sobre Strindberg de 1917, ele afirma a existência de duas grandes profecias na história: "Roma, a dominação do mundo; Israel, a redenção do mundo." A tradição judaica, que não esquece jamais a promessa de Deus a Abraão – a redenção do judeu juntamente com todas as nações –, é a manifestação "de uma concepção, de uma fé, de uma vontade messiânicas"[41].

Presentemente, a missão redentora judaica toma a forma secular do socialismo. Landauer vê na condição judaica moderna o fundamento objetivo do papel socialista internacional dos judeus. Contrariamente às outras nações, os judeus têm essa particularidade única de ser um povo, uma comunidade, mas não um Estado: isso proporciona-lhes a oportunidade histórica de escapar ao delírio estatista. Partindo dessa premissa, o anarquista Landauer rejeita as duas correntes dominantes na comunidade judaica alemã: a assimilação – que implica a adesão ao Estado imperial alemão – e o sionismo, que pretende estabelecer um Estado judeu[42]. Dissociando radicalmente a nação do Estado, Landauer advoga para si uma tripla nacionalidade: alemã, alemã do Sul e judaica![43] Rejeita até mesmo as designações "judeu alemão" ou "alemão judeu" porque não quer reduzir uma de suas identidades nacionais a um adjetivo. Daí a conclusão de seu artigo "herético" "Sind das Ketzergedanken?" (Serão Estes Pensamentos Heréticos?) sobre a questão judaica; enquanto as demais nações separam-se de seus vizinhos pelas fronteiras de Estado, "a nação judaica carrega seus vizinhos no próprio peito". Nessa singularidade, ele vê o sinal mais seguro da missão dos judeus junto à humanidade[44].

Convidado em 1912 por um agrupamento local do movimento sionista alemão em Berlim para pronunciar uma conferência sobre "Judaísmo e Socialismo", Landauer lança a ideia provocante de que a *Galut*, a diáspora, o exílio, é precisamente o que liga o judaísmo ao socialismo – tese que decorre logicamente de toda a sua análise da condição judaica[45]. Eis aí onde seu caminho separa-se do de seu amigo sionista Martin Buber e o conduz à revolução em 1918-1919.

Landauer reage com uma esperança apaixonada à Revolução de Outubro na Rússia, que ele considera um acontecimento de importância primordial, inclusive para o futuro dos judeus. Em uma carta a Buber de 5 de fevereiro de 1918, ele explicita essa posição ao contrário do amigo, que continua de olhos voltados para a Palestina. Escreve:

Meu coração jamais foi seduzido por esse país, e não penso que ele seja necessariamente a condição geográfica de uma *Gemeinschaft* judaica. O verdadeiro acontecimento, que para nós é importante e talvez decisivo, é a libertação da Rússia. [...] neste momento, parece-me preferível – apesar de tudo – que Bronstein não seja professor na Universidade de Jaffa (na Palestina) mas que Trótski seja na Rússia.[46]

Assim que a revolução explode na Alemanha (novembro de 1918), ele saúda com fervor "o Espírito da Revolução", cuja ação compara à dos profetas bíblicos[47]. Em janeiro de 1919, escreve um novo prefácio para a reedição de *Apelo ao Socialismo*, onde seu messianismo manifesta-se com toda a intensidade dramática, a uma só vez apocalíptico-religiosa e utópico-revolucionária: "O

Caos está aqui. [...] Os Espíritos despertam [...] pois da Revolução nos vem a Religião – uma Religião da ação, da vida, do amor, que traz a bem-aventurança, que traz a redenção e que supera tudo." A seus olhos, os conselhos operários que se organizam na Europa são "partes orgânicas do povo que se autogere (*selbst-bestimmend*)", e é provável que os considerasse uma figura nova das comunidades autônomas da Idade Média[48].

Isso permite compreender por que ele se engaja na efêmera República dos Conselhos Operários da Baviera (abril de 1919), onde será – durante alguns dias apenas – o comissário do povo para a Instrução pública. Por ocasião da queda da República dos Conselhos, a 2 de maio de 1919, será preso e assassinado pelos guardas brancos. Em um artigo redigido nesse momento, Martin Buber dedica-lhe uma última homenagem; "Landauer tombou como um profeta e um mártir da comunidade humana por vir."[49]

Quase esquecido hoje, Gustav Landauer marcou com sua influência espiritual a maior parte dos intelectuais judeus da geração romântica; podemos acompanhar os traços dessa irradiação não apenas em Buber, mas também em Hans Kohn, Rodulf Kayser, Leo Löwenthal, Manes Sperber, Gershom Scholem, Walter Benjamin, Ernst Bloch e Ernst Toller.

ERNST BLOCH. "Teólogo da revolução" e filósofo da esperança, amigo de juventude de Lukács e Walter Benjamin, Ernst Bloch designa a si próprio como um pensador romântico revolucionário[50]. Nascido na cidade industrial de Ludwigshafen, sede da IG Farben[51], olhava com espanto e admiração a cidade vizinha, Mannheim, velho centro cultural e religioso; como dirá mais tarde numa entrevista autobiográfica, esse contraste entre "a aparência feia, despida e sem delicadeza do capitalismo tardio" – símbolo do "caráter-de-estação-de-trens" (*Bahnhofshaftigkeit*) de nossa vida moderna – e a antiga cidade do outro lado do Reno, símbolo da "mais radiante história medieval" e do "Santo Império Romano Germânico", deixou uma profunda marca em seu espírito[52]. Leitor entusiasta de Schelling desde a adolescência, aluno do sociólogo neorromântico (judeu) Georg Simmel, em Berlim, Bloch irá participar durante alguns anos (com Lukács) do Círculo Max Weber de Heidelberg, um dos principais núcleos do romantismo anticapitalista nos meios universitários alemães. Testemunhos da época o descrevem como um "judeu apocalíptico catolicizante", ou como "um novo filósofo judeu [...] que se acreditava, com toda a evidência, precursor de um novo Messias"[53].

Por essa época (1910-1917), havia uma profunda comunhão espiritual entre Bloch e Lukács, de que é possível acompanhar os vestígios em seus primeiros escritos. Segundo Bloch (na entrevista que me concedeu em 1974), "éramos como vasos comunicantes; a água encontrava-se sempre à mesma altura nas duas colunas". Foi graças a Lukács que ele se iniciou no universo religioso de Mestre Eckhart, Kierkegaard e Dostoiévski – três fontes decisivas de sua evolução espiritual[54].

O Espírito da Utopia pode ser considerada, sobretudo na sua primeira versão de 1918 (e juntamente com os escritos de Landauer, que Bloch conhecia bem), como uma das obras mais características do romantismo revolucionário moderno. Desde o início, encontramos ali uma crítica acerba da máquina e da "frieza técnica", seguida de um hino de glória à arte gótica, esse "espírito de elevação" que se torna "transcendência orgânico--espiritual", e que é superior à própria arte grega, porque faz do homem enquanto Cristo "a medida alquímica de toda construção"[55]. No primeiro capítulo do livro aparece uma espantosa visão da utopia do porvir, como uma sociedade hierarquizada, neomedieval, embaixo composta "somente por camponeses e artesãos" e, em cima, por uma "nobreza sem servos, sem guerra", uma "aristocracia espiritual" de homens "cavalheirescos e piedosos" – tudo isso, é claro, depois da revolução socialista que abolirá a economia do lucro e o Estado que a protege[56]. Por ocasião de nossa entrevista de 1974, Bloch insistia, a propósito dessa passagem: "a nova aristocracia de que eu falava era *não rentável* economicamente, isto é, não fundada sobre a exploração, mas possuindo, ao contrário, virtudes ascéticas e cavalheirescas"; tais virtudes constituem, na sua opinião, uma "herança moral e cultural que podemos encontrar em Marx e Engels" – cuja recusa do capitalismo como sistema injusto por natureza implica valores que remontam "ao código dos cavaleiros, ao Código da Távola Redonda do rei Artur"[57]. Contudo, tal parágrafo irá desaparecer da segunda edição do livro – bastante remodelada e mais marxista, publicada em 1923. Uma outra mudança significativa é a oposição que estabelece entre a ideia de humanidade da Idade

Média "autenticamente cristã" e o "romantismo da nova reação", que é "sem espírito e não cristão" (*geistlos und unchristlich*), e que esquece Thomas Münzer e a Guerra dos Camponeses para venerar apenas os "plagiadores heráldicos"[58]. Em outras palavras: sem abandonar sua problemática romântica, Bloch preocupa-se, em 1923, em distingui-la mais claramente do romantismo conservador ou retrógrado, apelando a referências históricas revolucionárias (milenaristas).

As passagens acima citadas já revelam o que constitui o aspecto dominante do romantismo de Bloch: a religiosidade. Ele rejeita sem apelação "as ideias filistinas" da burguesia livre-pensadora e "vulgarmente ateia", e considera como um dos resultados necessários da revolução socialista o estabelecimento de uma *Igreja nova* enquanto "espaço de uma tradição que continua a fluir e de um vínculo com o Fim"[59].

É com expressões carregadas de religiosidade que irá desenvolver suas ideias políticas, sua utopia marxista-libertária, anarcobolchevista. Para ele, como para os anarquistas, o Estado é o inimigo mortal, cuja "essência coercitiva satânica, pagã" é denunciada. O Estado pretende ser "Deus sobre a terra", mas o falso Deus que habita em seu interior manifesta-se de forma imediata na guerra e no terror branco. O Estado como finalidade em si e a "onipotência mundial pela adoração do diabólico" são, em última análise, "a fórmula consciente do anticristianismo" (*Antichristentum*). Bloch insiste, portanto, na distinção radical entre a livre associação socialista do futuro, tal como a concebiam também Marx e Engels, e toda forma de "socialismo de Estado". Mas reconhece, ao mesmo tempo, a necessidade inelutável de usar a violência e o poder para lutar contra a ordem estabelecida: "A dominação e o poder são intrinsecamente maus, mas é preciso opor-se a eles com instrumentos de poder (*machetgemäss*), empunhado-se um revólver como imperativo categórico, já que o diabólico defende-se ferozmente contra o amuleto (ainda não encontrado) da pureza."[60] Isso leva-o a admitir, em 1923, que o Estado pode ser, como no bolchevismo, um "mal necessário" provisório – tese que o distingue, evidentemente, das concepções anarquistas propriamente ditas. Contudo, ele frisa que, de um ponto de vista socialista, o Estado deve definhar e ser substituído por uma simples "organização internacional da produção e do consumo"⁶¹. Em *O Espírito da Utopia*, Bloch não menciona nenhum autor anarquista, mas num ensaio redigido por volta da mesma época (1918) saúda o "bakuninista cristão" Hugo Bali e a ideia da Anarquia como "expressão variegada, multiforme e direta do Cristo". A utopia mais radical do futuro, na sua opinião, é a de Bakunin: "a confederação, liberta de todos os 'Estados' e também de todas as 'organizações autoritárias'"⁶².

A religiosidade de Bloch recorre tanto a fontes cristãs – o Apocalipse, Joaquim de Fiore, os místicos e heréticos da Idade Média – quanto judaicas: o *Antigo Testamento* (especialmente o livro II de Isaías), a Cabala (e os cabalistas cristãos), o hassidismo, os escritos de Buber etc.⁶³ Em uma entrevista com Jean-Michel Palmier em 1976, Bloch dá a entender que começou a se interessar pela Cabala ao mesmo tempo que pela filosofia e pela tradição do romantismo alemão⁶⁴. Essa observação é típica da intelectualidade oriunda de famílias inteiramente assimiladas, que descobrirá o messianismo e a mística judaicos através da mediação de um Baader, de um Schlegel ou de um Molitor.

Segundo Emmanuel Lévinas, a cultura judaica de Bloch "provavelmente se reduz à leitura do *Antigo Testamento* (traduzido) e aos elementos folclóricos importados das culturas judaicas do Leste europeu, juntamente com as histórias hassídicas, muito apreciadas no Ocidente"⁶⁵. Parece-me que isso está longe de ser exato: os escritos de juventude de Bloch testemunham conhecimentos muito precisos da Cabala e da literatura sobre a mística judaica. Na primeira edição de *O Espírito da Utopia* (1918), há múltiplas referências à Cabala e a temas cabalísticos (Schekhiná, Adam Kadmon), a cabalistas judeus (Meir ben Gabbai, Eyebeschütz) e cristãos (Molitor) – sem falar, é claro, do Baal Schem⁶⁶.

A atitude de Bloch para com o judaísmo é complexa; um dos raros textos em que discorre a respeito é o capítulo "Symbol: die Juden" da primeira edição de *O Espírito da Utopia*, suprimido da reedição de 1923 mas incluído na coletânea *Durch die Wüste* (Através do Deserto) do mesmo ano. Nesse texto, ele rejeita tanto o assimilacionismo da burguesia judaica livre-pensante e a-religiosa quanto a manutenção do gueto tradicional da Europa do Leste. Quanto ao sionismo, acusa-o de "querer, com o conceito de Estado nacional – que se desenvolveu de forma bastante efêmera no século XIX –, transformar a Judeia em uma espécie de Estado balcânico asiático". Defende, no entanto, a continuidade histórica do "povo dos *Salmos* e dos profetas" e alegra-se com "o despertar do orgulho de ser judeu" na época atual. A religião judaica possui a seus olhos a virtude essencial de ser "construída sobre o Messias, sobre o apelo ao Messias". Em consequência, atribui aos judeus, juntamente com os alemães e os russos, um papel crucial na "preparação da época absoluta", esses três povos estando destinados a receber "o nascimento de Deus e o messianismo"[67].

Adorno tem razão ao escrever que "a perspectiva do fim messiânico da história e da abertura para a transcendência" é o centro em torno do qual tudo se ordena em *Geist der Utopie*[68]. Nesse núcleo central combinam-se e emaranham-se as referências judaicas e cristãs. Ernst Bloch (como Landauer e Buber) considera Jesus um profeta judeu, que deve "retornar a seu povo" e ser reconhecido como tal pelos judeus. Mas não o considera como sendo o Messias: o verdadeiro Messias, o "Messias longínquo", o Salvador, o "último Cristo, ainda desconhecido", não veio ainda[69]. Em *O Espírito da Utopia*, saúda os conselhos de operários e soldados de fevereiro de 1917 na Rússia, não apenas como inimigos da economia monetária (*Geldwirtschaft*) e da moral de comerciante (esse "coroamento de tudo que é nefasto no homem"), mas também como "pretorianos que, na Revolução Russa, instauraram pela primeira vez o Cristo como imperador"[70].

Após a Revolução de Outubro, ocorre na obra de Bloch um "deslocamento dos acentos", como escreve Arno Münster, no sentido da concretização histórica da utopia[71]. O primeiro resultado dessa orientação é o livro *Thomas Münzer, Teólogo da Revolução*, publicado em 1921, quando a Alemanha parecia ainda às vésperas de uma nova onda revolucionária.

Não há dúvida de que Bloch se inspirou largamente nas observações de Gustav Landauer sobre Münzer (no texto *A Revolução*, de 1907)[72] – embora ele não o cite. Disso resulta uma leitura explicitamente anarquista da mensagem anabatista: segundo Bloch, essa corrente herética "negava a autoridade do Estado" e "proclamava, quase antecipando Bakunin, a liberdade de associação, acima dos Estados, a internacional dos pobres de espírito, dos eleitos, a negação niilista de toda lei imposta de fora, a liberdade de cada um adotar a moral que escolhesse e compreendesse". Apesar de sua adesão à Revolução Russa, Bloch parece, portanto, conservar uma atitude profundamente "místico-libertária"[73].

Contra a divinização do Estado por seu maquiavélico teólogo (Lutero), contra a "dura e ímpia materialidade do Estado", ele vê em Thomas Münzer a encarnação do ideal cristão de uma "pura comunidade de amor sem instituições jurídicas e de Estado". Münzer representa também para Bloch um elo central na "história subterrânea da revolução" constituída pelas correntes heréticas e milenaristas do passado: os Irmãos do Vale, os cátaros, os albigenses, Joaquim da Calábria, os Irmãos do Bem Querer, os Irmãos do Livre Espírito, Mestre Eckhart, os hussitas, Münzer e os anabatistas, Sebastião Frank, os Iluminados, Rousseau, Weitling, Baader, Tolstói. Hoje, toda essa imensa tradição "bate à porta para acabar com o medo, com o Estado, com todo poder inumano"[74].

Essa atitude revolucionária anarcobolchevista é inseparável de uma concepção messiânica da temporalidade, oposta a todo gradualismo do progresso: para Münzer e seus companheiros, "não era por tempos melhores que se combatia, mas pelo fim de todos os tempos [...] pela *irrupção do Reino*". É característico da atitude religiosa "sincrética" (judeu-cristã) de Bloch que ele associe na mesma passagem o *Terceiro Evangelho*, de Joaquim de Fiore, o quiliasmo dos anabatistas e o milenarismo dos cabalistas de Safed (século XVI), que esperam, ao norte do lago Tiberíades, "o vingador messiânico, o destruidor desse Império e desse Papado [...] o restaurador do *Olam-ha-Tikun*, verdadeiro Reino de Deus"[75].

Bloch é particularmente sensível aos aspectos restitucionistas do messianismo: sublinha que o ideal dos anabatistas significava "fuga à maldição imposta ao trabalho e retorno final ao Paraíso", e que o sonho de Münzer era a *restitutio omnium* – ou seja, o retorno escatológico de todas as coisas à sua primeira perfeição (análoga à *restitutio in integrum* mencionada em *O Espírito da Utopia* e retomada por Benjamin no "Fragmento Político-Teológico")[76].

Todavia, seria falso ver no Thomas Münzer de Bloch apenas um exercício de história das religiões ou uma versão mais romântica do *Vorläufer des Sozialismus* (Precursores do Socialismo) de Kautsky; para ele, a questão é da mais candente atualidade, numa Alemanha tomada pela febre revolucionária (em março de 1921 haverá uma ofensiva semi-insurrecional de operários influenciados pelo movimento comunista). Na conclusão do livro, anuncia o "tempo vindouro" – na Alemanha e na Rússia ele irá manifestar-se plenamente – e julga perceber que "um novo messianismo se prepara". A princesa Sabá aparece, ainda oculta atrás de uma frágil muralha fendida, enquanto "no alto dos escombros de uma civilização arruinada [...] eleva-se o espírito da inextirpável utopia". A crença de Bloch no advento iminente da utopia milenarista é o ponto de fuga que coloca em sua verdadeira perspectiva o conjunto da obra: "No presente, é impossível que não advenha o tempo do Reino; é rumo a esse tempo que brilha em nós um espírito que recusa toda omissão, que ignora toda decepção."[77]

O exame das obras mais tardias de Bloch – particularmente *O Princípio Esperança* (1949-1955) – foge aos limites deste trabalho; pode-se constatar uma grande continuidade na orientação romântico-revolucionária e messiânica, mas a problemática libertária tende a desaparecer. Ernst Bloch jamais se ligou ao *diamat*[78] stalinista, mas não dá para ignorar a influência do "socialismo de Estado" da República Democrática Alemã (que ele abandonará em 1961) em certas formulações políticas do *Princípio Esperança*: as ideias anarquistas são rejeitadas como "pequeno-burguesas", e ele critica o "ódio abstrato ao poder" e o "sentimento irrefletido da liberdade" em Bakunin[79].

GYÖRGY LUKÁCS. Nascido em uma família da alta burguesia judaica assimilada de Budapeste, György Lukács sempre se identificou essencialmente com a cultura alemã[80]. Apaixonado pelo romantismo, esboça, em 1907-1908, o plano de uma obra intitulada *O Romantismo do Século XIX*, e seu primeiro trabalho importante, *A Alma e as Formas* (1910), baseia-se particularmente em escritores ligados ao romantismo ou ao neorromantismo: Novalis, Theodor Storm, Stefan George, Paul Ernst etc. Essa dimensão "romântica anticapitalista" (a expressão é do próprio Lukács) não desaparece de seus escritos, mesmo após sua adesão ao comunismo: por exemplo, seu ensaio "A Antiga Cultura e a Nova", de 1919, está carregado de uma profunda nostalgia das culturas pré-capitalistas que Lukács opõe ao caráter "destruidor de cultura" do capitalismo. Um detalhe divertido, mas bem característico, ilustra a permanência de uma sensibilidade romântica:

um dos primeiros decretos de Lukács como comissário do povo para a Educação foi instituir (em abril de 1919) a leitura de contos de fadas em todas as escolas e hospitais de crianças do país[81].

É nesse quadro espiritual que se desenvolve o interesse de Lukács pelo pensamento místico, tanto cristão quanto judaico (ou hinduísta!). É provável que – como muitos outros intelectuais de cultura alemã, judeus ou não – tenha descoberto o universo espiritual da religiosidade judaica mística graças aos livros de Buber sobre o hassidismo. Em 1911, escreve a Buber manifestando sua admiração por suas obras, que lhe propiciaram "uma grande experiência vital" (*ein grosses Erlebnis*), em particular o *Baal Schem* (1908), saudado como um livro "inesquecível". A correspondência entre Buber e Lukács prosseguiu até 1921, e uma troca de cartas em novembro/dezembro de 1916 sugere que um encontro pessoal entre os dois ocorreu nessa ocasião em Heppenheim (aldeia onde vivia Buber)[82]. Em 1911, Lukács publica um comentário sobre os livros de Buber numa revista húngara de filosofia sob o título "Misticismo Judaico", no qual compara o Baal Schem a Mestre Eckhart e Jacob Böhme. Nesse texto, o único que Lukács haveria de escrever sobre um tema judaico (e que não fará jamais traduzir ou reeditar), atribui uma grande importância ao hassidismo na história das religiões da época moderna: "O movimento hassídico, que teve em Baal Schem sua primeira grande figura e em rabi Nakhman a última, foi um misticismo primitivo e poderoso, o único grande e verdadeiro movimento desde o misticismo alemão da Reforma e o espanhol da Contra-Reforma."[83] Um dos aspectos que mais o atraem no hassidismo (tal como Buber o apresenta) é a aspiração messiânica: em seu caderno de anotações de 1911, reproduz alguns trechos das obras de Buber, entre os quais uma passagem de *Geschichten des Rabbi Nachmans* (Histórias do Rabi Nakhman) (1906), que fala da espera do Messias em Jerusalém[84]. Alguns anos mais tarde, num outro caderno, dedicado a Dostoiévski, refere-se à ideia de que o Sabá é "a origem do mundo por vir" ou o reflexo da redenção, ao citar uma frase do livro *Die Legende des Baalschem* (A Lenda do Baal Schem, 1908)[85].

Na realidade, vários testemunhos contemporâneos revelam a presença, no jovem Lukács, de um messianismo ardoroso e apocalíptico. Marianne Weber (a esposa do sociólogo) descreve o Lukács dos anos 1912-1917 como um pensador "agitado por esperanças escatológicas na vinda de um novo Messias" e para o qual "uma ordem socialista fundada na fraternidade é a precondição da redenção"[86]. É possível que Bloch tenha contribuído para essa dimensão escatológica do jovem Lukács: Paul Honigsheim, que na época frequentava o Círculo Max Weber, descreve os dois nos seguintes termos: "Ernst Bloch, o apocalíptico judeu catolicizante, como seu adepto de então, Lukács."[87] Um dos elementos espirituais que partilha com Bloch é a fusão entre mística judaica e russa. Emma Ritook, uma intelectual húngara que conhecia muito bem os dois filósofos durante os anos 1910-1914 (antes de indispor-se com eles e tornar-se antissemita e anticomunista), escreverá nos anos 1920 um *romance à clé* húngaro, *Os Aventureiros do Espírito*, em que uma das personagens, Ervin Donath (muito provavelmente inspirada em Lukács), proclama: "Seguidamente suspeitei que seria preciso orientar-se para o Leste, mas até agora faltava-me a conexão segura (com o misticismo judaico). Será possível que o misticismo eslavo possa preparar o terreno para uma nova missa do espírito judaico?"[88]

Uma outra fonte, menos suspeita, confirma a atração de Lukács pelo messianismo judeu: Bela Balasz, na época um de seus melhores amigos, escreve, em 1914, no seu diário íntimo:

A grande nova filosofia de Gyuri [Lukács] [...] *O messianismo*. Gyuri descobriu nele o judeu! A busca dos ancestrais. A seita hassídica, Baal Schem. Agora, também ele encontrou seus ancestrais e sua raça, apenas eu continuo só e abandonado. [...] A teoria de Gyuri sobre a emergência ou reemergência de um tipo judeu, o asceta antirracionalista, a antítese do que habitualmente é descrito como judeu.[89]

A exemplo de outros intelectuais judeus alemães, o interesse de Lukács pelo judaísmo incide precisamente nos aspectos "românticos", em oposição à imagem racionalista da religião judaica veiculada pela *Haskalá*, pelo *establishment* judaico liberal e pelos sociólogos alemães (Max Weber, Werner Sombart). Ele parece distinguir (especialmente nas notas sobre Dostoiévski de 1915) dois aspectos radicalmente diferentes na religião judaica: de um lado, o que chama de "jeovista", expressão do autoritarismo punitivo e da metafísica do Estado; e, de outro, o messianismo, que traz consigo uma verdadeira "democracia ética". Seu interesse volta-se principalmente para as correntes messiânicas judaicas "heréticas" como as de Sabatai Tzvi e Jakob Frank – as mesmas que irão fascinar alguns anos mais tarde Gershom Scholem[90].

Seria falso conceber o messianismo do jovem Lukács como sendo de origem exclusivamente judaica. Seu conhecimento de textos judaicos outros que não o *Antigo Testamento* é muito limitado. Sua tendência apocalíptica deve-se igualmente, ou talvez mais, à mística eslava e principalmente a Dostoiévski. A observação de Balasz ("Gyuri descobriu nele o judeu") é interessante, porque em seus múltiplos escritos e depoimentos autobiográficos Lukács sempre negou qualquer relação de seu pensamento com o judaísmo[91]. Em todo caso, seu retorno às raízes judaicas é bem mais limitado que o de um Bloch ou de Benjamin.

Max Weber, que teve várias conversas com Lukács sobre questões éticas e religiosas, situa-o diretamente no contexto espiritual germânico, como "um dos tipos do 'escatologismo' alemão, o oposto de Stefan George"[92]. Com efeito, Stefan George, o poeta conservador da germanidade ancestral, era considerado por seus adeptos um verdadeiro guia religioso; tal não era a opinião de Lukács, que acentua, numa carta a Felix Bertaux de 1913, que neste caso não se trata "verdadeiramente de um profeta, de um verdadeiro enviado e anunciador de Deus" – o que supõe a possibilidade da vinda de um autêntico profeta messiânico[93].

A guerra exacerbou esse sentimento apocalíptico, na medida em que significa para Lukács o ponto mais fundo do abismo, "a era do pecado total" (*Zeitalter der vollendeten Sündhaftigkeit*), conforme a expressão de Fichte que ele retoma por conta própria em *A Teoria do Romance*. Em uma nota sobre Dostoiévski, associa essa fórmula fichtiana à doutrina judaica segundo a qual "O Messias não poderá vir senão numa época de total (*vollendeter*) impiedade."[94] Às vezes essa esperança messiânica transparece em seus escritos, por exemplo no ensaio "Aríadne em Naxos", de 1916, em que fala de um novo Deus por vir, do qual já se pressente a aurora[95].

É preciso, porém, sublinhar que esse messianismo se inscreve no quadro de uma "religiosidade ateia", muito afastada da religião no sentido habitual. A figura simbólica dessa forma de espiritualidade, aos olhos de Lukács, é o poeta e *naródniok*[96] russo Ivan Kaliaiev, que num atentado, em fevereiro de 1905, matou (superando seus escrúpulos morais e religiosos) o grão-duque Serguêi, governador de Moscou (ele será executado pelas autoridades czaristas pouco depois). Nas notas de Lukács sobre Dostoiévski, Kaliaiev é o representante dos crentes que se consideram ateus e cuja fé dirige-se a "um novo Deus, silencioso, que tem necessidade de nossa ajuda"[97]. Vemos esboçar-se nessa nota a dimensão política da escatologia lukacsiana (de inspiração tanto cristã quanto judaica), cuja trajetória espiritual é apanhada com notável concisão em uma outra nota: "o saber dos profetas: o advento do Messias – mas não o próprio Messias. [...] É uma mentira que Cristo já esteja aí – seu advento: a Revolução"[98].

Contrariamente a outros autores da corrente neorromântica que lhe são próximos (Paul Ernst, Thomas Mann etc.), Lukács manifesta uma tendência radicalmente antiestatista, sobretudo a partir da guerra. Em sua correspondência com Paul Ernst, refere-se ao serviço militar obrigatório como "a mais infame escravidão que jamais existiu" e denuncia o pecado capital contra o espírito que Hegel comete ao revestir o poder do Estado de um halo metafísico. De fato, acrescenta ele, o Estado é um poder, "mas o tremor de terra e uma epidemia o são igualmente"[99]. Reencontramos essa comparação em uma versão maravilhosamente ultrajante, nas notas sobre Dostoiévski, onde refere-se ao Estado como *organisierte Tuberkulose*: "O vitorioso tem razão. O Estado como tuberculose organizada; se os micróbios da peste se organizassem, eles fundariam o Reino Mundial."[100] Como bem diz Ferenc Feher num notável ensaio sobre o jovem Lukács, todo o projeto de livro sobre Dostoiévski (de que resta apenas um conjunto de notas) estrutura-se como a história de uma imensa degradação: a institucionalização/alienação do espírito na Igreja e no Estado. A história humana inteira constitui um desfile vitorioso do Estado, ou seja, uma depravação crescente[101]. Referindo-se a Kierkegaard, Lukács caracteriza o triunfo da Igreja e do Estado como um "ardil de Satã", e, recorrendo a Nietzsche, define o Estado como "a imoralidade organizada – interiormente como polícia, punição, ordens sociais, comércio, família; exteriormente como vontade de poder, de guerra, de conquista, de vingança"[102].

Em um dos cadernos de notas que pude consultar no Arquivo Lukács, acha-se uma bibliografia (provavelmente redigida por volta de 1910 ou 1911) de textos do anarco-sindicalismo francês: Sorel, Berth, Lagardelle, Pouget[103]. Há também uma referência anarquizante a Sorel entre as notas sobre Dostoiévski: após uma citação do Apocalipse de São João sobre a necessária abolição de todo comércio, vem o seguinte texto: "O Estado, Sorel: nenhuma correção é possível enquanto esse poder não for reduzido a desempenhar senão um papel secundário nas relações sociais."[104] A escolha de Sorel (que reencontramos também em Walter Benjamin) é compreensível pelo caráter a uma só vez romântico anticapitalista e apocalíptico do teórico da greve geral[105].

Essa problemática soreliana ocupará um lugar ainda maior em sua radicalização política após o retorno a Budapeste em 1917, quando será profundamente atraído pelo eminente historiador e dirigente anarco-sindicalista húngaro (de origem judaica) Erwin Szabo. Num texto autobiográfico de 1969, Lukács recorda: "Foi nesse momento de minha evolução que o anarco-sindicalismo francês me influenciou consideravelmente."[106] Suas concepções políticas dessa época (1917-1918) caracterizam-se de fato pelo antiparlamentarismo, a subordinação da política à ética e a rejeição de qualquer ditadura, mesmo a revolucionária: trata-se de uma visão socialista ética semianarquista.

Durante o ano de 1918, provavelmente sob o impacto da Revolução Russa, o messianismo de Lukács politiza-se e articula-se com sua ideologia revolucionária. Em uma conferência no mesmo ano, presta homenagem ao anabatista e reivindica seu imperativo categórico: "fazer baixar agora mesmo o Reino de Deus sobre a terra"[107]. Enfim, em dezembro de 1918 publica um artigo ("O Bolchevismo Como Problema Moral") no qual fala do proletariado como "portador da redenção social da humanidade" e "classe-messias da história do mundo"[108]. O messianismo, portanto, "secularizou-se" e passa a confundir-se com a revolução social, concebida por Lukács nessa época (1918-1919) como uma subversão total em escala mundial.

Tal visão do mundo irá manter-se, em certa medida, mesmo no primeiro período após sua adesão ao comunismo. A primeira obra bolchevista que lera (final de 1918) vai facilitar-lhe a transição: é *O Estado e a Revolução* de Lênin, cuja problemática radicalmente contrária ao Estado não deixava de ter certas convergências com o anarquismo. A leitura desse livro parece, em todo caso, ter desempenhado um papel em sua decisão de aderir ao PC húngaro em dezembro de 1918[109]. Um dos primeiros artigos que publica na imprensa comunista, "Partido e Classe" (1919), está ainda impregnado da influência anarco-sindicalista de Erwin Szabo[110]. Outro exemplo significativo é seu célebre artigo antiparlamentarista de 1920, intitulado "Zur Frage des Parlementarismus" (Sobre a Questão do Parlamentarismo), aliás severamente criticado por Lênin. Em uma entrevista às vésperas de sua morte (1971), Lukács lembra-se de que em 1919 estava convencido de que a revolução proletária ia conduzir rapidamente "ao paraíso na Terra", concebido de forma profundamente "ascético-sectária"[111].

Só aos poucos, durante os anos 1920-1923, Lukács irá ligar-se efetivamente ao bolchevismo. *História e Consciência de Classe*, a grande obra de 1923, é já uma *Aufhebung* (negação/conservação/superação) do messianismo e da utopia libertária em uma problemática marxista-dialética. Contudo, numa autocrítica (provavelmente sincera) de 1967, Lukács refere-se ao "messianismo utópico" do livro[112].

De todos os pensadores que examinamos, Lukács é um dos menos tocados pela problemática judaica; sua relação com o messianismo judeu permanece em grande parte "subterrânea" e manifesta-se apenas de forma indireta em sua obra. O quadro de sua reflexão e de suas aspirações utópicas/revolucionárias é sempre universal/humanista, mundial. Ele representa, no conjunto de autores aqui analisados, o polo oposto a Scholem, para quem, ao contrário, é a utopia anarquista que desaparece da superfície e não atua senão de maneira "oculta" e mediatizada, particularmente através de seus escritos sobre o messianismo judaico.

ERICH FROMM é sobretudo conhecido por seus trabalhos publicados na América a partir dos anos 1940: *O Medo à Liberdade* (1941), *Análise do Homem* (1947), *Psicanálise da Sociedade Contemporânea* (1955) etc. Marcuse submeteu esses escritos a uma crítica severa (durante os anos 1950), qualificando-os de obras conformistas que, por seu "revisionismo cultural", retiraram da psicanálise freudiana sua força crítica[113].

Concorde-se ou não com essas críticas (em minha opinião são ao mesmo tempo pertinentes e discutíveis), há um outro período da obra de Fromm, bem menos conhecido, o de seus primeiros escritos psicanalíticos (1927-1934), que apresenta maior interesse e cujo poder crítico e mesmo revolucionário é indiscutível. Só uma parte desses trabalhos foi reeditada e/ou traduzida em francês. Eles correspondem à época em que Fromm começa a explorar as convergências possíveis entre psicanálise e marxismo e em que se liga às atividades do Institut für Sozialforschung (Instituto de Pesquisa Social) de Frankfurt, publicando artigos e resenhas críticas em sua revista e participando de seus projetos de pesquisa coletiva.

Apesar da diversidade dos temas, esses trabalhos apresentam algumas características comuns: uma dimensão messiânica (de origem judaica), uma atitude crítica radical do capitalismo como sistema socioeconômico e como estrutura psíquica (relativa ao caráter), e uma orientação política antiautoritária. A combinação desses três elementos configura um pensamento original e subversivo, apresentando muitas analogias com as abordagens de um Walter Benjamin ou de um Ernst Bloch.

Em uma nota autobiográfica redigida em 1966, Fromm observa, não sem orgulho, que estudou o *Antigo Testamento* e o *Talmud* desde a infância. Seus mestres foram notáveis eruditos rabínicos: Ludwig Krause, um tio de sua mãe, talmudista tradicionalista de estrita observância; o célebre rabino Nehemia Nobel, "cujo pensamento era profundamente impregnado tanto de misticismo judaico quanto de humanismo ocidental"; e o especialista em hassidismo (e ao mesmo tempo intelectual socialista) Salman Rabinko[114]. O que mais o impressionara na *Bíblia* – sobretudo à luz das catástrofes da Primeira Guerra Mundial – foram as profecias messiânicas de Isaías, Oseias e Amos, a promessa de um "fim dos tempos" que estabeleceria a paz eterna entre as nações e os homens[115]. É a partir desse contexto cultural que irá se interessar pela filosofia de Marx, que aos seus olhos permanecerá sempre a expressão, em linguagem secular, da tradição messiânica profética[116].

No início dos anos 1920, Fromm participa da criação da Freies Jüdisches Lehrhaus (Casa Livre de Estudos Judaicos) em Frankfurt, instituição animada por Franz Rosenzweig e Martin Buber: assiste aí (com Ernst Simon e Nahum Glatzer) a um seminário de Gershom Scholem sobre o apocalíptico do Livro de Daniel[117]. Prossegue, ao mesmo tempo, estudos em Heidelberg com Rickert, Jaspers e Alfred Weber, e apresenta, em 1922, uma tese de doutorado intitulada *Das jüdische Gesetz: Ein Beitrag zur Soziologie des Diasporajudentums* (A Lei Judaica: Uma Contribuição à Sociologia do Judaísmo da Diáspora), que examina, entre outras coisas, a estrutura sociopsicológica do hassidismo[118]. Segundo Scholem, ele era nessa época um judeu religioso *shomer mitzvot* – isto é, "fiel aos mandamentos da lei" – e membro da Associação dos Estudantes Sionistas[119].

A partir de 1924, Fromm instala-se em Heidelberg, onde se fará psicanalisar por uma freudiana ortodoxa, Frieda Reichmann (com quem virá a se casar em 1926). É provavelmente sob o impacto da análise que perderá a fé religiosa nessa época – ainda que seu pensamento permaneça sempre profundamente impregnado de religiosidade. Segundo Scholem, Fromm tornou-se, em 1927, "um trotskista entusiasta", convencido da superioridade de sua nova fé e cheio de piedade para com a estreiteza sionista pequeno-burguesa de seu antigo mestre[120].

A primeira publicação psicanalítica de Fromm – que aparece em 1927 na revista *Imago*, editada por Freud – é um artigo totalmente surpreendente, atravessado por um forte sopro messiânico: "Der Sabbath". A problemática do texto é tipicamente restauracionista-utópica, e ainda carregada de espírito religioso, apesar da linguagem científica e da influência direta do livro de Otto Rank, *O Traumatismo do Nascimento* (1924), e dos trabalhos de Reik e Abraham sobre a psicanálise das religiões. O artigo começa por examinar o sentido da proibição do trabalho durante o sabá judaico, mostrando que o conceito bíblico de "trabalho" refere-se essencialmente à relação entre os homens e a natureza – mais precisamente a terra. Assim, a proibição do trabalho implica a suspensão, durante o sabá, da "violação incestuosa da Mãe Terra e da Natureza em geral pelo Homem". Segundo Fromm, a significação psicológica profunda do rito sabático judaico é a seguinte: pela interdição rigorosa e severa de toda atividade laboriosa durante o sabá, a religião judaica visa ao "restabelecimento (*Wiederherstellung*) do estado paradisíaco sem trabalho, da harmonia entre o homem e a natureza, e ao retorno ao ventre materno (*der Rückkehr in den Mutterleib*)". Daí a promessa talmúdica de que o Messias virá quando Israel respeitar, desta vez integralmente, o Sabá. Para Fromm, os profetas veem no tempo messiânico uma situação onde o combate entre o homem e a natureza terá finalmente cessado [...] O Estado paradisíaco será novamente restabelecido. Se o homem foi expulso do Paraíso porque quis ser como Deus – igual ao pai, isto é, capaz de conquistar a mãe –, e se o trabalho é a punição por essa infração originária (*Urverbrechen*), então, segundo a concepção dos profetas, no período messiânico o homem voltará a viver em harmonia total com a natureza, ou seja, sem necessidade de trabalhar, no Paraíso – equivalente ao ventre materno[121].

Fromm retomará várias vezes as ideias desse artigo em seus escritos posteriores à Segunda Guerra Mundial, mas atenuando-lhes o aspecto restitucionista e dando-lhes uma dimensão mais racionalista e "progressista"[122].

É interessante confrontar o ensaio sobre o sabá com as reflexões de Walter Benjamin, tanto no texto sobre a linguagem de 1916 quanto nos escritos teológicos posteriores, referentes ao tema do restabelecimento da harmonia edênica entre homem e natureza. Não se trata de uma "influência" qualquer, mas de figuras diversas da mesma corrente de pensamento presente na cultura judaico-alemã.

A preocupação de combinar o marxismo e a psicanálise está no centro dos escritos posteriores de Fromm. O que chama a atenção em sua interpretação do marxismo é a carga diretamente antiautoritária – que se manifesta também em sua leitura e aplicação do método freudiano. Um exemplo muito revelador é o artigo de 1931 "Contribuição à Psicologia do Criminoso e da Sociedade Punitiva" (*strafenden Gesellschaft*). Segundo Fromm, o verdadeiro objetivo da punição legal não é, como se pretende, a prevenção do crime e muito menos a correção do criminoso, mas "a educação da massa no sentido da subordinação e do apego aos dominadores". Toda sociedade de classes é caracterizada pela dominação de uma grande massa de espoliados por uma pequena camada de espoliadores. A violência física (a polícia e o Exército) representa o meio mais visível para assegurar essa dominação, mas a longo prazo não constitui uma garantia eficaz. Daí a importância capital de instrumentos psíquicos com a função de "conduzir as massas a uma situação de apego e dependência espiritual para com a classe dominante, ou seus representantes, de modo que se submetam e obedeçam mesmo sem a utilização da violência". A justiça penal é um desses instrumentos; permite que o Estado da classe dominante se imponha à massa como uma figura paterna, que pune e exige obediência; constitui, portanto, "uma precondição psíquica indispensável da sociedade de classes" e não tem nada a ver com uma pretensa prevenção da criminalidade[123]. É difícil não perceber nessas linhas uma premonição do futuro que esperava a Alemanha nos anos seguintes.

A primeira obra maior de Fromm é *O Dogma de Cristo*, publicada em Viena em 1931. Esse trabalho, que combina psicanálise e marxismo, não representa uma ruptura com suas preocupações judaico-religiosas, porque, no seu modo de ver, o cristianismo primitivo é o continuador direto do messianismo judaico em luta contra o Império Romano.

Para Fromm, o cristianismo em sua origem era "um movimento messiânico revolucionário" contendo a mensagem da espera escatológica, do advento iminente do reino de Deus. A comunidade cristã primitiva era "uma livre confraria de pobres", intensamente hostil a qualquer autoridade, a qualquer poder do tipo "paternal". O mito cristão originário de Cristo como Messias-mártir elevado à dignidade de Deus continha uma hostilidade oculta para com Deus-Pai, o imperador e a autoridade em geral. O cristianismo foi a expressão das tendências revolucionárias, das aspirações e nostalgias das massas oprimidas, inicialmente judaicas e a seguir pagãs, que se reuniam em "uma organização comunitária sem autoridades, nem estatutos, nem burocracia"[124].

Contudo, a partir do século III d.C. irá produzir-se uma mudança na base social do cristianismo: ele torna-se também a religião das classes instruídas e dirigentes do Império Romano. Disso resultará uma modificação profunda nas crenças relativas ao Cristo; o homem elevado à dignidade de Deus converte-se no Filho do Homem que sempre fora Deus (dogma da consubstancialidade). Paralelamente, a esperança escatológica de uma libertação verdadeira e histórica é progressivamente substituída pela ideia da Salvação como libertação interior, espiritual, não histórica, individual. Por fim, em íntima associação com essa renúncia ao messianismo, assiste-se a uma reconciliação crescente entre a Igreja e o Estado. Em uma palavra: "O cristianismo que havia sido a religião de uma comunidade de irmãos em igualdade, sem hierarquia nem burocracia, torna-se a 'Igreja', o reflexo da monarquia absoluta do Império Romano." Essa transformação de uma confraria fraterna livre em uma organização hierárquica autoritária é acompanhada de uma mudança psíquica: a hostilidade ao pai e o desprezo dos cristãos primitivos pelos ricos e os dirigentes – "em suma, por qualquer tipo de autoridade" – são substituídos pelo respeito e pela subordinação às novas autoridades clericais. As pulsões agressivas, originariamente dirigidas contra o pai, voltam-se agora contra o eu, oferecendo assim um exutório sem perigo para a estabilidade social, e gerando um sentimento geral de culpa – acompanhado da necessidade masoquista de expiação[125]. Se a referência de Scholem ao "trotskismo" de Fromm em 1927 for exata, não é impossível que essa análise da evolução do cristianismo seja análoga, no espírito de seu autor, àquela experimentada pelo comunismo soviético após a morte de Lênin.

Poderíamos observar acerca dessa pesquisa histórica (como a propósito dos escritos de história das religiões de Gershom Scholem) que o autor não projeta seus sentimentos sobre a história, mas suas atitudes, suas concepções e seus valores (sua visão do mundo) o tornam mais sensível a alguns aspectos da realidade histórica que a outros – no caso de Fromm, à dimensão messiânica e antiautoritária do cristianismo primitivo. Apesar de seu caráter científico, é evidente que esse ensaio não é "neutro", o autor não esconde sua tomada de posição a favor da escatologia revolucionária dos primeiros cristãos.

Essa obra foi saudada na *Zeitschrift für Sozialforschung* – a revista do Instituto de Pesquisa Social de Frankfurt – como o primeiro exemplo concreto de síntese entre Freud e Marx[126]. Sem pertencer diretamente ao Instituto, Fromm irá associar-se nos anos 1930 à Escola de Frankfurt, publicando vários ensaios e resenhas críticas na revista dirigida por Horkheimer.

O artigo sobre o sabá, de 1927, continha, ao menos implicitamente, uma crítica de tipo romântico à ética burguesa do trabalho e à dominação da natureza, que reaparece, intensificada, num de seus primeiros artigos para a *Zeitschrift* (em 1932). Examinando o espírito capitalista-burguês (tal como o definem Sombart e Weber) a partir dos romances de Defoe ou da autobiografia de Benjamin Franklin, Fromm relaciona-o com o "caráter anal" estudado por Freud e seu discípulo Karl Abraham. Nesse contexto, opõe o espírito pré-capitalista, para o qual a busca do prazer e das satisfações é um objetivo natural (ao qual está subordinada a atividade econômica), ao espírito do capitalismo, que considera a poupança e a aquisição como os objetivos essenciais. Na Idade Média, o indivíduo retirava satisfações múltiplas (conforme sua classe social) das festas suntuosas, dos belos quadros, dos monumentos esplêndidos, assim como dos numerosos festejos de santos.

Era sabido que o homem tem um direito inato à felicidade, à alegria e ao prazer: encontrava-se aí o objetivo de toda atividade humana, fosse econômica ou não. Quanto a isso, o espírito burguês trouxe uma mudança decisiva. A felicidade e a alegria deixaram de ser o objetivo evidente da vida. Uma outra coisa tomou o primeiro lugar na escala de valores: o dever.[127]

É evidente que esse ensaio – que tem vínculos profundos com a temática do artigo sobre o sabá, ainda que o aspecto messiânico esteja ausente – manifesta uma idealização romântica dos modos de vida pré-capitalistas (em particular o medieval).

Uma perspectiva análoga inspira um outro artigo de Fromm nessa época, dedicado aos escritos sobre o matriarcado de Bachofen. Começa por constatar que os trabalhos de Bachofen foram recebidos com entusiasmo por dois campos políticos opostos: os socialistas (Marx, Engels, Bebel etc.) e antissocialistas contrarrevolucionários (Klages, Bäumler).

O elemento comum ao leque das atitudes adotadas ante o matriarcado é seu comum distanciamento em relação à sociedade burguesa democrática. [...] Não importa que estejam voltados para o passado como um paraíso perdido, ou que se orientem, cheios de esperança, para um futuro melhor. Mas a atitude crítica em face do presente era a única coisa que os dois grupos opostos de defensores da teoria do matriarcado tinham em comum.[128]

Fromm sublinha que a sociedade matriarcal de que fala Bachofen contém muitos traços que a aproximam dos ideais socialistas: democracia, igualdade, liberdade, fraternidade, harmonia com a natureza, ausência de propriedade privada; cita uma observação do socialista Kelles-Krauz, segundo a qual Bachofen escavou por baixo do renascimento burguês para tirar da terra os germes preciosos de um novo renascimento revolucionário: o renascimento do espírito comunista. A partir de Bachofen e de Freud, Fromm irá distinguir dois tipos de caráter social: os patricêntricos e os matricêntricos. O tipo patricêntrico caracteriza-se por sentimentos de culpabilidade, amor submisso à autoridade paterna, desejo e prazer de dominar os mais fracos, aceitação do sofrimento como punição de suas próprias faltas; a sociedade burguesa e a ética protestante do trabalho são a expressão moderna disso. O tipo matricêntrico, ao contrário, não conhece a angústia e a submissão, mas o amor maternal pelos fracos e uma maior aptidão para o prazer e a felicidade, sentimentos de culpa bem menos intensos etc. Os representantes modernos das tendências matricêntricas seriam a classe operária e o programa social marxista[129].

Esse artigo deve igualmente ser relacionado com o ensaio de 1927 sobre o sabá: a sociedade matriarcal primordial que Bachofen descreve surge como o equivalente antropológico do paraíso edênico e maternal, livre da maldição do trabalho, e a revolução socialista é o correspondente secular da vinda do Messias que restabelece o Jardim dos Prazeres.

O texto de Fromm, também publicado na *Zeitschriftfür Sozialforschung*, terá uma influência profunda sobre Walter Benjamin, que escreverá no ano seguinte um ensaio sobre Bachofen pautado em temas semelhantes, referindo-se explicitamente ao que chama de "notável estudo" de Fromm[130].

Após a partida de Fromm para os Estados Unidos (1934), o radicalismo libertário/revolucionário de seu marxismo irá se atenuar, e seu pensamento tomará feições mais moderadas, cujos primeiros sinais já se podem perceber no trabalho que escreverá em 1936 para o estudo da Escola de Frankfurt sobre a autoridade e a família: embora reafirmando sua perspectiva antiautoritária, rejeita o anarquismo como uma forma de revolta inconsequente e faz o elogio da democracia burguesa do século XIX como forma de autoridade fundada sobre a satisfação (desigual mas real) dos interesses do conjunto das camadas sociais[131].

Apesar disso, a crítica cultural da civilização industrial, a aspiração messiânica a um mundo novo e a tendência antiautoritária continuarão presentes na obra posterior de Erich Fromm, como o atesta o livro de 1966 *Vós Sereis Como Deuses*, uma leitura humanista-socialista do profetismo bíblico. Nesse texto, ele retoma quase palavra por palavra o ensaio de 1927 (salvo a referência ao paraíso perdido, que desaparece totalmente), sublinhando que o sabá é a expressão da ideia central do judaísmo: "A ideia de liberdade, a ideia da harmonia completa entre o homem e a natureza, entre o homem e o homem, a ideia da antecipação da era messiânica e da vitória do homem sobre o tempo, a tristeza e a morte."[132] As referências escatológicas que atravessam essa obra não têm mais a explosividade subversiva dos trabalhos dos anos 1920 e 1930, mas testemunham a continuidade das preocupações político-religiosas do autor e sua atitude crítica em face da ordem estabelecida.

8. Cruzamentos, Círculos e Figuras

Alguns Exemplos

Este ensaio limita-se a estudar cerca de uma dezena de autores, mas seguramente é possível encontrar ainda muitos outros na intelectualidade judaica de cultura alemã que participam dessa orientação libertária e dessa concepção romântico-messiânica da história.

Iremos examinar brevemente alguns cruzamentos culturais, alguns círculos e correntes literários, políticos e/ou religiosos da Europa Central que constituem o meio mais favorável para a emergência da afinidade eletiva entre utopia e messianismo, assim como alguns exemplos, não necessariamente "exemplares" ou representativos, de escritores, pensadores ou militantes oriundos desses círculos.

A revista *Der Jude*, dirigida por Martin Buber, é um desses locais culturais privilegiados. Entre seus colaboradores, figuram os nomes de Franz Rosenzweig, Gershom Scholem, Franz Kafka, Ernst Simon, Hugo Bergmann. Em seus nove anos de existência (1916-1924), será um dos principais centros de irradiação da sensibilidade religiosa da cultura judaico-alemã.

Em torno da *Der Jude*, encontramos dois autores que se situam algures entre Martin Buber e Gustav Landauer, mas que, por sua identificação primordial com o judaísmo, pertencem mais ao universo espiritual dos judeus religiosos anarquizantes: Hans Kohn e Rudolf Kayser.

HANS KOHN foi, durante os anos 1912-1914, um dos principais animadores do círculo Bar-Kochba de Praga, do qual participaram Hugo Bergmann, Robert Weltsch, Max Brod e – de maneira mais episódica – Franz Kafka. Como se sabe, tratava-se de um clube cultural sionista influenciado por Martin Buber, Ahad Ha-Am (Asher Ginsberg, o teórico do sionismo cultural oposto a Herzl e à ideia de um Estado judeu) e Gustav Landauer. Em uma obra publicada em 1930, Hans Kohn descreve o estado de espírito do ambiente em que vivia:

> Durante a primeira década do século XX, o interesse pelo romantismo voltou a ser despertado. Novalis e sobretudo Hölderlin eram os "clássicos" mais lidos de nossa juventude. [...] Para a nova geração, a ciência especializada e mecanizada mostrava-se fria, sem vida e estéril. Essa geração queria descer às fontes obscuras e primordiais (*Urquellen*) do ser. [...] A mística foi a fonte da juventude na qual imergiu a nostalgia religiosa da época.[1]

É nesse contexto que irá se produzir o que ele designa em sua autobiografia (de 1965) como a transferência de conceitos tais como "comunidade popular orgânica" ou *Volksurträumen* (sonhos ancestrais do povo), do nacionalismo alemão para o nacionalismo judaico, isto é, para o sionismo. Hans Kohn é um dos raros protagonistas da época que reconhece explicitamente a filiação de seu pensamento neorromântico judaico a fontes germânicas: "Nosso sionismo não era uma reação à perseguição, mas uma busca, sob a influência do pensamento alemão da época, de nossas 'raízes', uma volta à interioridade, ou seja, ao suposto centro de nossa verdadeira identidade, que se encontrava, assim acreditávamos, dois mil anos atrás, nos tempos bíblicos."[2]

Em 1913, Kohn publica em Praga uma coletânea, *Vom Judentum*, na qual colaboram – além dele próprio, com um ensaio intitulado "O Espírito do Oriente" – Buber, Landauer e Karl Wolfskehl: um sionista, um anarquista e um discípulo conservador de Stefan George. Por volta da mesma época, procura (em vão) editar uma seleção de textos de autores místicos, cristãos/alemães. Essas preocupações religiosas e espirituais judeu-cristãs estão desde o início estreitamente associadas a temas libertários: Jesus, em sua opinião, foi "um dos maiores profetas hebreus, um anarquista ético religioso, para quem os poderes e ambições da época significam pouco em comparação com o *Malkhut Schamaim*, o Reino do Céu que se aproxima, cujo advento ele anunciava aos judeus e que haveria de acabar com as injustiças na terra"[3].

Mobilizado durante a Grande Guerra, Hans Kohn será feito prisioneiro pelo Exército czarista. Saúda com entusiasmo a Revolução de Outubro – "a mais poderosa experiência de encaminhamento da humanidade desde 1793" – e envia da URSS, em 1919, um artigo para a revista de Buber, *Der Jude*. Segundo esse artigo – que é um documento impressionante da radicalização de certos meios judaicos religiosos quando do apogeu da onda revolucionária na *Mitteleuropa* –, a solução autêntica da questão judaica só é possível simultaneamente com uma solução da "questão humana" (*Menschheitsfrage*) através da revolução mundial, que destruirá o Estado – esse "fantasma sinistro [...] inimigo do espírito". Hans Kohn crê na vocação messiânica dos judeus, como povo que traz o *Ol Malkhut Haschamaim* (Jugo do Reino do Céu) e do qual virá a palavra redentora para a humanidade inteira: o socialismo libertário, "essa doutrina de nossos profetas e de Jesus" inspirada pelo "espírito de Gustav Landauer". O objetivo da luta, situado num futuro longínquo, é instaurar "um poder que não seja mais 'poder' mas sim *An-archia*"[4].

Após uma breve estada em Paris (1920), descobre os escritos de Péguy e retoma, por conta própria, num livro sobre o nacionalismo, publicado em 1922, a distinção do escritor entre místico e político. Convém separar o povo do Estado: a nação não tem necessidade de um Estado para desenvolver-se social e culturalmente, e o sentimento nacional deve ser dissociado do conceito de um Estado territorial[5]. Armado com essas ideias, Hans Kohn partirá para a Palestina, tornando-se ali (em 1925) um dos fundadores e incentivadores da Brit Shalom. Escreve nessa época, num ensaio sobre "A Ideia Política do Judaísmo", que "os profetas conceberam o advento do reino messiânico como um ato histórico, a realizar-se entre as gerações vivas" – ao contrário do apocalíptico tardio que o transformou em acontecimento metafísico, centrado na ressurreição dos mortos. Para a tradição judaica, o mundo messiânico "não se encontra no além, mas no tempo que se transforma, que vai chegar, *olam haba*". É o tempo da unificação de todos os homens numa aliança fraterna, um reino de paz universal[6].

Sempre discípulo fiel de Buber, escreve em Jerusalém, de 1927 a 1929, a biografia de seu mestre espiritual, que é também o retrato intelectual de toda uma geração judeu-alemã. Certas observações nessa obra sugerem que Hans Kohn estava então em busca de uma síntese (romântica) entre anarquismo e marxismo. Depois de afirmar que Tönnies, "como discípulo de Marx" (julgamento no mínimo discutível!), e os neorromânticos, sob a influência de Nietzsche, sempre opuseram a verdadeira comunidade ao Estado nacional soberano moderno, "formação típica da socialização burguesa/capitalista", ele conclui: "O socialismo de Marx tem o mesmo objetivo final que o anarquismo, ao qual pertencia Gustav Landauer. [...] Também Marx deseja a livre associação, apolítica, sem Estado, a verdadeira *Gemeinschaft*, a sociedade realizada de todos os homens."[7]

Em 1929, explode uma rebelião árabe na Palestina, duramente reprimida pelas autoridades britânicas. Traumatizado pelos acontecimentos, Hans Kohn rompe com o sionismo e deixa a Palestina. Em 1933, parte para os Estados Unidos, onde logo ficará conhecido como historiador do nacionalismo. Seus trabalhos americanos – sobretudo após 1945 – serão radicalmente antirromânticos e antimessiânicos, dentro de uma perspectiva liberal "clássica"[8].

RUDOLF KAYSER. Contrariamente a Hans Kohn, Rudolf Kayser não era sionista. Sua tese de doutorado (1914) é dedicada à literatura romântica, particularmente a Arnim e Brentano, mas ele se interessa também pela religião judaica: publica em 1921 *Moses Tod* (A Morte de Moisés) e, em 1922, um ensaio sobre Franz Werfel que trata da dimensão judaica religiosa do poeta de Praga e de sua aspiração a uma redenção universal[9]. Colaborador da revista *Der Jude*, divulga ali, em 1919, um artigo bastante polêmico que o situa (um pouco como Hans Kohn) num espaço político-religioso cujos polos magnéticos são representados por Buber e Landauer. Rejeitando totalmente o sionismo, prega a constituição de uma "Nova Aliança" (*Neuer Bund*), uma "Associação

Judaica" (*jüdische Genossenschaff*) – que compara aos hussitas taboritas[10] do século xv – cuja missão seria "preparar a era do Messias" ajudando a humanidade a passar do "inferno da política" ao "paraíso messiânico". Essa missão implica a abolição do Estado, tarefa para a qual os judeus são chamados a desempenhar um papel essencial, na medida em que "não se pode imaginar nenhuma comunidade mais afastada do Estado que a comunidade, ético-religiosa, dos judeus [...] A ideia do Estado é uma ideia não judaica (*unjüdisch*)". A comunidade religiosa hebraica distingue-se do Estado pela ausência de relações de dominação: o poder não pertence senão à ideia divina. É nesse sentido que ela é "teocrática": só a lei divina reina. Em conclusão: "Eis portanto a missão dos judeus: permanecendo eles próprios sem Estado, fazer da terra a pátria dos homens."[11]

Nesse mesmo ano, publica uma fervorosa homenagem a Kurt Eisner e Gustav Landauer, sob o título "O Revolucionário Judeu". Exagerada pelos antissemitas, negada pela burguesia judaica, a participação dos judeus nos movimentos revolucionários contemporâneos é um fato inegável. Judeus como Trótski, Radek, Axelrod, Eisner, Leviné, Toller, Rosa Luxemburgo tornaram-se dirigentes da revolução: vários deles pagaram com a vida, como "mártires da ideia, Cristos e anunciadores de uma nova humanidade". Sua figura ancestral é o profeta que proclama a irrupção iminente da era messiânica: Sabatai Tzvi! O revolucionário judeu não aspira a reformar o Estado, nem a distribuir riqueza; o que ele quer, derrubando os tronos, os estados-maiores ou os poderes econômicos, é transformar os sentimentos humanos, despertar a religiosidade, o amor e o espírito. "Por essa razão, todo judeu revolucionário-espiritual deve ser hoje necessariamente socialista: enquanto negador do capitalismo, de sua infame busca do lucro e de seu caráter materialista. Por essa mesma razão, porém, seu objetivo último é: a Anarquia, a abolição de toda relação de poder." Foi por esse ideal que Eisner e Landauer tombaram: "eles estão mortos como Jesus de Nazaré e todos os outros mártires judeus"[12]. Esses dois artigos representam, de um modo quase ideal-típico, a articulação/fusão entre messianismo judaico e revolução anarquista; religiosidade bíblica e utopia moderna parecem constituir aqui um mesmo e único sistema de vasos comunicantes, alimentado por um mesmo e único fluido espiritual.

Rudolf Kayser conhecia Walter Benjamin e era provavelmente aquele "protetor" na editora Fischer mencionado numa carta de Benjamin a Scholem de 26 de maio de 1921[13]. Em 1923, Kayser tornar-se-á o editor da principal revista literária da Alemanha, *Die Neue Rundschau* (O Novo Panorama). Num livro publicado nessa época, *Die Zeit ohne Mythos* (Tempo Sem Mitos), escreve que "nosso último sonho é a anarquia" e que "toda irrupção revolucionária na vida política e cultural tem esta significação: elevar-se do jurídico ao metafísico"[14].

MANES SPERBER. As ideias de Buber e Landauer vão também influenciar de maneira significativa os movimentos de juventude socialista-sionistas, em particular o Hapoel Hatzair (O Jovem Operário) e o Haschomer Hatzair (A Jovem Guarda), que buscavam realizar na Palestina uma federação de comunidades rurais coletivistas. Esses movimentos estavam implantados sobretudo na Europa do Leste, mas tinham também uma atividade importante em Viena, especialmente junto aos jovens *Ost-Juden* (Judeus da Europa Oriental). É lá que o escritor Manes Sperber fará sua aprendizagem política.

Nascido em 1905 no *schtetl* Zablotow, na Galícia – província polonesa do Império Austro-Húngaro –, Manes Sperber é natural de um meio onde conviviam lado a lado a tradição judaica hassídica e a cultura alemã, os discípulos do *tzadik* miraculoso e os admiradores de Schiller, Goethe e Heine. Suas primeiras leituras testemunham essa "mestiçagem cultural": a *Bíblia* em hebraico, os contos de Grimm e os jornais de Viena[15]. Nessa aldeia judaica oprimida pela pobreza, "havia sempre alguém para demonstrar que o excesso mesmo de sofrimento e miséria significava precisamente a aproximação inelutável do Messias e a iminência de sua chegada". Não só os adultos como também as crianças sabiam que o Messias podia a qualquer instante descer sobre a terra. O bisavô de Sperber, um venerável rabino hassídico, tinha o hábito de subir todas as noites a uma colina para escrutar o horizonte "na esperança de ver chegar o Messias". Com o início da guerra mundial e seu cortejo de atrocidades, esse sentimento intensificou-se no *schtetl*: os hassidim garantiam que "a libertação aproximava-se a passo de gigante e a aurora dos tempos messiânicos anunciava-se: de outro modo não se compreenderia por que a guerra crescia sem parar, a ponto de que a terra logo não seria mais que uma imensa carnificina". O jovem Sperber partilhava a fé de seus antepassados: "Bem antes de ser capaz de traduzir as palavras do profeta Isaías, eu sabia que seria preciso aguardar a vinda do Messias para que a injustiça desaparecesse da terra."[16]

Em 1916, sua família instala-se em Viena e, a partir desse momento, sua educação, sua *Bildung*, terá lugar no contexto cultural germânico da capital do Império, então no apogeu. O adolescente descobre a poesia romântica – "nenhum poeta jamais me inspirou tanta admiração quanto Hölderlin" –, a filosofia de Nietzsche, que o seduz (como a muitos anarquistas) por seu lado "subversivo e revolucionário", e as peças expressionistas de Toller, Hasenclever e Georg Kaiser: em uma palavra, o universo da cultura romântica anticapitalista[17].

Muito rapidamente, esse choque cultural irá provocar uma crise religiosa: por volta do fim da guerra, perde definitivamente a fé – o que, em sua opinião, terá por resultado "uma ruptura que haveria de permanecer irreparável para sempre"[18]. Mas isso de forma alguma o leva a romper com o judaísmo: muito pelo contrário, irá integrar-se, a partir de 1917, ao Haschomer Hatzair, organização de juventude sionista-socialista. Na realidade, sua fé messiânica converte-se em utopia revolucionária: "eu cessara havia muito de obedecer aos mandamentos, mas vivia ainda na mesma esperança com a qual, em criança, aguardava o Messias. *Doravante era a atividade revolucionária que fazia as vezes de messianismo*"[19].

O Haschomer Hatzair – que na época tinha seu centro em Viena – era influenciado ao mesmo tempo pela Jugendbewegung (Movimento da Juventude) alemã (particularmente através de Gustav Wyneken, de quem Benjamin fora próximo por volta de 1914), pelas ideias de Buber sobre a renovação do judaísmo, pelo socialismo libertário de Gustav Landauer e pela cultura romântica de Viena[20]. Outubro de 1917 irá soprar em suas brasas, mas, segundo Sperber, "da revolução russa retínhamos sobretudo o socialismo revolucionário dos descendentes dos *naródniks* e o anarco-comunismo do príncipe revolucionário Kropótkin; quanto ao marxismo, interessava-nos bem menos"[21]. O antiautoritarismo libertário está, portanto, no núcleo de sua utopia socialista: "Não desejávamos exercer o poder no interior do Estado, mas tornar supérfluos o Estado e o poder." Sperber invoca com veneração "a nobre figura de Gustav Landauer", assassinado em Munique, e simpatiza com os sovietes da Baviera e da Hungria, mas nessa época seus heróis preferidos são os revolucionários russos da virada do século XIX para o XX: Sophia Perovskaia, Vera Figner, Kaliaiev. O que o atrai irresistivelmente nos mártires da Naródnaia Vólia é seu sacrifício e devotamento total pela "preparação a um estado de coisas inacessível" – o mesmo com que sonharam "sessenta gerações de meus antepassados" –, seu combate heroico por "um porvir messiânico". Como eles, o jovem Sperber "acreditava que só os revolucionários provocariam o advento de um mundo sublime"[22].

Enquanto para os judeus revolucionários do *schtetl* polonês e russo a passagem à revolução implica quase sempre o abandono total das referências religiosas e a adesão a um racionalismo materialista e radicalmente ateu, Manes Sperber e seus amigos do Haschomer, envolvidos no turbilhão neorromântico da juventude em Viena, irão conservar, no interior de seu engajamento político revolucionário, a referência ao messianismo judaico ancestral. Para a maioria deles, trata-se de uma fase transitória, antes de aderirem ao marxismo e ao leninismo; mas alguns – entre os quais o próprio Sperber – permanecerão marcados, mesmo durante seu período comunista, por certas aspirações utópicas, milenaristas e libertárias.

Ao longo dos anos 1920, Sperber liga-se simultaneamente ao materialismo histórico e à psicologia individual de Alfred Adler. O paralelismo com o itinerário espiritual de Erich Fromm é impressionante, mas seus caminhos aparentemente jamais se cruzaram. Em 1926, Sperber publica um opúsculo em homenagem a Adler em que a ideia messiânica conhece uma curiosa transmutação cristã: o autor revolta-se contra a guerra mundial, esse massacre sem precedentes "1914 anos após o nascimento daquele que quis estabelecer o Reino do Céu na terra através do sentimento comunitário (*Gemeinschaftsgefühl*) e do amor ao próximo". O que o atrai na doutrina de Adler é tanto o tema romântico da *Gemeinschaft* quanto o do combate – inspirado em uma leitura libertária de Nietzsche – contra o autoritarismo: a conclusão do opúsculo de 1926 celebra seu mestre como um gênio animado pelo "*pathos* da comunidade" e pelo desejo ardente de "destruir a vontade de poder"[23].

É por volta de 1927, residindo então na Alemanha, que Sperber se unirá ao Partido Comunista; mesmo nesse momento, permanece em contato com um círculo de anarquistas pacifistas, para os quais pronuncia conferências. Admira o "radicalismo desses homens revoltados que, desprovidos de toda vontade de poder, batiam-se contra todos os detentores do poder". A propósito disso, Manes Sperber interroga-se em sua autobiografia: "Por que conservei em toda a minha existência simpatias pelos anarquistas, embora desde sempre me recusasse a segui-los no caminho dos atos terroristas individuais e em sua concepção voluntarista da história?"[24]

Mesmo o apoio à URSS se faz a partir da crença – ou da ilusão – de que nesse país os pobres, os explorados, os "carregadores de água" "haviam abolido de uma vez por todas o exercício do poder e da opressão". Somam-se a isso, a partir de 1929, a crise econômica catastrófica e a atmosfera apocalíptica nas fileiras do Komintern, cujos militantes acreditavam na chegada iminente da revolução mundial – "breve, muito em breve, num instante que não cessava de aproximar-se, como a vinda do Messias que meu bisavô esperava"[25].

Nos escritos de Manes Sperber durante seu período comunista encontra-se um eco atenuado de suas inclinações libertárias. Nas conferências de 1933, publicadas mais tarde sob o título *Individuum und Gemeinschaft* (Indivíduo e Comunidade), reafirma, em termos marxistas, suas convicções antiautoritárias radicais: "Quanto maiores forem as massas, no interesse das quais a ordem existe, mais restrita será a autoridade necessária para sua manutenção. A ordem para todos seria fundada na autoridade de todos. Seria, portanto, uma ordem sem autoridade (*autoritätslose Ordnung*)."[26]

Exilado em Paris, Sperber trabalha em 1934-1935 no Instituto para o Estudo do Fascismo (Infa) animado pelo dirigente comunista alemão Willi-Müenzenberg; é lá que Benjamin faria sua conferência em 1934 sobre "O Autor Como Produtor". Manes Sperber chegou a Paris em junho de 1934, alguns meses após a conferência de Benjamin, mas é provável que os dois tenham se encontrado posteriormente.

Em 1937, decepcionado pelos Processos de Moscou, Sperber rompe com o Partido Comunista; escreve então um ensaio intitulado *Zur Analyse der Tyrannis* (Para a Análise da Tirania), o qual descobre o germe de tirania em toda direção autoritária que se afasta da comunidade e se autonomiza (*verselbständigt*) em face dela. Mas nem por isso perde a fé num futuro comunitário no qual "a luta pelo poder e a dominação não mais terão lugar na vida dos homens"[27]. Tais ideias reaparecem nos escritos políticos do pós-guerra, como *O Calcanhar de Aquiles* (1957), em que opõe à filosofia política da direita (aí incluído o stalinismo) – "O Estado é a Razão" – a meta autêntica a que sempre aspirou a esquerda: "uma sociedade onde o homem não seria governado, mas senhor de sua própria liberdade, e onde o governo seria definitivamente substituído pela administração das coisas" – fórmula que resume, em uma síntese harmoniosa, o ideal libertário e a utopia marxista[28].

Uma *religião ateia* subterrânea transparece às vezes em sua trilogia romanesca de 1949-1952 – *Et le buisson devint cendre* (E a Sarça Virou Cinza), *Plus profond que l'abime* (Mais Profundo Que o Abismo), *La Baie perdue* (A Baía Perdida) – e em seus numerosos ensaios filosóficos, literários e políticos. Em todo caso, Sperber não deixará jamais de se valer do judaísmo, cuja especificidade cultural/religiosa milenar define nos seguintes termos: "Sem esquecer o passado, Israel, único entre todos os povos, tirava sua força de uma esperança escatológica, da espera de um porvir, próximo ou longínquo. [...] Israel trazia consigo a Promessa: sem o messianismo profético, Israel estava irremediavelmente perdido." Não se trata, na sua visão, de uma simples referência histórica, já que em outro texto da mesma época (os anos 1950) proclama a atualidade dessa herança: "É duvidoso que a esquerda possa durar sem alimentar-se de uma esperança escatológica."[29]

Em sua autobiografia, redigida nos últimos anos de vida, Sperber parece constatar o fracasso de sua esperança messiânica/revolucionária: o Redentor em que havia acreditado "tinha vindo, e não era o verdadeiro, mas um antimessias"[30]. Contudo, essa esperança – numa versão secularizada – continuará sendo a fonte de inspiração de seu sonho socialista/humanista de mudança do mundo: como escreverá num de seus últimos ensaios, "nenhuma morte sacrificial, nenhuma graça da redenção trarão a transformação tão desejada, porque a vinda do Messias depende de nós, de nós todos, dos atos de cada um de nós"[31].

ERNST TOLLER. A influência de Landauer e, de um modo mais geral, das ideias libertárias se exerce também, de forma notável, sobre os escritores e poetas judeus que participam do movimento Expressionista, especialmente através de algumas revistas literárias de orientação pacifista que aparecem durante a Primeira Guerra Mundial: *Die Tat* (O Ato), *Die weissen Blätter* (As Folhas Brancas), *Die Aktion* (A Ação). Entre esses escritores, podemos mencionar: Carl Einstein, Ludwig Rubiner, Walter Hasenclever, Alfred Wolfenstein, Ernst Weiss, Elsa Lasker-Schüler etc. Temas apocalípticos e messiânicos aparecem de vez em quando em seus escritos, em relação com suas aspirações revolucionárias, como por exemplo nas *Briefe an Got* (Cartas a Deus, 1922) de Albert Ehrenstein, onde se implora a Deus o envio de um "reordenador do mundo (*Weltordner*), um matador do demônio (*Teufelstöter*), um formador de almas que criará a comunidade planetária comunista"[32].

De todas as figuras judaicas do expressionismo alemão, é talvez Ernst Toller quem representa em toda a sua força a sensibilidade utópico-milenarista.

Poeta e dramaturgo, discípulo de Gustav Landauer, Ernst Toller pertence, por seu estilo literário e sua sensibilidade religiosa/idealista, ao *Spätromantik* (neorromantismo) do século XX[33]. Essa tendência romântica e sua oposição pacifista à guerra irão torná-lo sensível à obra de Landauer, em particular a *Apelo ao Socialismo*, que o "tocou e determinou de maneira decisiva"[34]. Em uma carta a Landauer datada de 20 de dezembro de 1917, Toller esboça o núcleo central de sua *Weltanschauung* (Concepção do mundo) em gestação: "Creio que devemos antes de tudo lutar contra a guerra, a miséria e o Estado [...] e em seu lugar estabelecer [...] a comunidade dos homens livres, que existe através do espírito."[35] Os dois se encontrarão, no final de 1918, juntamente com o amigo comum Kurt Eisner, em Munique, e, em seguida, juntos participarão da República dos Conselhos da Baviera (março-abril de 1919). Sob a influência de Landauer, Toller concebe a revolução socialista como negação do Estado e da industrialização, e como retorno às comunidades rurais descentralizadas. Pacifista, vê no Estado capitalista, responsável pela guerra mundial, um *golem*, um falso ídolo que reclama sacrifícios ilimitados em vidas humanas[36]. Em sua primeira grande peça expressionista, *Die Wandlung* (A Transfiguração), escrita em 1918, condena os "castelos e prisões" governados por homens "que não servem nem a Deus nem à humanidade, mas a um fantasma, um fantasma malévolo", e conclama o povo a destruí-los[37]. E na peça *Masse Mensch* (O Homem de Massa), escrita na prisão em 1919, "a Mulher" (que exprime as ideias de Toller) grita a seu marido, patriota e belicista, para o qual "o Estado é sagrado": "Quem construiu as prisões? Quem gritou 'guerra santa'? Quem sacrificou milhões de vidas humanas no altar de um jogo de cifras mentiroso? [...] Quem roubou de seus irmãos o rosto humano? Quem os forçou a mecanizarem-se? Quem os reduziu a peças de máquinas? O Estado! Você!"[38] Esse antiestatismo de tipo libertário acompanha-se de uma ética da não violência – e de uma polêmica apaixonada contra os partidários (comunistas) da violência revolucionária –, numa combinação que alguns críticos literários da época qualificaram como "o anarquismo tolstoiano" de Toller[39]. Na realidade, ele sonha com uma revolução mundial pacifista, com uma subversão universal não violenta, que permitiria atingir o que chama de "a meta sagrada": uma *Gemeinschaft* de homens livres[40].

Longe de conceber a história sob o ângulo do progresso, Toller sente-a intensamente como uma sequência ininterrupta de derrotas (de maneira análoga a Walter Benjamin) ou de revoluções traídas. Em uma carta a Max Beer, autor da célebre *História do Socialismo e das Lutas Sociais*, ele exclama:

Que foi que eu li? Uma história das lutas sociais? Uma história de levantes de massa esmagados! Uma história do sofrimento interminável de milhares de anos de opressão e exploração, uma história de revolta contra uma miséria insuportável, e de derrota. Nenhuma revolução onde os revolucionários tenham conseguido cumprir seus objetivos. E a única que triunfou, a revolução cristã, triunfou porque traiu suas próprias ideias e transformou-se de força comunista e hostil ao Estado [*staatsfeidlichen*] em um poder estatal [*staatserhaltenden*].[41]

Na sua visão, os ideais libertário e comunista estão inseparavelmente associados e parecem encontrar sua forma canônica no cristianismo primitivo.

Toller nasceu em uma família judaica assimilada, em uma cidade polonesa (Samotschin) anexada pela Prússia, onde, diz ele, "os judeus consideravam-se pioneiros da cultura alemã"; todavia percebe claramente o antissemitismo reinante[42]. A religiosidade messiânica que caracteriza seus dramas políticos alimenta-se de fontes tanto judaicas quanto cristãs; mas o herói de sua primeira peça (*Die Wandlung*) é um judeu cujos dilemas exprimem sem dúvida a posição ambígua e dilacerada do próprio Toller para com o judaísmo, ao mesmo tempo em ruptura com a tradição judaica e incapaz de uma assimilação completa; essa personagem (Friedrich) exclama: "Eu, um judeu, exilado, luto entre uma margem e outra, distante da antiga e mais distante ainda da nova". Dirige-se à sua mãe, censurando-lhe amargamente o obscurantismo da religião hebraica: "Que é teu Deus senão um juiz mesquinho, julgando todos os homens por leis ressequidas? Julgando sempre pelas mesmas leis mortas? [...] A estreiteza da vossa nobre casa de Deus é sufocante." No entanto, identifica-se com Ahasuerus, a figura mítica do judeu errante, e sente-se um estrangeiro em meio à população de "gentios" que o cerca: "Onde então a pátria, mãe? Eles têm uma pátria, esses aí em volta [...] Têm sua própria terra, na qual estão enraizados."[43] Em sua autobiografia de 1933, Toller interroga-se: "Não sou eu também judeu? Será que não pertenço a este povo que há milhares de anos vem sendo perseguido, caçado, martirizado, assassinado, cujos profetas têm clamado ao mundo a exigência de justiça?" Como Landauer – e muito outros judeus da Europa Central –, Toller apega-se ao mesmo tempo a suas identidades judaica e alemã: a Alemanha é "a terra onde cresci, o ar que respiro, a língua que falo, o espírito que me formou". Por outro lado, considera-se internacionalista e rejeita qualquer nacionalismo, alemão ou judaico, como obscurantista: "Se alguém me perguntasse a quem pertenço, responderia: uma mãe judaica trouxe-me ao mundo, a Alemanha nutriu-me, a Europa educou-me, meu lar [*Heimat*] é a terra, o mundo é minha pátria[*Vaterland*]."[44]

A utopia de uma revolução libertária/pacifista está intimamente ligada, nos primeiros dramas de Toller, à esperança de redenção messiânica, concebida num espírito "judeu-cristão". A ideia cristã do sacrifício redentor do Messias aparece no núcleo da peça *Die Wandlung* (1918), sobretudo na cena em que o coro dos prisioneiros, liderado e inspirado por Friedrich, proclama: "irmão, tu nos iluminas o caminho/ pela crucificação/ Nós mesmos nos libertaremos/

Encontraremos a redenção/ E o caminho para a suprema liberdade". Fuzilado pelo Estado, Friedrich ressuscita para anunciar uma era messiânica por vir: "Agora se abrem, originárias do seio do universo/ As altas portas arqueadas da catedral da humanidade/ A juventude ardente de todos os povos se lança/ Em direção ao relicário luminoso de cristal que percebe na noite." Mas, para ter acesso a essa redenção, Friedrich conclama o povo à revolução (não violenta) e à destruição dos "castelos" da ordem estabelecida[45]. Essa fusão *sui generis* de revolução e redenção religiosa auto sacrificial manifesta-se também, de maneira particularmente exaltada, na epígrafe que abre sua segunda grande peça, *Masse Mensch*, de 1919: "Revolução mundial/ Mãe do novo movimento/ Mãe dos novos povos/ O século ilumina-se de vermelho/ Os faróis sangrentos do pecado/ A terra crucifica-se a si mesma."[46]

Sabemos que essas ideias não permaneceram puramente literárias para Toller; tentou colocá-las em prática através de sua participação na Revolução dos Conselhos Operários de Munique (abril de 1919) – onde ele, o pacifista, foi obrigado, por uma ironia da história, a comandar operações do exército vermelho bávaro. Mesmo então, sua prática revolucionária conserva uma aura religiosa e messiânica, de que se encontra um eco – negativo – na célebre frase de Max Weber, ao depor em favor do seu ex-aluno Toller, perante o tribunal que o julgava após a queda da República dos Conselhos: "Deus o converteu em político num momento de cólera."[47]

O escritor Kurt Hiller, que o conheceu de perto, descreve Toller como "um tipo profético e messiânico, avesso a toda política de partido"[48]. Contudo, nos anos 1920, irá aproximar-se, até certo ponto, do movimento comunista; em 1926 visitará a URSS, onde se encontrará com (entre outros) Radek, Lunatchárski e Trótski. Publica em 1930 suas impressões de viagem, que, apesar de certas reservas e críticas, são em princípio favoráveis à experiência soviética, que ele considera "um exemplo heroico de espírito criador" e talvez um "começo da regeneração da Cultura na terra"[49]. Nos anos 1936-1938, engaja-se a fundo na campanha de solidariedade à Espanha republicana. Desesperado com a derrota dos antifascistas espanhóis, exilado em Nova York, isolado, desempregado e abandonado à miséria, Toller suicida-se em maio de 1939.

ERICH UNGER. Ligado ao expressionismo, mas à margem da corrente principal, encontra-se um curioso círculo esotérico-mágico, uma espécie de "seita judaica" em torno de Oskar Goldberg. Essa personagem misteriosa – que teria inspirado a Thomas Mann a figura de Chaim Breisacher no *Doktor Faustus* – combinava a aspiração a uma nova teocracia com preocupações social-revolucionárias; suas especulações religiosas cabalísticas, segundo Scholem, não deixavam de exercer um certo fascínio por "seu brilho luciferino"[50]. Entre seus discípulos ou admiradores estão Ernst Fraenkel, Joachim Caspary, Wolfgang Ollendorf, Ernst David, Simon Guttmann e sobretudo um jovem anarquista metafísico que fascinava Walter Benjamin: ERICH UNGER.

Em um livro publicado em 1921, *Política e Metafísica*, Erich Unger criticava as concepções evolucionistas de uma "aproximação" progressiva e infinita ao ideal no curso das gerações, contrapondo-lhes a realização *imediata* das condições de vida eticamente desejáveis. Essa realização, segundo ele, era o objetivo de um movimento concreto, "o comunismo e o anarquismo em todas as suas nuanças", que tem a virtude de não considerar as coisas humanas como naturais e recusa toda pausa ou realização parcial no combate por seu programa ético. Aceitar semelhante pausa seria capitular ante a resistência da matéria bruta, cuja negação é precisamente sua missão essencial – "uma negação a que compete à razão encontrar as modalidades específicas". Partindo dessas premissas, que se poderiam qualificar de niilistas, Unger afirma "a nulidade (*Nichts*) inevitável e completamente sem esperança" de qualquer representação de partido político, e a "inutilidade total" de todas as formas políticas existentes[51]. A semelhança dessas teses com as que Benjamin propõe nos anos de 1921-1922 é evidente. Em uma carta a Scholem datada de janeiro de 1921, Benjamin refere-se à obra de Unger como sendo atualmente "o livro mais significativo sobre política"; não esconde seu "interesse extremamente forte" pelas ideias de Unger que se "identificam espantosamente" com as suas[52]. Irá citá-las várias vezes no ensaio de 1921 sobre a violência, e também recomendará a Scholem o segundo livro de Unger, *Die staatenlose Gründung eines Jüdisches Volkes* (A Formação Sem Estado de um Povo Judeu), de 1922. Trata-se de uma crítica metafísica do sionismo, que rejeita os esforços para dotar os judeus de um Estado "como os outros": "A força psíquica que os judeus talvez possuam hoje, devem-na à sua tradição e à sua excepcional posição não territorial." A verdadeira meta dos judeus é o messianismo, e o socialismo – criado e transformado em força poderosa pelos judeus – é a expressão empírica do messianismo metafísico[53].

EUGEN LEVINÉ. As Organizações ou Movimentos Políticos com vocação revolucionária são evidentemente um outro lugar importante para a gestação de tendências utópico-messiânicas. Por exemplo: – O movimento anarquista alemão, que contava com uma parcela significativa de judeus entre seus quadros, como Siegfried Nacht e Johannes Holzniann, sem falar dos escritores libertários mais próximos de Landauer: Stefan Grossman, Erich Mühsam, Benedikt Friedländer. – Os anarco-sindicalistas húngaros de origem judaica, como Ervin Szabo – morto em 1918 mas considerado o "pai espiritual" da geração que dirigiu a Revolução dos Conselhos Operários – e seus discípulos tornados comunistas, que constituíram ao redor de Lukács o grupo dos "bolcheviques éticos" em 1919: Ervin Sinko, Bela Balasz e, em certa medida, Otto Korvin (fuzilado pelos Brancos após a derrota da República Húngara dos Conselhos). – Os partidos socialdemocratas da Alemanha e da Áustria-Hungria. Nesse meio predominam a recusa da identidade judaica e da religião, assim como uma visão do mundo diretamente inspirada pela *Aufklärung*, pelo racionalismo progressista, por Kant e pelo neokantismo, que parece excluir radicalmente qualquer dimensão romântica ou messiânica em dirigentes e pensadores como Victor Adler, Max Adler, Otto Bauer, Julius Deutsch, Rudolf Hilferding, Eduard Bernstein, Paul Singer. Contudo, mesmo nesse contexto político-cultural, vemos aparecer – de forma um tanto excepcional – temas e preocupações similares àqueles aqui estudados. Por exemplo, no socialista judeu austríaco Julius Braunthal (conhecido por sua monumental história da Internacional), que em sua autobiografia, significativamente intitulada *In Search of Millenium* (Em Busca do Milênio), apresenta o objetivo final da revolução como "a Nova Jerusalém na terra" e define o socialismo como um "evangelho messiânico"[54]. – Os partidos comunistas da Europa Central, particularmente durante seu primeiro período (1918-1923). Lukács ou Bloch (na periferia intelectual do movimento) e Benjamin não são os únicos: é provável que se possam encontrar outros exemplos. No entanto, a maior parte dos dirigentes comunistas de origem judaica está afastada de qualquer referência ao judaísmo e é essencialmente hostil a toda forma de religião. É certamente o caso daqueles originários da Europa oriental – Rosa Luxemburgo, Leo Jogiches, Karl Radek, Arkádi Maslow –, mas a mesma atitude radicalmente materialista e ateia também se verifica nos demais: Paul Levi, August Thalheimer, Werner Scholem (o irmão de Gershom!), Ruth Fischer (nascida Elfriede Eisler), Hanns Eisler, Bela Kun, Jeno Ländler, Jeno Varga etc.

Em tal contexto, a figura de Eugen Leviné, o dirigente espartaquista da Comuna da Baviera, aparece como relativamente excepcional.

Na realidade, Leviné, que era de origem russa, situa-se no extremo limite do quadro aqui esboçado, na fronteira com o universo radicalmente distinto do marxismo racionalista/materialista do Leste europeu. Nascido em São Petersburgo, em uma família da burguesia judaica assimilada de cultura alemã, fará seus estudos secundários e universitários na Alemanha. Permanece, porém, em contato com a Rússia, e seu romantismo revolucionário o conduz às fileiras do Partido Socialista-Revolucionário russo (*naródnik*, populista), com o qual participa da revolução de 1905. Aprisionado, duramente maltratado pela polícia czarista e afinal libertado, retorna à Alemanha e liga-se ao escritor russo Fedor Stépun, membro do Círculo Max Weber de Heidelberg e divulgador da obra do místico Vladímir Soloviev. Por essa época, Leviné redige um pequeno ensaio sobre Ahasuerus, que descreve um diálogo entre Cristo e o Judeu Errante sobre a redenção da humanidade pelo amor. Referindo-se ao massacre de janeiro de 1905 na Rússia, Ahasuerus proclama: "Aquele que tem a força de amar, sabe odiar também [...] Vede estes jovens ao norte. [...] eles amam sua terra, eles amam a liberdade [...] mas em seus olhos brilha o ódio." Ao final do diálogo, porém, é Cristo quem consegue transmitir ao Judeu Errante sua fé no poder redentor do amor absoluto[55].

Naturalizado alemão, Leviné encontra-se em 1914 entre os opositores mais ferrenhos à guerra, o que o leva à Liga Spartakus de Rosa Luxemburgo. Escreve nesse momento um ensaio antibelicista, que apela à tradição pacifista e antiautoritária dos profetas bíblicos: "Os mesmos profetas que atacavam os reis por sua infidelidade e avidez de poder (*Machtgier*) pregavam também a ideia de paz. O povo hebreu antigo acolheu sua palavra e sonhava com um futuro melhor, no qual, segundo o profeta Isaías, 'as espadas serão transformadas em arados e as lanças, em foices'."[56]

Leviné terá um papel de liderança na Revolução dos Conselhos Operários da Baviera e, após a derrota, será preso, sumariamente julgado e fuzilado por "crime de alta traição". Seu comportamento está cercado de uma aura sacrificial, de que dá testemunho a frase – tornada célebre – que pronunciou diante de seus juízes: "Nós, comunistas, somos todos mortos em sursis."[57] Seu comunismo sem dúvida alimenta-se de fontes romântico-revolucionárias e messiânicas judeu-cristãs e encontra-se, como o de Lukács (que o conheceu em Heidelberg e o respeitava muito), na ala ateu-religiosa mais afastada do judaísmo.

ESCOLA DE FRANKFURT. Para terminar essa enumeração um tanto heteróclita, um último cruzamento cultural deve necessariamente ser mencionado: a escola de Frankfurt. Além de Leo Löwenthal, Walter Benjamin e Erich Fromm, não resta dúvida de que aspectos messiânicos e/ou libertários são visíveis em outros autores da Escola, como Kracauer, Horkheimer e Adorno, ainda que a tendência dominante de seu pensamento seja o racionalismo e a (autocrítica da) *Aufklärung*. Para perceber isso, basta mencionar a célebre passagem – de inspiração nitidamente "benjaminiana" – da conclusão de *Mínima moralia*, em que Adorno proclama como "Única tarefa do pensamento" estabelecer "perspectivas nas quais o mundo seja deslocado, estranho, revelando suas fissuras e fraturas, tal como, indigente e deformado, aparecerá um dia à luz messiânica"[58].

Assim, é muito provável que as figuras examinadas nesta obra não sejam senão a expressão mais visível e coerente de uma vasta corrente subterrânea que atravessa toda a Europa Central e envolve uma fração significativa da intelectualidade judaica radical.

Essa corrente é tão importante quanto aquela, mais visível e mais conhecida, da esquerda racionalista e progressista, animada pelo culto à Ciência, à Indústria e à Modernidade.

Escrevendo sobre os intelectuais da República de Weimar (em grande parte judeus), Arthur Koestler observava que as três correntes designadas como "Esquerda" – os liberais, os socialistas e os comunistas – "distinguiam-se em relação ao 'progresso' apenas em grau, não em espécie". Ele explica que sua própria decisão de aderir ao Partido Comunista Alemão foi motivada pelo entusiasmo com a industrialização e pelo Primeiro Plano Quinquenal na URSS. Em 1931, parecia-lhe que "a prática soviética era a última e admirável realização do ideal do progresso do século XIX. [...] A maior represa hidrelétrica do mundo deve certamente trazer a maior felicidade ao maior número de pessoas"[59]. Esse depoimento ilustra, incidentalmente, que o stalinismo era perfeitamente compatível com a filosofia progressista e modernizadora, e com uma certa forma (instrumental) de racionalidade.

Um outro terreno a explorar seria o das tendências espirituais similares no domínio cristão. Vários dos autores aqui estudados – sobretudo os mais assimilados – recorreram largamente a fontes escatológicas, apocalípticas, heréticas e místicas cristãs. Em certos casos, estabeleceram-se vínculos pessoais com personalidades cristãs que partilhavam a mesma orientação messiânica/ revolucionária: por exemplo, entre Walter Benjamin e o pastor socialista suíço Fritz Lieb, entre Martin Buber e o socialista cristão Leonard Ragaz. Isso sem falar da influência difusa que Buber e Bloch exercem sobre as correntes mais radicais da teologia protestante contemporânea: Paul Tillich, Karl Barth, Jürgen Moltmann, Helmut Gollwitzer. Não é por acaso que essa relação direta existe sobretudo com protestantes, nos quais a referência ao profetismo do *Antigo Testamento* é essencial. Mas é possível também descobrir figuras românticas/revolucionárias e messiânicas no mundo católico (Charles Péguy, por exemplo), independentemente da influência dos intelectuais judeus alemães – assim como na ortodoxia russa do começo do século, especialmente nos círculos socialistas religiosos de São Petersburgo, em torno de Mereikóvski, Berdiaev e seus amigos[60].

Seria interessante estudar as convergências e as diferenças entre esses meios cristãos e a corrente messiânico-libertária judaica. De um modo geral, poder-se-ia dizer que o messianismo tem um peso mais importante na tradição religiosa judaica do que a parúsia na cristã – uma vez que o primeiro advento do Redentor já aconteceu. Por outro lado, como observa Scholem, o messianismo judaico situa sempre a redenção na cena da história, e não, como a tradição cristã dominante, no domínio puramente espiritual e interno da alma de cada indivíduo.

Contudo, nas correntes socialistas escatológicas cristãs mencionadas acima, essas diferenças se ocultam, o messianismo dos profetas articula-se com o apocalíptico do Evangelho e ambos entram em relação de afinidade eletiva com ideias revolucionárias modernas.

9. Uma Exceção Francesa

Bernard Lazare

Bernard Lazare, ou a exceção que confirma a regra. Eis um dos raros (senão único) intelectuais judeus na França, e mesmo em toda a Europa Ocidental na virada do século XIX para o XX, que se aproxima da visão romântico-revolucionária e messiânica/libertária da cultura judaica alemã – ainda que certas diferenças significativas subsistam entre seu tipo de espiritualidade e a dos intelectuais da Europa Central.

Graças à Revolução Francesa (e à Monarquia de Julho!)[1], a comunidade judaica na França é muito mais integrada e assimilada que a da Alemanha. Seus intelectuais partilham com a burguesia e os notáveis judeus a lealdade para com a nação francesa, a República e a ideologia liberal dominante feita de Razão, Ordem e Progresso. Em tal contexto, Bernard Lazare só podia ser um isolado, um marginal rejeitado pela comunidade, mais próximo de alguns socialistas cristãos (Péguy) que da intelectualidade judaica.

Nascido em 1865 em Nîmes, numa família judaica assimilada (estabelecida havia vários séculos na França) que lhe dá uma educação essencialmente leiga – embora conservando alguns rituais tradicionais –, Bernard Lazare chega a Paris no ano de 1886. Escritor e crítico literário, liga-se à corrente simbolista e torna-se um dos principais redatores de uma revista de vanguarda, *Entretiens Politiques et Littéraires*, ponto de cruzamento cultural de poetas simbolistas e escritores libertários (Viellé-Griffin, Paul Adam, Henri de Régnier, Jean Grave, Elisée Reclus).

Enquanto reação literária e artística contra o racionalismo estreito, o positivismo burguês, o realismo e o naturalismo, o movimento simbolista na França apresenta afinidades inegáveis com o romantismo e o neorromantismo alemão – ainda que esteja longe de ter a mesma influência cultural de seu análogo de além-Reno. Jean Thorel, um dos colaboradores da revista *Entretiens*, tem razão ao evidenciar a "impressionante semelhança" entre os dois movimentos, não apenas do ponto de vista literário, mas em sua orientação filosófica e religiosa[2]. Existem, porém, convergências no conjunto do pensamento romântico anticapitalista europeu: Carlyle, por exemplo, é um autor frequentemente mencionado pelos simbolistas franceses. No número zero de *Entretiens*, é um texto de Carlyle sobre "Os Símbolos" que abre as páginas da nova revista, proclamando a superioridade da "faculdade imaginativa" sobre as "faculdades lógicas e de mensuração", e das virtudes do coração sobre "a inteligência aritmética"[3]. Não por acaso, o escritor inglês, com seu antipositivismo radical, era um dos autores favoritos do jovem Bernard Lazare, o qual, segundo o testemunho de um amigo, "saboreava com uma embriaguez silenciosa a filosofia de Carlyle formulada no *Sartor resartus*", obra de 1834[4].

O retorno à religião é um dos elementos dessa filosofia que reaparece no simbolismo francês. O brotar do sentimento religioso, como constata Jean Thorel (no artigo acima mencionado), é "consequência dos princípios que reconhecemos serem comuns aos românticos alemães e aos simbolistas, pois, numa tal maneira de conceber a poesia, arte, filosofia e religião tendem a confundir-se rapidamente". Esse retorno adquire formas bem diversas, desde a conversão ao catolicismo (Joris-Karl Huysmans, Villiers de l'Isle-Adam) até a sedução pela mística e pelo esoterismo (o *Sar Peladan*, Edmond Bailly).

Contrariamente à Europa Central, onde um grande número de intelectuais judeus sente-se atraído por esse tipo de sensibilidade neorromântica, Bernard Lazare é um dos raros escritores judeus a participar do movimento simbolista e de sua busca de espiritualidade religiosa. Ao chegar a Paris, em 1886, inscreve-se na Ecole Pratique des Hautes Etudes para frequentar cursos sobre as religiões cristãs, indianas, semitas e orientais; fascinado por todas as formas de espiritualidade mística, entra em contato com Edmond Bailly, editor da efêmera *Revue de la Haute Science*, "revista documental da tradição esotérica e do simbolismo religioso". Em 1888 publica, juntamente com seu primo Ephraïm Mikhaël, *La Fiancée de Corinthe* (A Noiva de Corinto), drama lírico simbolista que tenta conciliar mística paga e cristã. Enfim, na qualidade de crítico literário em *La Nation* (em 1891), saúda todos os livros sobre o misticismo, do oculto ao erudito, como uma legítima reação contra o positivismo e o racionalismo[5]. Alguns anos mais tarde, abandonado esse entusiasmo juvenil, tentará explicar-lhe os motivos: "O neomisticismo é um resultado dessa necessidade de poesia e beleza estética que julga não poder satisfazer-se senão através da ilusão religiosa."[6]

O judaísmo, em troca, parece-lhe então uma religião chata, prosaica, burguesa, antimística por excelência: "A religião hebraica descambou há muito tempo em um racionalismo estúpido, parece tomar emprestado seus dogmas à Declaração dos Direitos do Homem, esquecendo, como o protestantismo, esta coisa essencial: que uma religião sem mistério é como a palha de trigo de que se peneirou o grão."[7] Esse tipo de formulação mostra já para qual religião fundada no mistério volta-se o olhar do jovem Bernard Lazare: o catolicismo.

Como muitos outros escritores simbolistas, experimenta, portanto (pelo menos até o Caso Dreyfus), a tentação católica. Cerca de dez anos mais tarde, em uma nota muito provavelmente autobiográfica, descreve os estados de alma e hesitações de um jovem filósofo de origem judaica que havia perdido a fé de seus pais:

O catolicismo o empolgava; via nele uma realização do judaísmo; invadia-o uma espécie de cólera contra seu povo, que proclamava perpetuamente o Messias para rejeitá-lo quando este tinha vindo a ele. Essa concepção material de um milênio ou de uma idade de ouro, essa incapacidade de compreender um "salvamento" espiritual, enchia-o de furor. Por outro lado, embora gostando profundamente dos dogmas católicos, embora reconhecendo quão superiores eles eram e a capacidade maior que tinha essa religião de enfeitiçar as almas, não podia ir a ela, faltava-lhe a fé; sua admiração era talvez a de um artista e um pensador, e o pensador, nele, não era bastante robusto. Estava por demais encerrado na educação recebida, tão racional e positiva..."[8]

Com efeito, Bernard Lazare jamais se converterá, mas seus escritos dos anos 1890-1894 testemunham sua fascinação por Jesus e sua hostilidade ante a teimosia dos judeus, esse povo de pescoço duro que se obstinava na recusa de Cristo e de sua mensagem. Tal censura flui constantemente de sua pena, às vezes com um tom de mágoa:

> Jesus é a flor da consciência semítica, é o desabrochar desse amor, dessa caridade, dessa universal piedade que ardeu na alma dos profetas de Israel. [...] O único erro de Israel foi não compreender que, Jesus nascido e o Evangelho formulado, cabia-lhe apenas desaparecer, tendo cumprido sua tarefa. Se Judá tivesse abdicado, teria vivido eternamente na memória dos homens...[9]

Em face da religião judaica "particularista e estreita", a religião católica parece-lhe "universal e internacional"; a evolução lógica e natural teria sido portanto a passagem da primeira à segunda:

> o verdadeiro mosaísmo, depurado e acrescido por Isaías, Jeremias e Ezequiel, ampliado ainda mais universalmente pelos Judeu-helenistas, teria conduzido Israel ao cristianismo se o rsraísmo, o faraísmo [sic] e o talmudismo não estivessem lá para reter a massa dos judeus nos laços das estritas observâncias e das práticas rituais estreitas[10].

Essas ideias catolicizantes estão presentes também, sob uma forma literária, em alguns contos simbolistas que publica em 1890-1891 (seu período mais antissemita) – posteriormente integrados no livro *Le Miroir des legendes* (O Espelho das Lendas) (1892). "O Eterno Fugitivo" reconta, à sua maneira, o episódio do bezerro de ouro e a raiva de Moisés diante da degradação de seu povo. Lançando seu olhar profético ao futuro, Moisés prevê uma nova falta dos hebreus: seu desprezo por "aquele que, carregando a cruz, subirá a colina". Como punição por sua cegueira, Javé os dispersará pela terra "como grãos de trigo incapazes de se enraizar"[11]. Em outra fábula simbolista, "As Encarnações", o desconhecimento de Jesus não é mais imputado a todos os judeus, mas somente às camadas privilegiadas:

> Há duas correntes messiânicas em Israel, como há duas categorias de espíritos bem demarcadas. De um lado, a corrente profética, caracterizada pelo

ódio feroz aos ricos e opressores, representada por aqueles que esperam o Ungido de justiça doce para com os humildes, os pastores miseráveis de Judá, os pobres pescadores da Galileia; de outro lado, essa mesma crença, transformada pela mente fechada dos fariseus opulentos e duros. [...] Esses mercadores fizeram do Eleito um modelo tão diferente daquele dado por Daniel que não puderam reconhecer no Nazareno compassivo, seguido por um cortejo de publicanos, pecadoras e leprosos confortados, o monarca terrestre por eles sonhado.[12]

Vemos esboçar-se nesse escrito curioso o caminho pelo qual Bernard Lazare irá reencontrar, alguns anos mais tarde, a herança espiritual de seus antepassados: o messianismo judaico como manifestação profética e libertária dos pobres e oprimidos.

Esse tipo de atração/fascinação pelo catolicismo aparece também em algumas figuras da cultura judaica da Europa Central (o jovem Ernst Bloch, por exemplo), mas raramente adquire uma forma tão tenaz (beirando o antissemitismo) como no jovem Bernard Lazare. A reação de rejeição, posteriormente, será tanto mais virulenta.

A religião e a mística não são as únicas formas de oposição dos escritores e poetas simbolistas ao universo prosaico e desencantado da sociedade burguesa moderna: sua hostilidade manifesta-se também, às vezes, de modo político, ou melhor, antipolítico. Segundo George Woodcock, "de uma maneira ou de outra quase todos os escritores simbolistas importantes estavam ligados ao anarquismo em seus aspectos literários"[13]. A formulação é talvez exagerada, mas não há dúvida de que um grande número de figuras simbolistas manifestou simpatia por ideias anarquistas ou colaborou em publicações de tipo anarquista: por exemplo, Octave Mirbeau, Richepin, Laurent Tailhade, Paul Adma, Stuart Merrill, Francis Viellé-Griffln, Camile Auclair e Bernard Lazare. O que os atraía para o movimento libertário era não apenas (como se enfatiza habitualmente) seu individualismo, mas também seu romantismo revolucionário; na França, como em toda parte, a nostalgia de certos valores morais do passado, a idealização de certas formas sociais pré-capitalistas (artesanais ou camponesas) e a recusa da civilização industrial-burguesa eram um componente essencial da cultura anarquista. Em um comentário (bastante) entusiasta sobre essa convergência compacta entre simbolismo e anarquismo, Bernard Lazare escrevia em 1892:

Uma corrente revolucionária e socialista agita a juventude, não apenas a juventude operária, mas aquela que pensa, que lê, que escreve. A arte preocupa-se em tornar-se uma arte social, os poetas descem de sua torre de marfim, querem se associar às lutas, uma sede de ação domina os escritores, e, se para alguns o objetivo da ação está coberto de brumas, para muitos ele se descortina.[14]

Não foram muitos os poetas a "se associar às lutas", mas no nível das ideias e das publicações tecem-se vínculos reais. Por exemplo, a revista *Entretiens Politiques et Littéraires* tornar-se-á (em larga medida graças a Bernard Lazare), durante os anos 1891-1893, um dos principais centros de irradiação dessa cultura simbolista/libertária, publicando, ao lado da poesia e da literatura da nova escola, textos de Proudhon, Stirner, Bakunin, Jean Grave e Elisée Reclus.

Apesar de suas preocupações bem distintas, escritores simbolistas e publicistas libertários tinham em comum a mesma rejeição da sociedade burguesa e a mesma nostalgia das épocas heroicas ou poéticas do passado. É no cruzamento desses dois movimentos que se situa Bernard Lazare, atraído tanto pela roda de Mallarmé (que ele frequenta) quanto pelas ideias de Kropótkin (que apresenta na revista *Entretiens*). Com uma intuição tipicamente romântico-revolucionária, descobre afinidades com a utopia libertária mesmo nas obras dos escritores simbolistas mais retrógrados, mais passadistas. Num artigo de 1892 sobre Villiers de l'Isle-Adam, por exemplo, celebra seu "desprezo pelo mundo moderno", seu "ódio às contemporâneas manifestações sociais", sua capacidade de sondar "os antros mais secretos" da alma burguesa "que domina nosso tempo, o acabrunha e o apodrece". É verdade que Villiers foi um "adorador dos deuses do passado", mas isso não diminui em nada a força emancipadora de suas obras:

Ele acreditava trabalhar pela restauração de um ideal morto, mas, ao destruir na elite o respeito pelo presente, trazia um novo ideal. Viveu em um devaneio que transportava de bom grado às épocas desaparecidas e cujo nobre cenário, a orgulhosa e sentimental cavalaria, ele amava; não viu o que estava sendo preparado. Não compreendeu que dificilmente se volta para trás, e que aquele que destrói, como ele, abre por isso mesmo novos caminhos. [...] Villiers, que se comprazia em imaginar um Naundorf[15] reinstalado, terá semeado nos corações um grão revolucionário, o melhor, aquele que tem por adubo o ódio e o desprezo.[16]

Portanto, é por sua negatividade que os simbolistas, apesar de enfeitiçados pela magia dos "deuses do passado", colaboravam, segundo Bernard Lazare, na subversão da ordem burguesa. É o caso, particularmente, dos romances de Peladan, um outro escritor simbolista possuído pela mística (ele fundará a ordem dos Rosa-Cruzes) e inimigo do progresso:

> Certamente, por suas convicções, pela intransigência de seu catolicismo, por suas teorias hierárquicas ou sinárquicas, o sr. Peladan não pertence a nenhuma das seitas revolucionárias que se agitam hoje; mesmo assim, faz uma obra que nenhum dos defensores dessas seitas negaria, pois, com todos os seus aspectos negativos, essa obra afina-se com suas almas, sustenta suas ideias. O sr. Peladan tem contra a burguesia o mesmo ódio que os comunistas; pelo militarismo, pela justiça, pelo patriotismo, pelo poder democrático, o mesmo terror que os anarquistas, e de seus romances retiraríamos facilmente uma centena de páginas que ultrapassam em violência muitos dos panfletos de combate, que contribuiriam ativamente na propaganda destruidora.[17]

Contudo, seu ecumenismo romântico tem limites: contrariamente a outros anarquistas, Bernard Lazare não tinha a menor simpatia pelos romances de Barres (*Um Homem Livre* e *O Inimigo das Leis*), cujo egotismo e individualismo aristocráticos pareciam-lhe o oposto do anarquismo[18].

De todos os escritores simbolistas, Bernard Lazare era sem dúvida o mais engajado no movimento libertário: não somente defendia as doutrinas anarquistas nas revistas literárias ou jornais "burgueses" que lhe cediam suas colunas, como também colaborava regularmente na própria imprensa libertária – sobretudo em *La Revolte*, hebdomadário "anarquista-comunista" publicado por Jean Grave (fechado pela polícia em 1894). No processo movido contra Grave (fevereiro de 1894) – acusado de "incitação à violência" –, Lazare depõe a seu favor juntamente com Elisée Reclus. Após a condenação de Grave, organiza uma campanha na imprensa por sua libertação e vai visitá-lo na prisão. Quando da aprovação pela Câmara, em julho de 1894 (depois do assassinato do presidente Carnot pelo jovem anarquista Caserio), de uma lei proibindo toda forma de "propaganda anarquista", refugia-se por algumas semanas na Bélgica, temendo uma prisão iminente[19].

Como observa com perspicácia Nelly Wilson, o anarquismo de Bernard Lazare e de seus amigos era profético mas não "progressista" no sentido republicano (ou mesmo socialista); eles respeitavam o passado (as guildas ou as comunidades rurais) e não estavam apaixonados por tudo que fosse moderno[20]. Além de Jean Grave (de quem irá se afastar no final dos anos 1890) e Elisée Reclus, o pensador libertário que mais atrai Bernard Lazare é Sorel, esse representante característico do anticapitalismo romântico em toda a sua esplêndida ambiguidade. Segundo o testemunho de Péguy, Lazare tinha "um gosto secreto, muito marcado, profundo e quase violento, pelo sr. Sorel. [...] Tudo o que o sr. Sorel dizia o impressionava de tal maneira que ele voltava a me falar daquilo pelo resto da semana. Eles eram como dois grandes cúmplices"[21]. Um dos aspectos dessa cumplicidade era o desprezo de ambos pela república burguesa/parlamentar; desprezo tão extremado que Bernard Lazare não hesita em condenar, num artigo surpreendente de 1891, a Revolução de 1789 como um engodo que levou a um regime pior do que a monarquia absoluta:

> Com a Revolução Francesa, o povo trocou uma autoridade às vezes paternal, suscetível em todo caso de favores e benevolência, capaz em um momento dado de reconhecer suas faltas [...] pela autoridade de uma oligarquia burguesa arrogante, ávida e cúpida, a alma aberta a todos os baixos sentimentos, ferozmente egoísta e rapace, incapaz de um pensamento generoso, de uma ideia nobre de renúncia e abnegação.[22]

É pouco provável, no entanto, que viesse a seguir Georges Sorel na aventura pró-realeza da *Action française* – sobretudo após a experiência traumatizante do Caso Dreyfus.

Para além desta ou daquela fórmula exagerada que podia prestar-se a confusão, Bernard Lazare não tinha nenhuma veleidade restauracionista; era antes de tudo um antiautoritário e um inimigo do Estado em todas as suas formas, passadas, presentes ou futuras, um romântico libertário que Charles Péguy saúda com uma veneração quase religiosa: "É preciso pensar que era um homem, diria mais precisamente um profeta, para o qual todo o sistema de poder, a razão de Estado, os poderes temporais, os poderes políticos, as autoridades de toda ordem, políticas, intelectuais, mesmo mentais, não valiam um vintém diante de uma revolta, diante de um movimento da consciência própria."[23]

E, apesar da sedução dos mistérios católicos, em última análise é com os heréticos que ele se identifica, com Thomas Münzer, que "combateu não apenas contra os barões, os bispos e os ricos, esses 'reis de Moab'", mas também contra "o princípio mesmo de autoridade"²⁴. Seu ideal libertário é o de Bakunin e Kropótkin: o comunismo econômico e a liberdade política, a expropriação do capital e a livre federação de comunas autônomas, a posse comum de todos os bens e a abolição do governo central. O anarquismo significa para ele não apenas a rejeição categórica do Estado, mas a recusa em submeter-se "a chefes, credos, códigos e leis"²⁵. Daí sua crítica peremptória aos "socialistas autoritários": a socialdemocracia alemã, os Jules Guesde e outros marxistas franceses; ao contrário de Marx, cujo materialismo histórico afigura-se-lhe "uma filosofia, uma visão profunda das nações e dos povos", o "partido marxista" é visto apenas com desprezo: "Conheço poucos grupos de homens cuja mediocridade média e individual seja tão grande. Sua medida comum é o sectarismo. [...] Têm uma alma estreita, um cérebro acanhado de mestre--escola, ou melhor, de fâmulo, e ao mesmo tempo uma vaidade irrisória e lastimável de pedante de universidade."²⁶

Sem pertencer a nenhuma corrente particular do movimento libertário, Bernard Lazare irá estabelecer vínculos privilegiados com certos meios, em diferentes etapas de sua evolução: inicialmente, conforme vimos, com Jean Grave e seus amigos, mais tarde com Fernand Pelloutier e os anarco-sindicalistas, com os quais publicará, em 1896, seu efêmero jornal *L'Action Sociale* e, finalmente, nos últimos anos de sua vida, 1901-1903, com *Les Cahiers de la Quinzaine*, Sorel, Péguy. Mas suas convicções anarquistas permaneceram essencialmente inalteradas em todos esses anos, antes, durante ou depois do Caso Dreyfus.

Já o mesmo não se pode dizer de sua atitude diante da questão judaica e do antissemitismo! Nesse domínio, irá operar-se em seu espírito uma verdadeira transformação – ou melhor, uma série de transformações muito profundas e radicais. Num primeiro momento – os anos 1890-1892 –, Bernard Lazare defende ideias que não se pode qualificar senão de antissemitas. É o caso sobretudo de um artigo de setembro de 1890 intitulado "Judeus e Israelitas": os "israelitas da França" não devem sob hipótese alguma ser confundidos com os judeus, esses adoradores do bezerro de ouro. Eles recusam "uma pretensa solidariedade que os iguale a cambistas frankfurtianos, usurários russos, taverneiros poloneses, agiotas da Galícia, com os quais não têm nada em comum". O artigo termina com um inacreditável apelo aos antissemitas: eles deveriam "por justiça, enfim, tornarem-se ao invés antijudeus; estariam certos, nesse dia, de contarem ao seu lado com muitos israelitas"[27]. Volta à carga um mês depois com uma polêmica contra a Aliança Israelita Universal:

> Que importância têm para mim, israelita da França, usurários russos, [...], comerciantes de cavalos poloneses, revendedores de Praga. [...] Em nome de que pretensa fraternidade haveria eu de me preocupar com as medidas tomadas pelo czar contra pessoas que lhe parecem realizar uma obra prejudicial? [...] Se eles sofrem, tenho por eles a natural piedade devida a todos os sofredores, quaisquer que sejam. [...] Afinal, também terão direito à minha compaixão os cristãos de Creta, e tantos outros, párias neste mundo, sem serem israelitas.

Orgulhoso de sua identidade como "israelita francês" assimilado, Bernard Lazare rejeita qualquer associação com a massa indigna dos judeus Ashkenazim (da Alemanha e países eslavos) e seu "bizarro patoá judeu-germânico": "por causa dessa horda com a qual nos confundem, esquece-se que já faz dois mil anos que habitamos a França"[28]. É exatamente esse tipo de cumplicidade do judeu assimilado com o antissemitismo que ele, quando vier a tornar-se um "pária consciente", irá mais tarde amarrar no pelourinho.

Contudo, à medida que se desenvolve e se intensifica a campanha antissemita na França, particularmente sob o impulso de Edouard Drumont – cuja obra *La France juive* (A França Judaica, 1886) conheceu um imenso sucesso –, Bernard Lazare começa a tomar consciência dos riscos da agitação antijudaica e a polemizar contra seus porta-vozes. Decidido a empreender um estudo sistemático sobre a questão, redige em 1891-1893 um livro, *O Antissemitismo: Sua História e Suas Causas*, que aparecerá em 1894. É possível distinguir nessa obra duas partes bem diferentes, tanto pelo assunto quanto pela orientação: a primeira, histórica, fora concluída em 1892 e permanecia ainda bastante influenciada pelo antissemitismo. Ela declara os judeus responsáveis "ao menos em parte" por seus males, por seu caráter "insociável", seu exclusivismo político e religioso, sua tendência a formar um Estado dentro do Estado, sua obstinação em rejeitar a mensagem de Cristo etc. Nessas condições, não é surpreendente que o livro fosse recebido com satisfação por antissemitas notórios como Drumont, Picard e Maurras. A segunda parte, ao contrário (capítulos VIII a XV), trata da época moderna; redigida em 1893, esboça uma posição nova, muito mais hostil aos dogmas antissemitas e favorável ao judaísmo. Nelly Wilson tem razão ao falar de conversão ou metamorfose para descrever a mudança espetacular entre o início e o fim do livro, o passado e o presente[29]. Uma explicação possível dessa primeira transformação – bem anterior, diga-se de passagem, ao Caso Dreyfus – é a descoberta, por Bernard Lazare, dos grandes textos proféticos da *Bíblia*, simultaneamente à tomada de consciência (graças talvez à própria propaganda antissemita que agitava sem parar o espantalho da subversão judaica) da onipresença do revolucionário judeu nas sociedades modernas: "Ao judeu ávido de ouro, produto do exílio, do talmudismo, das legislações e perseguições, opõe-se o judeu revolucionário, filho da tradição bíblica e profética, essa tradição que animou os anabatistas libertários alemães do século XVI e os puritanos de Cromwell."[30]

O tema será longamente desenvolvido num capítulo do livro intitulado "O Espírito Revolucionário no Judaísmo", que já havia sido publicado como artigo na *Revue Bleue* em maio de 1893. Sua hipótese fundamental é de que o judeu, pela própria natureza de sua religião e cultura, é um revoltado; contrariamente ao muçulmano fatalista e ao cristão resignado, não acredita no além e não pode aceitar as infelicidades e injustiças da vida terrestre em nome de uma compensação futura. Os profetas trabalhavam, assim, pelo advento da justiça neste mundo e exigiam a abolição da desigualdade das condições; inspirados por suas palavras, os pobres – os *anavim* e *ebionim* – não se resignavam à miséria e "sonhavam com o dia que os vingaria das iniquidades e dos opróbrios, o dia em que o mau seria abatido e o justo exaltado: o dia do Messias. A era messiânica, para todos os humildes, deveria ser a era da justiça". A outra aspiração resultante da tradição religiosa judaica era a liberdade: segundo a *Bíblia*, todo o poder pertence a Deus e o judeu não pode ser dirigido senão por Javé. Nenhum de seus semelhantes tinha o poder de impor-lhe a vontade: "em presença de criaturas de carne ele era livre, e deveria ser livre". Nenhuma autoridade sendo compatível com a de Javé, "seguia-se fatalmente que nenhum homem podia elevar-se acima dos demais; o duro senhor celeste produzia a igualdade terrestre". Em outras palavras, sua concepção da divindade conduzia os judeus para a anarquia: "anarquia teórica e sentimental, já que teriam sempre um governo, mas anarquia real, pois esse governo, qualquer que fosse, eles jamais o aceitariam de bom coração". Com efeito, aos olhos dos judeus "todo governo, qualquer que seja, é mau, pois busca substituir-se ao governo de Deus; deve ser combatido, pois Javé é o único chefe da república judaica, o único a quem o israelita deve obediência"[31]. Fica bem evidente que, para o socialista libertário, essa descoberta do anarquismo no próprio cerne da tradição judaica era um momento decisivo no estranho processo de "conversão" que atravessa as páginas de seu livro sobre o antissemitismo.

Esses três elementos – a ideia de justiça, igualdade e liberdade – configuram, segundo Bernard Lazare, o espírito revolucionário no judaísmo. Naturalmente, outros povos enalteceram também essas ideias, mas eles não acreditavam que sua realização total fosse possível neste mundo; os judeus, ao contrário, "não só acreditaram que a justiça, a liberdade e a igualdade podiam reinar no mundo, mas acreditaram-se especialmente incumbidos a trabalhar por esse reino. Todos os desejos, todas as esperanças que essas três ideias faziam nascer acabaram por cristalizar-se em torno de uma ideia central: a dos tempos messiânicos, da vinda do Messias". A recusa dos judeus em aceitar o Cristo – essa obstinação, esse pecado que lhe parecia tão incompreensível em 1890 – surge-lhe agora como o resultado lógico de sua ardente fé messiânica: se Israel rejeitou todos os que se apresentaram como o Messias, se "recusou-se a ouvir Jesus, Barkokeba, Theudas, Alroy, Serenus, Moisés de Creta, Sabatai Tzvi", é porque nenhum deles foi capaz de cumprir a promessa messiânica, fazendo "romper os grilhões, desmoronar os muros das prisões, vergar o bastão da autoridade, dissipar como fumaça vã os tesouros mal adquiridos dos ricos e espoliadores"[32].

Por todas essas razões, e por ser um pária perseguido sem vínculos nas estruturas sociais estabelecidas, o judeu tornou-se nas sociedades modernas "um bom fermento de revolução". Encontramo-lo misturado a todos os movimentos revolucionários, desde o hebertista[33] Jacob Pereyra, executado em 24 de março de 1794 (4 Germinal do ano II), até o participante da Comuna de 1871, Leo Frankel, passando por Heine, Moses Hess, Lassale e sobretudo Karl Marx: "Esse descendente de uma linhagem de rabinos e doutores herdou toda a força lógica de seus antepassados. [...] Animava-o o velho materialismo hebraico que sonhou perpetuamente com um paraíso na terra. [...] Mas não foi apenas um lógico, foi também um revoltado, um agitador, um áspero polemista, e extraiu seu dom de sarcasmo e invectiva dali onde Heine o havia extraído: das fontes judaicas." Com um prazer evidente, Bernard Lazare enumera todos os nomes de judeus socialistas e revolucionários na Europa e na América – o que Maurras, ao comentar o livro, chamará de "o *Bottin* mundano"[34] da "Internacional Socialista Judaica" –, assim como os jornais socialistas ou anarquistas especificamente judaicos publicados em "jargão hebreu-germânico" (ídiche). Estes últimos lhe parecem particularmente interessantes porque, através deles, "o judeu toma parte na revolução, e toma parte enquanto judeu, isto é, permanecendo sempre judeu"[35] – primeira formulação, ainda vaga, de uma identidade nacional judaica articulada com o socialismo libertário.

Encontramos nesse capítulo ideias que apresentam uma evidente analogia com as dos intelectuais judeus românticos/revolucionários da Europa Central: de um lado, a afinidade entre messianismo e revolução enquanto realização total dos sonhos de justiça e liberdade; de outro, a correspondência entre a teocracia bíblica e o anarquismo moderno (Buber, Bloch, Benjamin, Scholem). Mas percebe-se também o que os separa: a abordagem do escritor francês situa-se de forma bem mais direta e imediata no terreno da secularização.

Esse texto ilustra o caminho pelo qual Bernard Lazare reencontrou suas raízes judaicas: ao descobrir as fontes proféticas do espírito revolucionário moderno e as figuras judaicas do socialismo, conseguiu reconciliar, em seu espírito, a identidade judaica e a utopia libertária. No entanto, esse livro de 1894 não representa senão uma primeira etapa em sua longa viagem em busca da identidade perdida: por suas concessões iniciais ao antissemitismo, por seu caráter contraditório e dilacerado, não chega a romper inteiramente com as ilusões do "israelita da França". Isso vale especialmente para a estranha conclusão da obra: às vésperas do Caso Dreyfus, prevê alegremente o apagamento progressivo da distinção entre judeus e cristãos, a dissolução "completa" dos judeus no interior dos povos e o desaparecimento, num futuro mais longínquo, do antissemitismo, que no fundo não é senão um vestígio do passado, "uma das manifestações persistentes e extremadas do velho espírito de reação e estreito conservadorismo, que tenta em vão deter a evolução revolucionária"[36].

Pode-se facilmente imaginar sua surpresa quando, apenas um ano após a publicação do livro, a prisão do capitão Alfred Dreyfus irá provocar a maior onda de antissemitismo da história da França desde o final da Idade Média. Sabe-se, porém, que ele virá a desempenhar um papel capital no *Affaire*, enquanto pioneiro da campanha em defesa do capitão e autor da primeira publicação contestando a versão oficial dos fatos, a brochura *Um Erro Judiciário: A Verdade Sobre o Caso Dreyfus* (1896). Será também o primeiro, e durante muito tempo o único, a denunciar o caráter efetivamente antissemita das manobras político-judiciárias contra o capitão: "É por ser judeu que o prenderam, é por ser judeu que o julgaram, é por ser judeu que o condenaram, é por ser judeu que não deixam que fale a seu favor a voz da justiça e da verdade." (*Segundo Memorial*, 1897) Crivado de injúrias e acusações, excluído dos jornais em que escrevia habitualmente, Bernard Lazare percebe-se de repente num estado de total isolamento: "De um dia para o outro, tornei-me um pária", dirá alguns anos mais tarde em uma nota a Joseph Reinach[37]. Acha-se isolado também no seio da comunidade judaica, cujos notáveis e intelectuais não apreciam muito suas intervenções, consideradas inábeis ou provocadoras – precisamente porque colocavam a questão judaica no centro do *Affaire*[38].

A ousadia de Lazare no combate a favor de Dreyfus tem algo a ver com suas ideias anarquistas: a hostilidade libertária contra o Estado, contra os tribunais e a hierarquia militar, seguramente está no núcleo de seu engajamento na campanha, ainda que seus artigos se situem unicamente no terreno da defesa dos direitos do homem. Não é casual que *Le Libertaire*, de Sébastien Faure, tenha sido o primeiro jornal a manifestar simpatia pela causa de Dreyfus (a partir de novembro de 1897) e que Péguy viesse a escrever, em fevereiro de 1898: "O furor antissemita tomou conta das ruas com seus brados de morte. [...] só os anarquistas cumpriram seu dever. [...] foram os únicos que ousaram opor a violência pela justiça à violência pela injustiça dos bandos antissemitas."[39]

Se o *Affaire* reforçou nele as convicções anarquistas, a histeria antissemita de massa contra o "traidor Dreyfus" provocou uma nova transformação em suas ideias sobre a condição judaica: acabavam-se de uma vez por todas as complacências e ambiguidades ante o antissemitismo, bem como as ilusões otimistas do "israelita da França"! Lazare se engaja em uma luta aberta contra o antissemitismo, inclusive vindo a bater-se em duelo com Edouard Drumont (nenhum dos dois saiu ferido). Uma série de artigos polêmicos contra o autor de *A França Judaica* redigidos nessa época será publicada em livro com o título explícito *Contra o Antissemitismo* (1896). Ele percebe agora em Dreyfus o símbolo dos judeus vítimas do ódio antissemita em toda parte do mundo, e em particular dos judeus da Europa oriental que outrora havia tratado com tanto desprezo: "Ele encarnou não apenas os seculares sofrimentos desse povo de mártires, mas as dores presentes. Através dele reconheci os judeus amontoados nos cárceres russos [...] os judeus romenos aos quais se recusa os direitos humanos, os da Galícia, proletários que os trustes financeiros reduzem à fome..."[40]

Encerra-se também a atração pelos mistérios do catolicismo: a notória participação da Igreja e dos meios católicos (com algumas honrosas exceções) na campanha antissemita e o argumento religioso constantemente utilizado contra "Dreyfus-Judas" provocam em Bernard Lazare uma violenta reação de rejeição anticlerical e mesmo "anticristã". Doravante está convencido de que o antissemitismo é um movimento essencialmente clerical, uma manobra da Igreja para restabelecer o Estado cristão – tese que desenvolverá com insistência no livro de 1896 e nas notas preparatórias a *Le Fumier de Job* (A Miséria de Jó):

Foi sempre a Igreja que suscitou o antissemitismo; o judeu sempre viveu em paz com as populações; estas desprezavam o deicida mas conviviam familiarmente com ele. A queixa constante da Igreja [...] é de que a população conviva familiarmente com o judeu; seja por temor do proselitismo, do contágio de uma certa incredulidade, seja para restaurar seu prestígio ou servir sua política, foi sempre a Igreja que lançou os povos contra os judeus.[41]

Todavia, o revanchismo não era de seu feitio: como dirá mais tarde Péguy, ele identificava-se com a "mística pró-Dreyfus" e não com a "política pró-Dreyfus" dos novos governos Waldeck-Rousseau e Emile Combes. No momento das medidas restritivas de Combes contra as ordens religiosas dedicadas ao magistério, Bernard Lazare daria uma prova de toda a sua generosidade e de sua coerência libertária: apesar da hostilidade contra a Igreja (no seu entender, historicamente responsável pelo antissemitismo), não hesita em defender "a liberdade de ensino" contra toda intervenção estatal no ensaio "A Lei e as Congregações" (publicado em 1902 nos *Cahiers de la Quinzainé*). Em seu comentário cheio de admiração por esse episódio, Péguy o atribui a sua "afinidade secreta [...] com as outras forças espirituais, inclusive católicas, que ele combatia deliberadamente". Isso não me parece muito verossímil: em 1902, Bernard Lazare já não sentia nenhuma afinidade, mesmo secreta, com a Igreja católica – *A Miséria de Jó*, e as notas preparatórias mostram-no suficientemente. Péguy está mais próximo da realidade quando fala de seu "ódio ao Estado [e] ao poder temporal", a todas aquelas "organizações temporais" que queriam pôr "sua pata grosseira" no domínio espiritual: "Que instituições grosseiras como o governo, a Câmara, o Estado, o Senado, tão estranhas às coisas do espírito, pusessem a mão no espiritual, era o que lhe parecia não apenas uma profanação, mas, pior ainda, um exercício de mau gosto, um abuso, o exercício, o abuso de uma singular incompetência."[42]

O Caso Dreyfus provocará uma outra transformação nas ideias de Bernard Lazare sobre a questão judaica: como muitos outros intelectuais judeus nesse momento (Theordor Herzl!), descobrirá o judaísmo como nacionalidade e se tornará sionista – sem, contudo, renegar suas convicções libertárias e revolucionárias. A exemplo de Buber (e mais tarde Gershom Scholem), propende mais ao sionismo cultural de Ahad Ha-Am do que à *Realpolitik* de compromisso com as grandes potências conduzida por Herzl. Num de seus primeiros textos sionistas, a conferência "O Proletariado Judeu Diante do Antissemitismo" (fevereiro de 1897), proclama: "Precisamos voltar a viver como um povo, isto é, como coletividade livre, mas com a condição de que essa coletividade não represente a imagem dos Estados capitalistas e opressores no meio dos quais vivemos."[43] Mais do que a questão do território, é o renascimento espiritual da nação judaica que lhe interessa, o retorno às raízes históricas: "Somos sempre o velho povo de pescoço duro, a nação indócil e rebelde, queremos ser nós mesmos, o que nos fizeram nossos avós, nossa história, nossas tradições, nossa cultura e nossas lembranças."[44] Em uma outra conferência (março de 1897, para a Associação de Estudantes Israelitas Russos) – intitulada "O Nacionalismo Judaico" –, ele dissocia explicitamente nação e território:

O judeu que hoje diz "Sou um nacionalista" não dirá de um modo especial, preciso e categórico, sou um homem que quer reconstituir um Estado judaico na Palestina e que sonha em conquistar Jerusalém. Dirá: "Quero ser um homem plenamente livre, quero desfrutar do sol, quero ter direito a uma dignidade de homem..." Em certos momentos da história, o nacionalismo é a manifestação, para os grupos humanos, do espírito de liberdade.[45]

No entanto, ele se corresponde com Herzl, participa ativamente das iniciativas do movimento sionista e em 1898 parece aderir à ideia do retorno à Palestina; no Segundo Congresso Sionista em Bale, Suíça (agosto de 1898) – o primeiro e o último de que participa – será aclamado como herói do povo judeu e eleito para o conselho da presidência e o comitê de ação. Mas essa euforia não ia durar muito: rapidamente entra em conflito com Herzl, de quem não aprova nem a ideologia nem os métodos (a diplomacia de Estado). O rompimento ocorre quando Herzl, envolvido em negociações com o sultão da Turquia, recusa-se a tomar posição em face dos massacres de armênios. Na carta de demissão do comitê de ação sionista, Bernard Lazare escreve a Herzl (fevereiro de 1899): "Você é burguês no pensamento, burguês nos sentimentos, burguês nas ideias, e suas concepções sociais são burguesas. E, no entanto, pretende dirigir um povo, o nosso povo, o povo dos pobres, dos oprimidos, dos proletários."[46] Ele permanece ligado ao movimento mas com um ponto de vista cada vez mais crítico: numa carta em 1901 a Chaim Weizmann (também adversário de Herzl nessa época), escreve: "Compreendi que o sionismo herzlista também não daria aos judeus a liberdade essencial. Conduzir um bando de escravos à Palestina não é resolver a questão." O importante é organizar o povo nos centros judaicos, na Galícia, na Rússia, e fomentar a cultura judaica, não no sentido de um "estreito sentimento nacionalista", mas partindo das "tendências judaicas que são tendências humanas no mais alto sentido da palavra". Não se pode realizar semelhante tarefa a não ser "rompendo com o sionismo político-diplomático e burguês que domina a cena"[47].

Por volta de 1902, ele parece abandonar a perspectiva sionista para pregar a participação dos judeus nos movimentos de libertação social de seus países. Ao menos é o que propõe num ensaio sobre os judeus na Romênia, publicado em 1902 nos *Cahiers de la Quinzaine*: se a burguesia ferozmente antissemita dos ruralistas e funcionários do governo

leva o judeu ao desespero, se o faz perder a paciência, este, apesar de sua passividade, apesar dos conselhos de seus ricos amedrontados, irá juntar-se ao trabalhador dos campos e o ajudará a livrar-se do jugo. Mas, ainda que não se junte a ele, será o camponês romeno revoltado que, direta ou indiretamente, acabará um dia por resolver na Romênia a atual questão judaica, libertando a si mesmo e libertando o judeu[48].

Ele retorna a essas questões na coleção de aforismos redigida pouco antes de sua morte (parcialmente publicada em 1928 sob o título de *A Miséria de Jó*), que constitui um documento único na literatura judaica francesa. Pária consciente de sua exclusão, Bernard Lazare proclama nesse testamento espiritual – simultaneamente nacionalista cultural e socialista libertário – seu orgulho de ser judeu, sua revolta contra o antissemitismo cristão e seu desprezo pelos judeus ricos, assimilados e bem-sucedidos. Somente uma parte dos aforismos foi publicada, mas os rascunhos inéditos são tão importantes quanto o texto impresso. Entre essas anotações, acha-se um questionamento explícito da variante burguesa do sionismo: "Ir a Sião para ser explorado pelo judeu rico, qual a diferença com a situação presente? Eis o que você nos propõe: a patriótica alegria de não ser mais oprimido senão pelos da nossa raça; não queremos isso." Em outra nota inédita, intitulada "Contra o Nacionalismo do Solo", parece criticar o sionismo em seu princípio mesmo: "Vocês querem nos enviar a Sião? Nós não queremos ir. [...] Não queremos ir até lá para vegetar como uma tribo sonolenta. É no vasto mundo que estão nossa ação e nosso espírito; é lá que queremos permanecer, sem nada abdicar nem perder."[49] – posição análoga à que Gustav Landauer defenderá perante seus amigos sionistas alguns anos mais tarde. Sua ideia de "nacionalismo judeu" é a de "participar da obra humana continuando a ser o que somos"[50]; trata-se de um nacionalismo messiânico, em que a dispersão faz parte da missão de Israel[51]. É em nome dessa missão universal que ele recusa categoricamente a assimilação: "Se o judeu se cristianiza, é um fermento de revolução e libertação para o mundo que desaparece; ao cristianizar-se, ele consagra e legitima a escravidão que sofreu."[52]

A cultura nacional judaica que Lazare reivindica não faz parte da religião de Israel senão na medida em que significa, na sua visão, uma "religião sem padre e sem dogma", cuja "hipótese de um Deus Uno pode sempre reportar-se à causa primeira". As notas inéditas insistem no caráter eminentemente racional do judaísmo: "Para Maimônides [...], a revelação promulgada por Deus no Sinai e a verdade descoberta pelo homem com a ajuda de sua razão devem ser idênticas. As duas verdades devem concordar entre si. A chama do racionalismo não se extinguiu um instante em Israel; em todos os séculos teve seus representantes, e sua mais alta expressão é Spinoza". Em última análise, o que ele deseja é libertar o judaísmo do "rabinismo" – implicitamente identificado com o clero cristão – e desenvolvê-lo como "uma norma de vida independente de qualquer ideia religiosa", ou seja, como "uma ética judaica, um eudemonismo judaico"[53]. Estamos aqui bem distantes do messianismo místico que fascina um Bloch, um Scholem ou um Benjamin.

O tema do Messias continua no entanto a interessá-lo; numa das notas inéditas, ele insiste nas potencialidades revolucionárias do messianismo do *Antigo Testamento* (e sua superioridade em relação ao cristianismo):

Não crendo na vida futura, não crendo nas contas a pagar após a morte, limitando todas as retribuições a esta vida, e além do mais devorado pelo instinto de justiça, o judeu tinha de colocar na terra o reino de um Messias que realizasse a justiça e a felicidade terrestre. Projetava o paraíso no futuro, negando a cosmogonia mística; com isso encaminhou-se naturalmente ao socialismo.[54]

Lazare acredita – com ou sem razão, pouco importa – encontrar essa aspiração a um paraíso terrestre em Sabatai Tzvi, personagem que o atrai e sobre a qual tinha aparentemente a intenção de escrever um ensaio, porque nos seus papéis encontra-se um conjunto importante de citações de obras e notas a seu respeito. Contrariamente a Gershom Scholem (um quarto de século mais tarde), o que lhe parece importante é menos a dimensão mística do que a mensagem emancipadora profana:

Dois movimentos no sabataísmo. Um movimento messiânico e nacional, com vistas a uma libertação. Um movimento místico e religioso, o da Cabala trinitária e cristã. Às vezes os dois movimentos se confundem. Mostrar tudo isso, mas sobretudo a aspiração de libertação, de felicidade. Uma alegria em que se agitam todos os judeus do mundo.[55]

Parece também que tinha o projeto de trabalhar sobre os textos messiânicos da *Bíblia*, do *Talmud* e das outras fontes tradicionais: em outro envelope encontrado em seus papéis (curiosamente intitulado "Jesus") são reunidos numerosos extratos e resumos de textos sob o título "Messianismo", com os seguintes subtítulos: I. A Esperança Messiânica; II. O Tempo Que Precede a Chegada do Messias; III. O Messias; IV. Messias Filho de José e Messias filho de Davi; V. A Ressurreição; VI. A Ação do Messias; VII. O Reino Messiânico[56].

Assim, uma certa dimensão religiosa, profética/messiânica parece fazer parte do universo espiritual e da personalidade moral de Bernard Lazare. Ninguém o compreendeu melhor do que Charles Péguy, que o descreve como "um dos maiores dentre os profetas de Israel", um mártir, um místico que tinha "partes de santo". O retrato que traça do amigo põe em evidência esse aspecto religioso oculto: "Naturalmente ele era ateu com toda a sinceridade", mas nesse ateu, nesse "profissionalmente ateu, oficialmente ateu", ressoava "a palavra eterna"; era um "ateu jorrando da palavra de Deus"[57]. Lendo-se atentamente *A Miséria de Jó*, encontramos em Bernard Lazare, senão a crença, pelo menos o desejo de poder acreditar, a nostalgia da fé: "Quanto eu gostaria, quando a noite de minha alma aos poucos escurecer, quando as ameaçadoras angústias do além vierem torcê-la e torturá-la, de ser iluminado por uma súbita claridade. E, trêmulo de alegria e pavor ao mesmo tempo, murmurar assim baixinho: 'O Messias vai chegar.'"[58] Mas tais confissões são excepcionais: a tonalidade dominante de seu último texto é o racionalismo e a desconfiança diante de toda forma de religião.

Ao contrário dos judeus messiânico-libertários da *Mitteleuropa*, o Bernard Lazare de *A Miséria de Jó* permanece um materialista, um racionalista e um ateu convicto. O encantamento místico e católico da juventude foi brutalmente quebrado pelo Caso Dreyfus; ante a onda assustadora do irracionalismo antissemita – alimentada pelo obscurantismo religioso –, ele retorna ao racionalismo das Luzes. Enquanto um Buber ou um Landauer passam de Mestre Eckhart ao hassidismo, da mística cristã à mística judaica, Bernard Lazare, uma vez vencida a tentação católica, irá afastar-se de toda tentação religiosa. Inicialmente (em 1890-1891), havia rejeitado o judaísmo como demasiado racionalista e materialista; agora, retorna ao judaísmo exatamente pelas mesmas razões (convertidas a seus olhos em qualidades preciosas). Não é sua imagem da tradição judaica que muda, mas antes sua atitude para com a mística, o mistério, o irracional, a religiosidade. O messianismo judaico nos seus escritos é mais uma referência histórica e cultural do que uma promessa religiosa transcendental. Sua atitude provém menos do ateísmo religioso (como em Benjamin ou Bloch) que da secularização pura e simples de certas tradições religiosas, como a esperança messiânica ou o profetismo bíblico.

Isso não impede que Bernard Lazare seja o único intelectual judeu "ocidental" cujas ideias apresentam uma certa analogia com os sonhos e inquietudes da geração judaica romântico-revolucionária de cultura alemã. Ao menos um de seus representantes foi sensível a esse parentesco espiritual: o jovem discípulo de Martin Buber, Hans Kohn. Em um artigo publicado em 1924 na revista *De Jude*, Kohn saúda Bernard Lazare como um homem no qual "o antigo espírito dos profetas despertou de novo", e como um "anarquista semelhante a Gustav Landauer", isto é, um adepto do "anarquismo dos profetas e de Jesus". Com uma notável intuição, Hans Kohn capta o ponto de convergência entre Bernard Lazare e os messiânicos/libertários de além-Reno – a teocracia anarquista: ele era um daqueles "que davam nada a César e tudo a Deus", um mensageiro do "anarquismo do Reino de Deus, onde não há outra autoridade além da voz de Deus", e um detrator da "outra autoridade, a temporal"[59].

Conclusão

O "Messianismo Histórico", Concepção Romântico-Messiânica da História

O objetivo desta pesquisa não era apenas examinar sob uma nova luz um certo número de pensadores judeus de cultura alemã, mas também explorar as possibilidades abertas pelo conceito de "afinidade eletiva" em sociologia da cultura, especialmente para o estudo das formas de articulação entre universos religiosos e políticos. Os autores estudados representam algumas das figuras visíveis dessa associação, indo da simples correspondência entre elementos díspares até a fusão harmoniosa e "orgânica" entre messianismo e utopia romântica – raramente atingida fora de certas conjunturas históricas precisas, carregadas de *Jetztzeit* (agora) quiliástico. Constatamos que a ativação da homologia estrutural entre configurações culturais depende de condições sociais concretas: em nosso caso, a situação específica dos judeus – e sobretudo da intelectualidade judaica como categoria social particular – na Europa Central (distinta tanto da Europa ocidental quanto da oriental) na virada do século XX. Todavia, os limites da análise sociológica também se evidenciam claramente: se as determinações sociais definem as condições de possibilidade do fenômeno cultural observado, isto é, as "chances" (segundo a expressão de Max Weber) para que emerja na Europa Central do início do século XX uma corrente espiritual romântica/messiânica de tendência libertária, elas não podem de maneira alguma dar conta do itinerário pessoal de cada autor, e da *Gestalt* única e singular de sua obra.

A trama conceitual da afinidade eletiva enquanto dinâmica sociocultural permite compreender melhor de que maneira certas formas religiosas podem carregar-se de significação política, e certas formas de utopia social impregnar-se de espiritualidade religiosa – ao mesmo tempo que de sua conjunção salta uma nova fagulha: a profecia libertária, a iluminação profana de uma *restitutio in integrum* revolucionária.

Em suas formas superiores, a afinidade eletiva entre duas figuras culturais atinge – sob a pressão de uma temperatura social elevada – o grau de fusão. É nesse momento que emerge uma forma nova, uma estrutura significativa irredutível à soma dos componentes.

Em vários dos autores de que falamos, a dinâmica da *Wahlverwandtchaft* tende a esse ponto supremo, e às vezes, aqui e ali, parece atingi-lo. A forma original em gestação, a figura inédita que se esboça nessa alquimia espiritual complexa, é a de uma *nova concepção da história e da temporalidade*.

Seria preciso um termo novo para designá-la, mas na impossibilidade de encontrá-lo (ou de inventá-lo) somos obrigados a nos contentar com um híbrido, um nome composto construído com termos antigos: messianismo histórico ou concepção romântico-messiânica da história. Trata-se, porém, de uma configuração distinta tanto do messianismo judaico tradicional quanto do romantismo alemão clássico, que não mais poderia ser reduzida a uma simples agregação dos dois. Fundindo o *Tikun* (Restituição) e a utopia social, ela reinterpreta a tradição messiânica à luz do romantismo, e confere a este uma tensão revolucionária, culminando em uma modalidade nova de "filosofia da história", um novo olhar sobre a ligação entre o passado, o presente e o futuro.

A relação entre esse messianismo histórico e o materialismo histórico marxista varia, segundo os autores, da incompatibilidade radical (G. Scholem, G. Landauer) à mais estreita complementaridade (E. Bloch, W. Benjamin). É claro que uma articulação entre ambos pressupõe a superação das antinomias tradicionais entre ateísmo e religião, materialismo e espiritualismo, e sobretudo entre *romantismo* e *racionalismo*.

CONCLUSÃO

É inegável que o romantismo conduz frequentemente à idealização do passado, e sua crítica da racionalidade moderna resvala de vez em quando no irracionalismo; por outro lado, a confusão entre a esfera religiosa e a esfera política, entre messianismo e movimento social, envolve riscos consideráveis. O messianismo histórico, a concepção revolucionário-romântica dos intelectuais judeus da Europa Central nem sempre escapa a esses perigos. Mas tem o grande mérito de evitar – ou melhor, de recusar explicitamente – as duas formas mais catastróficas de combinação entre messianismo e política: o culto religioso e totalitário do Estado, de um lado, e o do Guia supremo, de outro.

Utilizando-se dos meios técnicos mais modernos, a "religião política" do Estado-nação deixou sua marca na história do século XX: duas guerras mundiais, generalização dos "estados de exceção" totalitários. Hostil ao Estado, a filosofia messiânica/libertária dos escritores judeus alemães situa-se nos antípodas desse "messianismo estatal" triunfante. (Só na medida em que seu pensamento perdeu a qualidade libertária é que alguns deles – Lukács, Bloch etc. – vão pactuar durante certo período com o stalinismo.)

Essa filosofia também está em contradição radical com todo culto do Chefe infalível, do Messias autocrata encarregado de administrar o Reino milenar. Seu messianismo distingue-se por sua natureza estritamente impessoal: o que lhe interessa é a era messiânica do porvir, a realização do *Tikun*. A pessoa do Messias está praticamente ausente de suas preocupações. Nada mais distante de sua atitude espiritual que o culto religioso de um salvador carismático, de um profeta ou herói milenarista. Paradoxalmente, o Messias propriamente dito – enquanto indivíduo, pessoa – é uma figura quase inexistente nos seus escritos.

Uma das razões que permitiram à maior parte dos pensadores judeus dessa corrente escapar às formas mais perversas da "religião política" do Século XX é provavelmente a integração, em sua visão do mundo, de certos valores e princípios herdados da filosofia das Luzes: a liberdade, a igualdade, a tolerância, o humanismo, a *Vernunft* (Razão). Sua espiritualidade, embora oriunda do universo cultural romântico, contém uma dimensão decisiva inspirada pela *Aufklärung*. Da mesma forma que o pensamento romântico/revolucionário em geral, não é dominada pelas tendências irracionalistas, autoritárias, obscurantistas ou intolerantes do romantismo "reacionário"; tende (sem todavia alcançar) a uma síntese superior, uma *Aufhebung* (superação) dialética entre os dois grandes polos do pensamento alemão: o idealismo clássico (racionalista) e a sensibilidade romântica. É impossível compreender a obra de um Rosenzweig, de um Benjamin, de um Lukács ou de um Bloch sem levar em conta sua referência – crítica, mas também positiva – à Revolução Francesa, a Kant ou a Hegel. Poder-se-ia aplicar a eles uma fórmula luminosa e provocativa de Adorno em *Minima moralia*: "Uma das tarefas – não das menores – diante das quais se vê confrontado o pensamento é a de colocar todos os argumentos reacionários contra a civilização ocidental a serviço da *Aufklärung* progressista."[1] – com a condição de se acrescentar aqui: *e da redenção revolucionária da humanidade*.

Pela mesma razão, sua crítica romântica da civilização industrial não visa à restauração pura e simples – considerada impossível e indesejável – do passado pré-capitalista, mas ao surgimento de um mundo novo (concebido pela maior parte deles como uma sociedade sem classes nem Estado) onde se recuperem, todavia, algumas qualidades sociais, culturais e humanas da *Gemeinschaft* antiga.

Aliás, as questões essenciais levantadas por essa crítica (particularmente nos escritos de Walter Benjamin), como a destruição da natureza pelo aparelho produtivo moderno e o perigo das novas tecnologias a serviço da guerra, encontram-se no núcleo de alguns dos principais movimentos sociais do final do século xx, como a ecologia e o pacifismo antinuclear. Coincidem também com as preocupações de importante corrente de *crítica socialista da modernidade*, de que os escritos de Herbert Marcuse, E.P. Thompson ou Jean Chesnaux ilustram as diferentes abordagens.

A característica central dessa nova visão da história é seu questionamento da filosofia do progresso. A percepção progressista da história tem sido há dois séculos o fundo comum do pensamento ocidental. Nascida, em sua forma moderna, com a filosofia das Luzes, tornou-se a premissa implícita ou explícita, a categoria *a priori* das mais diversas interpretações da realidade histórica. Atravessa as fronteiras das doutrinas políticas e *Weltanschauungen* sociais, colorindo tanto o conservadorismo quanto o liberalismo, a socialdemocracia e o comunismo, o autoritarismo e a democracia, a reação e a revolução, o colonialismo e o anticolonialismo. Fundada em uma concepção estritamente quantitativa da temporalidade, ela percebe o movimento da história como um *continuum* de aperfeiçoamento constante, de evolução irreversível, de acumulação crescente, de modernização benéfica, cujo motor reside no progresso científico, técnico e industrial. É tal a forma de atração desse paradigma do progresso que ele modela até mesmo o pensamento de seus adversários tradicionalistas, que tendem cada vez mais a aceitá-lo como uma fatalidade inevitável, limitando-se a marcar com um sinal negativo o que a ideologia dominante avalia positivamente. Uma vez que todas as tentativas de restauração do passado (por exemplo, através dos movimentos político-religiosos integristas) resultaram em impasses sangrentos, a necessidade e a virtude da civilização industrial moderna fundada no progresso técnico aparecem como uma evidência incontornável.

Para essa concepção progressista da história, as catástrofes da modernidade – como as duas guerras mundiais, Auschwitz e Hiroshima, as guerras coloniais e imperialistas, a destruição do meio ambiente natural, o perigo de um holocausto nuclear que porá fim à existência da espécie humana – significam acidentes de percurso, incidentes lamentáveis mas marginais no Grande Movimento permanente de Melhoria.

O messianismo histórico ou concepção romântico-milenarista da história está em ruptura com essa filosofia do progresso e com o culto positivista do desenvolvimento científico e técnico. Propõe uma percepção qualitativa, não evolucionista, do tempo histórico, na qual a volta ao passado representa o ponto de partida necessário para o salto em direção ao futuro, em oposição à visão linear, unidimensional, puramente *quantitativa* da temporalidade enquanto progresso cumulativo. Uma visão crítica da modernidade, da civilização industrial e de seus Golems, em nome de certos valores sociais, culturais ou religiosos pré-capitalistas, e ao mesmo tempo uma aspiração a um futuro que não seja mais a "novidade" factícia da mercadoria – repetição eterna do sempre igual – mas um mundo utópico qualitativamente distinto, o desvio absoluto em relação ao estado de coisas existente.

Nele, o messianismo é incorporado como expressão milenar das esperanças, sonhos e aspirações dos párias e excluídos da história, como uma "tradição dos oprimidos" (Benjamin) utópica e subversiva, e como a fonte de uma visão descontínua da temporalidade.

Enfim, ele é romântico na medida em que busca *reencantar o mundo*, reencontrar o espírito da *Gemeinschaft*, restabelecer a harmonia rompida entre o homem e a natureza, restaurar a *Kultur* como universo de valores qualitativos, não mercantis, não quantificáveis. No entanto, ao contrário do romantismo conservador, quer atingir esses objetivos através de uma transformação revolucionária (em sentido lato) da ordem social e política estabelecida e da abolição de todo sistema coercitivo e autoritário ("Estado"). Na verdade, o passado em questão é iluminado pela utopia do futuro, e sobre ambos projetam-se os desejos e ideais reprimidos pela realidade do mundo presente.

A expressão suprema, mais ousada e radical, desse messianismo histórico, dessa filosofia romântico-revolucionária, é a obra de Walter Benjamin, e particularmente seu último texto, as teses *Sobre o Conceito de História*. Mas encontramos elementos esparsos dela na maior parte dos autores da geração judaico-alemã rebelde que estudamos.

Na tese VII em *Sobre o Conceito de História*, Benjamin adverte contra as ilusões do progresso que se manifestam no assombro de que acontecimentos como o nazismo fossem "ainda" possíveis no século XX; ele reivindica uma nova concepção da história, a partir da qual se possa entender o fascismo, isto é, formas piores, do ponto de vista da desumanidade, do que tudo aquilo que o passado havia conhecido, e no momento mesmo em que os conhecimentos, a ciência e as técnicas dão um salto espetacular à frente. Mas, através do fenômeno fascista, o que Benjamin aponta são as contradições da civilização moderna: sua principal censura às doutrinas do progresso – particularmente da socialdemocracia, mas o mesmo vale para o liberalismo, para o comunismo stalinista etc. – é a da que elas consideram "apenas os progressos obtidos na dominação da natureza e não a regressão social" (tese XI)[2].

Uma expressão concisa de Adorno em *Minima moralia* tenta captar essa antinomia no cerne da modernidade: *progresso regressivo*. Mas cabe perguntar se o conceito de "regressão", tradicionalmente empregado pelos marxistas para caracterizar fenômenos como o fascismo, é realmente adequado. Os campos de extermínio nazistas – ou, em outro registro, os campos de concentração soviéticos e Hiroshima – originam-se de alguma espécie de *regressão*? Regressão rumo a quê? À Idade Média? Às comunidades germânicas primitivas? À Idade da Pedra? Não seria antes um tipo de fenômeno radicalmente *novo*, perfeitamente *moderno*, instrumentalmente *racional* e *científico*, estruturalmente industrial?

Seja o que for, Benjamin vê nas manifestações catastróficas da modernidade como o fascismo e as novas técnicas de guerra – que então (1940) ainda estavam longe de ter revelado todo o seu potencial de barbárie e destruição – a prova tangível da inanidade das ideologias progressistas. O dogma de um progresso *infinito*, *contínuo*, *linear* e *automático* (tese XIII) em nada corresponde à experiência dos oprimidos na história. Para esses o passado não é uma evolução progressiva, uma acumulação de conquistas, mas uma sucessão de derrotas, um "grande cortejo triunfal que passa por cima dos corpos que se amontoam no chão" (tese VII), o "estado de exceção" permanente, a renovação perpétua da opressão. É nessas derrotas, na imagem dos ancestrais encadeados, que a revolução redentora encontra sua fonte de inspiração e "seu impulso mais precioso" (tese XIII) –, assim como em certos momentos privilegiados de revolta que manifestam a centelha da esperança messiânica: a rebelião de Espártaco, a Revolução Francesa, Junho de 1848, a Comuna de Paris, a insurreição espartaquista alemã de 1919.

Mas a abordagem de Benjamin é mais radical: para além das diversas doutrinas do progresso, ele deseja questionar seu fundamento epistemológico comum – a ideia de "acumulação quantitativa num tempo homogêneo e vazio" (tese XIII)[3].

Essa crítica remete à concepção judaica/messiânica da temporalidade. Em uma obra clássica sobre o messianismo judaico, Sigmund Mowinckel sublinha que para os hebreus a eternidade não era "um prolongamento infinito, vazio, abstrato e linear do tempo", referindo-se antes a um outro conceito de tempo – não enquanto categoria kantiana, noção formal e vazia, mas como inseparável de todo o seu conteúdo[4].

Karl Mannheim observava a propósito do milenarismo (judaico ou cristão) que ele opõe ao princípio de evolução o vivido absoluto-quiliástico do presente (*Jetzterlebnis*) fundado em uma "diferenciação qualitativa do tempo (*qualitative Differenzierung der Zeit*)"[5].

Reencontramos essa recusa da quantificação abstrata do tempo tanto no romantismo quanto no marxismo. Citando certas passagens do *Capital* sobre o trabalho maquinal do operário, Lukács comenta:

> O tempo perde assim seu caráter qualitativo, mutável, fluido; condensa-se em um *continuum* exatamente delimitado, quantitativamente mensurável, repleto de "coisas" quantitativamente mensuráveis (as "obras" realizadas pelos trabalhadores, reificadas, mecanicamente objetivadas, separadas com precisão do conjunto da personalidade humana): em um espaço.[6]

É a todas essas fontes que Benjamin recorre em sua tentativa de ultrapassar a concepção homogênea, vazia, puramente quantitativa do tempo. Sua primeira expressão é o artigo sobre o *Trauerspiel* (drama barroco) e a tragédia (1916), opondo o *tempo da história ao tempo mecânico e vazio dos relógios* (que se manifesta na regularidade de transformações espaciais); quando esse tempo histórico é "preenchido", ele torna-se, segundo Benjamin, "tempo messiânico"[7]. A passagem no capítulo 7 de sua tese sobre o romantismo alemão (1919), contrapondo o "infinito temporal qualitativo" do messianismo romântico ao "infinito temporal vazio" das ideologias do progresso, vai exatamente no mesmo sentido. Nas teses *Sobre o Conceito de História*, põe de novo em contraste o *tempo dos calendários* – "monumentos de uma consciência histórica que, há um século mais ou menos, tornou-se completamente estranha à Europa" – e o tempo dos relógios (tese xv).

Vemos assim delinearem-se pouco a pouco em seus escritos os contornos de uma concepção *qualitativa* da temporalidade, fundada sobre a *descontinuidade* do tempo histórico: para a tradição das classes oprimidas e para a classe revolucionária, no momento da ação o tempo não é homogêneo como o dos relógios, mas *heterogêneo*, qualitativamente diferenciado, descontínuo; não é vazio, mas *preenchido* (*erfült*) com o "tempo atual" ou o "agora" (*Jetztzeif*) que faz explodir a continuidade da história, e no qual "introduziram-se estilhaços do 'tempo messiânico'"[8] (tese XVIII A). A referência essencial é aqui a percepção messiânica judaica da temporalidade: "Sabe-se que era proibido aos judeus investigar o futuro. [...] Mas nem por isso o futuro se converteu para os judeus num tempo homogêneo e vazio. Pois nele cada segundo era a porta estreita pela qual podia penetrar o Messias." (tese XVIII B)

É claro que essa percepção pode conduzir a uma atitude passiva e resignada de espera da vinda do Messias. Contudo, Benjamin não se liga à corrente quietista (dominante) da religião judaica ortodoxa, pertence antes à tradição do *dochakei haketz*, os "aceleradores do fim", a tradição (de que fala Franz Rosenzweig) daqueles que desejam *forçar a chegada do reino*. Para ele não se trata de *esperar*, mas de agarrar a chance revolucionária que oferece cada instante histórico[9]. Esse *messianismo revolucionário ativo* encontra-se admiravelmente resumido em uma frase de Focillon que Benjamin, como de hábito, cita retirando-a de seu contexto (estético) e carregando-a de explosividade milenarista: "'Marcar época' não é intervir passivamente na cronologia, é precipitar o momento."[10]

É no quadro dessa concepção qualitativo-ativa do tempo que é possível abrir o campo histórico para a novidade utópica irredutível à acumulação mecânica, repetitiva, quantitativa.

Notas

1. SOBRE O CONCEITO DE AFINIDADE ELETIVA

1. Cf. Joannis Conradi Barchusen *Pyrosophia*, Lugduni Batavorum (Leiden): Impensis Cornelii Bautestein, 1698, livro I, cap. 3.
2. Hermannus Boerhave, *Elementa chemiae*, apud Isaacum Severinum, parte II, De menstruis, Lugduni Batavorum (Leiden): Im Hof, Jean Rodolphe, 1732. Cf. também Affinité, i. Chimie, *La Grande encyclopédie*, Paris: Laminault; e Louis-Bernard Guyton de Morveau, La Chimie, *Encyclopédie méthodique*, t. I, Paris: Panckoucke, 1786, p. 535.
3. L.-B.G. de Morveau, La Chimie, op. cit., p. 570; e T.O. Bergman, *Traité des affinités chimiques ou attractions électives*, Paris: Buisson, 1788, p. 5.
4. *De attractionibus electivis*, Frankfurt: Tabor, 1782-1790.
5. J.W. Goethe, *Die Wahlverwandtschaften*, Gütersloh: C. Bertelsmann, 1948, p. 41.
6. Max Weber, Die Wirtschaftsethik der Weltreligionen: Einleitung, *Gesammelte Aufsätze zur Religionssoziologie*, Tübingen: J.C.B. Mohr, 1922, p. 153.
7. Idem, *Gesammelte Aufsätze zur Wissenschaftslehre*, Tübingen: J.C.B. Mohr, 1922, p. 153.
8. Idem, *L'Éthique protestante et l'esprit du capitalisme*, Paris: Plon, 1967, p. 107 (tradução revisada e corrigida conforme o original, *Gesammelte Aufsätze zur Religionssoziologie*, p. 83).
9. Idem, *The Protestam Ethic and the Spirit of Capitalism*, London: Unwin University Books, 1957, p. 91-92.
10. K. Mannheim, Das konservative Denken, *Wissenssoziologie*, Berlin: Luchterhand, 1964, p. 458. O termo aparece também em Ernst Troeltsch: cf. Jean Séguy, *Christianísme et société: Introduction à la sociologie de Ernst Troeltsch*, Paris: Cerf, 1980, p. 247-251. Ele é estudado por um sociólogo da escola weberiana, Werner Stark, mas unicamente em referência ao segundo tipo de afinidade eletiva de que falava Weber (entre visões do mundo e classes sociais). Ver Werner Stark, *Die Wissenssoziologie*, Stuttgart: Ferdinand Enke, 1960, p. 215-248.
11. Ver sobre o assunto o ensaio de Alfred von Martin, Soziologie der Kultur des Mittelalters, *Geist und Gesellschaft*, Frankfurt: Josef Knecht, 1948.
12. Cf. Charles Baudelaire, *Oeuvres completes*, Paris: Seuil, 1968, p. 471, 350.
13. Cf. Apocalyptique écologique et "retour" de la religion, *Archives de Sciences Sociales des Religions*, n. 53/1, jan.-mar. 1982, p. 66.
14. Ver sobre o assunto nosso ensaio Marx et Weber: Notes sur un dialogue implicite, *Dialectique et révolution: Essais de sociologie et d'histoire du marxisme*, Paris: Anthropos, 1973.

2. MESSIANISMO JUDAICO E UTOPIA LIBERTÁRIA

1. Max Weber, *Le Judaisme antique*, Paris: Plon, 1970, p. 20.
2. K. Mannheim [1929], *Ideologie und Utopie*, 5ª ed., Frankfurt: G. Schulte-Bulmke, 1969, p. 195-196, 210, 214.
3. P. Honigsheim, Soziologie der Mystik, em Max Scheler (ed.), *Versuche zu einer Soziologie des Wissens*, Leipzig: Duncker e Humblot, 1924, p. 343.
4. G. Scholem, Zum Verständnis der messianischem Idee im Judentum, *Judaica I*, Frankfurt: Suhrkamp, 1963, p. 41-42; trad. francesa., Pour comprendre le messianisme juif, em *Le Messianisme juif: Essais sur la spiritualité du jadaisme*, Paris: Calmann-Lévy, 1974, p. 46.
5. Idem, *Judaica I*, p. 12-13; idem, *Le Messianisme juif*, p. 26-27. O elemento utópico do messianismo remonta ao Antigo Testamento. Ver, por exemplo, *Isaías* 65, 17; "Pois vou criar novos céus e uma nova terra; o passado não será mais lembrado, não volverá mais ao espírito." Sobre a era do Messias enquanto restabelecimento do Paraíso perdido (dentro da literatura rabínica), ver Herman L. Strack; Paul Billerbeck, *Kommentar zum Neuen Testament, aus Talmud und Midrash*, München: Oscar Beck, 1924, v. IV, p. 886, 893; Hugo Gressmann, *Der Messias*, Göttingen: Vandenhoeck e Ruprecht, 1929 (Drittes Buch, *Das goldene Zeitalter I: Die Wiederkehr des Paradieses*, p. 150-163).
6. S. Mowinckel, *He That Cometh*, Oxford: Basil Blackwell, 1956, p. 143. Ver também, p. 144: "A restauração é um retorno à perfeição original, as coisas últimas tornar-se-ão como as primeiras."
7. Ver G. Scholem, *Les Grandis courants de la mystique juive*, Paris: Payot, 1968, p. 286-304. (Ed. bras.: *As Grandes Correntes da Mística Judaica*, 3. ed. revista, São Paulo: Perspectiva, 2016.) O conceito de *Tikun* aparece nos escritos de vários pensadores judeu-alemães: além de G. Scholem, encontramo-lo em Buber, Ernst Bloch e, indiretamente, Walter Benjamin.
8. Cf. K. Mannheim, *Ideologie und Utopie*, p. 196.
9. Cf. G. Darien, Anarchistes, *L'Ennemi du peuple*, Paris: Champ Libre, 1972, p. 166.
10. Cf. M. Weber, *Economie et société*, t. 1, Paris: Plon, 1971, p. 532.
11. Cf. G. Scholem, *Le Messianisme juif*, p. 31. (Original alemão, *Judaica I*, p. 20.) Cf. também idem, *Sabbatai Sevi: The Mystical Messiah*, Princeton: Princeton University Press, 1975, p. 9: "There is no continuity between the present and the messianic age; [...] Redemption meant a revolution in history." [Ed. bras., *Sabatai Tzvi: O Messias Místico I*, São Paulo: Perspectiva, 1995, p. 9 e 10 ("Não há continuidade entre o presente e a era messiânica. [...] A redenção significava uma revolução na história.")
12. Os agadistas eram os compiladores da *Agadá*, literatura rabírica que inclui lendas e provérbios. (N. da E.)
13. G. Scholem, *Le Messianisme juif*, p. 26-27, 31, 34-35, 37-38. (*Judaica I*, p. 12-13, 20, 24-25, 29-30.) A crítica de Scholem contra o abandono da dimensão catastrófica do messianismo judaico e sua redução a uma ideia de "progresso eterno" da humanidade refere-se explicitamente a Hermann Cohen, mas parece-nos que há também uma polêmica implícita com Joseph Klausner, o historiador nacionalista do messianismo (da Universidade Hebraica de Jerusalém), para quem "a quintessência do messianismo judaico" é precisamente "o ideal do progresso incessante, do desenvolvimento espiritual contínuo" (Joseph Klausner, *The Messianic Idea in Israel from Its Beginning to the Completion of the Mishna*, London: Allen and Unwin, 1956, p. 70-71).
14. Cf. Max Weber, op. cit., p. 620.
15. Cf. G. Scholem, Considérations sur la théologie juive, *Fidelité et utopie: Essais sur le judaïsme contemporain*, Paris: Calmann-Lévy, 1978, p. 254, 256.
16. Cf. Karl Mannheim, op. cit., p. 190. Sobre o caráter messiânico, utópico e apocalíptico do anarquismo, ver o estudo de Eric Hobsbawm sobre o movimento comunista libertário agrário na Espanha, "o exemplo mais impressionante de movimento de massa moderno milenarista ou quase milenarista". E. Hobsbawm, *Primitive Rebels*, New York: Norton, 1965, p. 90.
17. Cf. Sigmund Mowinckel, op. cit., p. 261-263, 265.
18. As referências em hebraico são da edição do *Antigo Testamento*, London: British and Foreign Bible Society, 1963; as traduzidas do francês, da edição da Escola Bíblica de Jerusalém (*La Sainte Bible*, Paris: Les Editions du Cerf, 1961).
19. Sobre as outras fontes bíblicas e pós-bíblicas dessa temática, ver S. Mowinckel, op. cit., p. 154.
20. Ibidem, p. 172; cf. também p. 140-148.

21. J. Taubes, *Studien zu Geschichte und System der abendländischen Eschatologie*, Berna: Buchdruckerei Rösch, Vogt & Co., 1947, p. 24.
22. Cf. G. Scholem, Pour comprendre le messianisme juif; La Crise de la Tradition dans le Messianisme, em *Le Messianisme juif*, p. 50-51, 110 (em *Judaica* I, p. 41-50, e *Judaica* III, p. 161). Referindo-se a essa doutrina entre os sabataístas, Scholem fala de um judaísmo "messiânico-anarquista". Cf. *Le Messianisme juif*, p. 137 (*Judaica* III, p. 196).
23. Cf. K. Mannheim, op. cit., p. 190.
24. Ver sobre o assunto meu artigo (com Robert Sayre), Figures du romantisme anticapitaliste, *L'Homme et la Société*, n. 69-70 (1983) e n. 73-74 (1984).

3. PÁRIAS, REBELDES E ROMÂNTICOS

1. Pierre Guillen, *L'Allemagne de 1848 à nos jours*, Paris: Nathan, 1970, p. 58-60.
2. Sobre esse conceito, sua significação sociológica e suas diversas formas de manifestação, remeto a meus livros *Marxisme et romantisme révolutionnaire*, Paris: Sycomore, 1980, e *Pour une sociologie des intellectuels révolutionnaires*, Paris: PUF, 1976.
3. Cf. Fritz Ringer, *The Decline of the German Mandarins: The German Academic Community 1890-1933*, Cambridge: Harvard University Press, 1969, p. 12-13.
4. Jovens amantes de caminhadas ao ar livre e do contato com a natureza. (N. da T.)
5. Cf. G. Scholem, On the Social Psychology of the Jews in Germany 1900-1933, em David Bronsen (ed.), *Jews and Germans from 1860 to 1933: The Problematic Symbiosis*, Heidelberg: Carl Winter University, 1979, p. 11.
6. Cf. W. Rathenau, *Einpreussischer Europäer: Briefe*, org. de M.V. Eynerm, Berlin: [s.n.], 1955, p. 145.
7. G. Scholem, On the Social Psychology..., em D. Bronsen (ed.), op. cit., p. 16-17.
8. Cf. F. Rosenzweig, *Briefe*, Berlin: Schocken, 1955, p. 474.
9. Cf. Moritz Goldstein, Deutsch-jüdischer Parnass, *Kunstwart*, 11 mar. 1912.
10. Cf. Max Weber, *Economie et société*, p. 513.
11. Cf. H. Arendt, *The Jew as Pariah: Jewish Identity and Politics in the Modern Age*, New York: Grove, 1978, p. 68.
12. Cf. F. Paulsen, *Diedeutschen Universitäten und das Universitätsstudium*, Berlin, 1902, p. 149-150.
13. Cf. Ismar Elbogen, *Geschichte Der Juden in Deutschland*, Berlin: E. Lichtenstein, 1935, p. 303.
14. Cf. I. Elbogen, op. cit., p. 303; Erich Rosenthal, Trends of the Jewish Population in Germany (1910-1939), *Jewish Social Studies*, v. VI, jun. 1944, p. 257.
15. Cf. Zador Tordai, *Hogyan lehet valaki Európában zsidó, Walter Benjamin?*, Budapeste: Múlt és Jövő, 1979, p. 35, 48.
16. Ver a análise desse fenômeno na obra de F. Grunefeld sobre a cultura judaico-alemã: "Os pais e os avós eram quase sempre insondáveis para a intelectualidade judaica alemã ou austríaca: o abismo entre a loja de comércio do pai de Mahler e a sinfonia cósmica *Ressurreição* de seu filho parece dificilmente transponível no curso de uma única geração. [...] A geração dos donos de fábricas de calçados produzia regularmente e educava uma raça de escribas, artistas, intelectuais. Else Lasker-Schüler era filha de um banqueiro. [...] Walter Benjamin, de um comerciante de antiguidades. [...] Stefan Zweig, de um industrial de tecidos, Franz Kafka, de um comerciante de roupas por atacado. [...] Frequentemente, esse modelo conduzia o filho a uma dupla revolta – contra os valores judaico-burgueses do pai e contra o sistema de aprendizagem da obediência na sociedade alemã global." (Frederic V. Grunefeld, *Prophets Without Honour: A Background to Freud, Kafka, Einstein and Their World*, New York: McGraw-Hill, 1980, p. 19, 28-29).
17. Em *Die Zerstörung einer Zukunft*, aufgezeichnet von Mathias Greffrath, Reinbek/Hamburg: Rowohlt, 1979, p. 199.
18. Cf. Karl Mannheim, Das Problem der Generationen, *Wissenssoziologie*, Neuwied: Luchterhand, 1964, p. 542.
19. Empregamos o neologismo "anaculturação" para designar a inversão de um processo de aculturação, e o retorno de um grupo ou de um indivíduo à sua cultura originária.
20. Cf. Martin Buber, Über Jakob Böhm, *Wiener Rundschau*, v. V, n. 12, 1901.
21. "Tempestade e ímpeto" é o lema inicial do romantismo alemão, em repúdio ao neoclassicismo francês. (N. da T.)

22. Líder revolucionário judeu do séc. XVII, na Turquia, que se proclamou Messias. (N. da T.)
23. Cf. Hans Helmuth Knutter, *Die Juden und die deutsche Linke in der Weimarer Republik (1918-1933)*, Düsseldorf: Droste, 1971, p. 37: "Uma grande parte dos intelectuais de esquerda são judeus, e quase todos os judeus de esquerda são intelectuais."
24. Cf. H. Arendt, *The Jew Aspariah*, p. 144. Sobre a oposição entre "novo-rico" e "rebelde" no povo pária, ver H. Arendt, *Rahel Varnhagen: Lebensgeschichte einer deutschen Jüdin aus der Romantik*, Munique: R. Piper, 1959, p. 188-200.
25. Cf. Elisabeth Lenk, Indiscretions of the Literary Beast: Pariah Consciousness of Women Writers Since Romanticism, *New German Critique*, n. 27, out. 1982, p. 106-107, 113-114.
26. Cf. Robert Michels, *Zur Soziologie des Parteiwesens in der modemen Demokratie*, 2. ed., Leipzig: Alfred Kröner, 1925, p. 336. Essa frase não aparece na edição francesa. O argumento de Michels é o seguinte: "O povo alemão, tomado em conjunto, ainda não conseguiu libertar-se do ódio ao judeu ou, pelo menos, de um vago sentimento de desprezo a seu respeito. O israelita se vê barrado na sua carreira, excluído das funções administrativas e judiciárias, do posto de oficial no Exército. Assim, a raça hebraica continua a nutrir um velho e legítimo sentimento de revolta contra as injustiças que se perpetuavam em seu dano. E, dado o fundo de idealismo que persiste nessa raça dominada pelas paixões mais extremas, esse sentimento se traduz, mais facilmente do que na raça germânica, por um horror contra qualquer injustiça e transforma-se numa aspiração revolucionária a um grandioso aperfeiçoamento universal." (R. Michels, *Les Partis politiques*, 1914, Paris: Flammarion, 1971, p. 190).
27. Cf. Victor Karady e Istvan Kameny, Les Juifs dans la structure des classes en Hongrie, *Actes de la Recherche en Sciences Sociales*, n. 22, jun. 1978, p. 59.
28. Cf. Walter Laqueur, *Weimar 1918-1933*, Paris: Laffont, 1978, p. 106.
29. London: Secker & Warburg, 1957.
30. London: Secker & Warburg, 1960.
31. Há evidentemente marxistas judeus (ateus) nas fileiras do Partido Comunista Francês e, uma geração mais tarde, nas correntes "esquerdistas" dos anos 1960. Quase sempre são judeus originários da Europa oriental ou central, ou de seus descendentes.
32. "Liga". Organização socialista operária judaica surgida no final do século XIX na Lituânia. (N. da T.)
33. Cf. L.H. Haimson, *The Russian Marxists and the Origins of Bolchevism*, Boston: Beacon Press, 1955, p. 60.
34. Corrente mística do judaísmo ligada a Baal Schem, seu fundador, que se desenvolveu na Europa oriental nos séculos XVIII e XIX. (N. da T.)
35. Cf. a Introdução de Rachel Ertel ao livro de Moise Kulback, *Lundi*, Lausanne: L'Age d'Homme, 1982. Essa atitude reaparece, bem mais tarde, no livro de Isaac Bashevis Singer, *Satan in Gorai* (2. Ed. São Paulo: Perspectiva, 1992), de 1958, que descreve os horrores resultantes do delírio fanático dos discípulos de Sabatai Tzvi num *schtetl* (aldeia) polonês.
36. Cf. Vladimir Medem, The Youth of a Bundist, em Lucy Davidowicz, *The Golden Tradition: Jewish Life and Thought in Eastern Europe*, Boston: Beacon, 1967, p. 432.
37. Cf. Ezra Mendelsohn, Worker Opposition in the Russian Jewish Socialist Movement, from the 1890's to 1903, *International Review of Social History*, Cambridge, v. X, parte 2, 1965, p. 270.
38. Cf. Rachel Ertel, *Le Shtetl, la bourgade juive de Pologne*, Paris: Payot, 1982, p. 148,151.
39. Cf. Lucy S. Dawidowicz, Introduction: The World of East European Jewry, *The Golden Tradition*, op. cit., p. 81.
40. Cf. R. Ertel, op. cit., p. 292-293.
41. Cf. I. Deutscher, *The Non-Jewish Jew and Other Essays*, London: Oxford University Press, 1968, p. 46-47.
42. Ver sobre o assunto a notável obra de Jutta Scherrer, *Die Petersburger religiösphilosophischen Vereinigungen*, Wiesbaden: Otto Harrassowitz, 1973, p. 44, 272
43. Eugen Leviné poderia ser considerado uma exceção, mas está muito impregnado de cultura alemã – educação alemã em casa, estudos em Heidelberg etc. – para ser tomado como verdadeiramente representativo da intelectualidade judaica russa.

4. OS JUDEUS RELIGIOSOS ANARQUIZANTES

1. Cf. *Wiener Rundschau*, v. v, n. 12, 1901.
2. Kultur e Zivilisation: einige Gedanken zu diesem Thema, *Kunstawart*, v. xiv, München: Georg D.W Callwey, 1901.
3. Cf. M. Buber, Alte und neue Gemeinschaft [1900], publicado por P. Flohr; B. Susser, em *AJS Review*, 1976, p. 50-56.
4. Cf. M. Buber, *Gemeinschaft*, Münche/Vien/ Zurich: Dreiländer, 1919, p. 12; *Aussprach über den Staat*, Zurich, 29 nov. 1923, Arquivos Buber da Universidade Hebraica de Jerusalém, ms. Var 350 47d/Beth.
5. Idem, *Aussprache über den Staat*.
6. Idem, Der Weg des Menschen nach der chassidischen Lehre [1948], *Werke*, Heidelberg: Lambert Schneider, v. iii (*Entschlossenheit*), 1963, p. 758.
7. G. Scholem, Buber et son interprétation du hassidisme, *Le Messianisme juif: Essais sur la spiritualité du judaïsme*, Paris: Calmann-Lévy, 1974, p. 352-353.
8. M. Buber, Mein Weg zum Chassidismus (1918), *Die chassidischen Bücher*, Berlin: Schoken, 1927, p. 661.
9. W. Sombart, *Les Juifs et la vie économique* [1911] Paris: Payot, 1923, p. 344. Ver, também, sobre o assunto o excelente livro de Freddy Raphaël, *Judaisme et capitalisme*, Paris: PUF, 1982.
10. M. Buber, *Judaisme*, Paris: Verdier, 1983, p. 27, 41. Numa carta datada de 4 de dezembro de 1917 a Hugo Bergmann, Buber escrevia: "Minha concepção do Messias, minha crença no Messias, é a judaica antiga, tal como se manifesta nas palavras de *Esdras* [iv, apócrifo] 13,26: Deus trará a redenção à criação; e 6,27: então o mal será destruído e a mentira abolida" (M. Buber, *Briefwechsel aus sieben Jahrzenten*, Heidelberg: Lamber Schneider, v. 1, 1972, p. 516) N. da E.: *Esdras 4*, também conhecido como *Apocalipse de Esdras*, é um apócrifo.
11. Idem, Das Messianische Mysterium (Jesaja 53), conferência em Berlim, 6 abr. de 1925, Arquivo Buber da Universidade Hebraica de Jerusalém, ms. Var 350, 64 *Zayin*, p. 7.
12. Idem, *Judaisme*, p. 29, Cf., também, *Drei Reden über das Judentum*, Frankfurt: Rütten e Loening, 1920, p. 60-61.
13. Idem, *Das messianische Mysterium*..., p. 9.
14. Idem, *Die Legende des Baalschem* [1908], Berlin: Schocken, 1932, p. 36-37.
15. Idem, *Die chassidischen Bücher*, p. xxiii, xxvi, xxvii.
16. A distinção remonta aos primeiros trabalhos de Buber sobre o profetismo. Ver, por exemplo, a conferência de 1930 sobre Os Dois Lares da Alma Judaica, *Kampf um Israel*, Berlin: Schocken, 1933, p. 50-67. Uma formulação concisa encontra-se em *Utopie et socialisme*, Paris: Aubier, 1977, p. 29-30.
17. M. Buber, Carta de 16 de julho de 1926 a uma Associação para a Reconciliação Judeu-Cristã, citada em Franz Freiherr von Hammerstein, *Das Messias-Problem bei Martin Buber*, Stutgart: Kohlhammer, 1958, p. 49.
18. Idem, Zion, der Staat und die Menschheit: Bemerkungen zu Hermann Cohens "Ant-wort", *Der Jude*, n. i, Stanford University, 1916-1917, p. 427-428.
19. Idem, Die Revolution und wir, *Der Jude*, n. iii, 1918-1819, p. 346-347.
20. Idem, *Gemeinschaft*, p. 16-17.
21. Idem, Landauer und die Revolution, *Masken*, n. 14, 1918-1819, p. 282.
22. Idem, In später Stunde, *Der Jude*, n. v, 1920-1921, p. 4.
23. Idem, *Judaisme*, p. 92, 100-102, cf. original em alemão: *Derheilige Weg*, Frankfurt: Rütten & Loening, 1920, p. 17-19, 36, 40-41.
24. Idem, Staat und Gemeinschaft, conferência fev. 1924, Arquivos Buber..., ms. Var 350, 47.
25. Idem, *Königtum Gottes*, Berlin: Schocken, 1932, p. 142.
26. A. Yassour, Utopia Ve-Anarchia Be-Hagutam Ha-Hevratit Shel Buber Ve-Landauer, em M. Buber, *Ha-Kibutz ve-Haraion ha-Schitufi*, Universidade de Haifa, 1979, p. 29. (Em hebraico.)
27. Idem, *Utopie et socialisme*, p. 35-37, 209.
28. Ibidem, p. 134-137, 236.
29. E. Lévinas, Préface, em M. Buber, *Utopie et socialisme*, p. 11.
30. M. Buber, *Utopie et socialisme*, p. 26-28.
31. Idem, *Judaisme*, p. 25, 76.
32. Idem, *Das messianische Mysterium*..., p. 8. Criticando as correntes nacionalistas no seio da comunidade judaica na Palestina, Buber observava numa conferência em Jerusalém, em 1939: "Cada dia vê um número crescente dos nossos declarar: 'O tempo do amor dos homens acabou! Não se pode nadar contra a corrente! Esse anúncio messiânico, essa exigência de justiça não são mais que a expressão

de nossa fraqueza. Daqui por diante, sejamos fortes!' Os que dizem isso têm só um desejo: juntar-se à matilha. E de todas as assimilações que experimentamos, no curso de nossa história, esta, a assimilação nacional, é a mais sinistra e a mais perigosa." (*Judaisme*, p. 152).

33. G. Herming, *Walter Benjamin: zwischen Marxismus und Theologie*, Olten: Wolter, 1974, p. 45.
34. P. Honigsheim, *On Max Weber*, New York: Free Press, 1968, p. 79.
35. "Para Rosenzweig, a guerra de 1914 jogou por terra a ideia central de toda a filosofia ocidental; a de um universo racional regido pelo Logos, estruturado de acordo com leis [...] que atribuem ao homem seu lugar harmonioso na ordem geral das coisas." (Stephane Mosès, *Système et révélation: La Philosophie de Franz Rosenzweig*, Paris: Seuil, 1982, p. 18.)
36. Cf. F. Rosenzweig, *L'Étoile de la rédemption*, Paris: Seuil, 1982, p. 267-269. Parece-me que Stephane Mosès equivoca-se quando, em seu livro – de resto notável – sobre a filosofia de Rosenzweig, escreve que em *A Estrela da Redenção* o advento da eternidade "em breve e em nosso tempo" significava para Rosenzweig "a antecipação da redenção pelo rito, por oposição a toda tentativa de precipitar a vinda dos tempos messiânicos" (S. Mosès, *Système et révélation*, p. 217). A passagem acima de *A Estrela* sugere que para Rosenzweig a aspiração a "precipitar a vinda do Messias" é um elemento integral da concepção judaica da temporalidade. A prece tem precisamente essa função: "Se não existe tal força, se não existe uma prece capaz de apressar a vinda do Reino, ele não virá eternamente, pelo contrário: eternamente não virá." (*L'Étoile de la rédemption*, p. 341.)
37. Cf. F. Rosenzweig, *Briefe*, Berlin: Schocken, 1935, p. 292.
38. Idem, *Jehuda Halevi, zweiundneunzig Hymnen und Gedichte*, Berlin, 1927, p. 239, 242.
39. Idem, *Briefe*, p. 291. Como observa Guy Petitdemange em seu belo ensaio sobre Rosenzweig, no seu pensamento religioso a Revelação "tem como correlato na história a ideia da irrupção messiânica" (La Provocation de Franz Rosenzweig, *Recherches de Science Religieuse*, out.-dez. 1982, p. 503).
40. Idem, Hic et ubique! [1919], *Kleinere Schriften*, Berlin: Schocken, 1937, p. 470.
41. Idem, *Der Stern der Erlösung* [1921], Frankfurt: Kaufmann, 1930, v. III, p. 92, 95. A tradução francesa (de grande qualidade) é inexata nessa passagem.
42. Cf. G. Henning, *Walter Benjamin*..., p. 51.
43. *L'Étoile*..., p. 339. (Tradução ligeiramente modificada conforme Stern, v. II, p. 35.)
44. Cf. G. Henning, op. cit., p. 51.
45. Cf. *L'Étoile*, p. 336.
46. David Joseph Biale, *The Demonic in History: Gershom Scholem and the Revision of Jewish Historiography* (PhD Tesis), Los Angeles: University of Califórnia, 1977, p. 171. Para um julgamento favorável de Scholem sobre o romantismo alemão (sua "ligação emocional ao povo vivo", sua "compreensão ativa do organismo de sua própria história"), ver seu artigo "Wissenschaft von Judentum eínst und jetzt" [1949], *Judaica*, n. I, 1963, p. 147-150. Contudo, Scholem não está de acordo com essa tese de Biale sobre a importância do romantismo alemão como fonte de seu pensamento (memorando de conversação com G. Scholem, dezembro de 1979).
47. Em 1937, numa carta autobiográfica ao editor Zalman Schocken, ele refere-se às "intuições profundas" desse autor e ao "efeito fascinante" do livro sobre ele (citado em D. Biale, *Gershom Scholem, Kabbalah and counter-history*, Cambridge: Harvard University Press, 1979, p. 216 [Ed. bras.: *Cabala e Contra-História: Gershom Scholem*, São Paulo: Perspectiva, 2004, p. 158-159]. Esse livro é uma versão revista e corrigida da tese de PhD mencionada na nota anterior).
48. G. Scholem, *Von Berlin nach Jerusalem: Jugenderinnerungen*, Frankfurt: Suhrkamp, 1977, p. 68 (Ed. bras.: *De Berlim a Jerusalém*, São Paulo: Perspectiva, p. 65); entrevista com G. Scholem (1974), em *Fidélité et utopie: Essais sur le judaisme contemporain*, Paris: Calmann-Lévy, 1978, p. 19-20, 31-32; memorando de conversação do autor com G. Scholem, dezembro de 1979. Seu interesse pelo romantismo se manifestará ainda durante os anos 1920, através do estudo da obra do filósofo romântico da natureza Johann Wilhelm Ritter, que lhe fora recomendada com entusiasmo por Walter Benjamin (cf. carta de Benjamin a Scholem, 5 de março de 1924, em W. Benjamin, *Correspondance*, Paris: Aubier, 1979, v. I, p. 313), e de que se lembrará cinquenta anos mais tarde como uma obra "impressionante" (memorando de conversação com Scholem, dezembro de 1979).
49. Cf. D. Biale, *Gershom Scholem, Kabbalah and Counter-History*, p. 182. (Ed. bras.: *Cabala e*

Contra-História: Gershom Scholem: São Paulo: Perspectiva, 2004). Num ensaio escrito em 1969, Scholem refere-se ao sionismo como um "movimento de jovens, em que fortes motivos românticos desempenharam necessariamente um papel considerável" (Israel und die Diaspora, *Judaica*, II, Frankfurt: Suhrkamp, 1970, p. 58-59).
50. Entrevista com G. Scholem, *Fidélité et utopie*, p. 39.
51. Cf. G. Scholem, Ha-Matará ha-Sofit (O Objetivo Final), *Scheifotenu*, n. 2, ago. 1931, p. 156. Ver, também, Zur Frage des Parlaments, *Jüdische Rundschau*, n. 34, 1929, p. 65. O termo "revisionistas" designa o movimento nacionalista dirigido por Jabotinsky (e depois por Menahem Begin).
52. G. Scholem, Lyrik der Kabbala?, *Der Jude*, n. VI, 1921-1822, p. 55. Cf. D. Biale, *Gershom Scholem, Kabbalah and Counter-History*, p. 73 (Ed. bras.: *Cabala e Contra-História: Gershom Scholem*, p. 28): "A rejeição ao judaísmo 'burguês', por Scholem, era uma atitude consistente com a nova atmosfera reinante entre jovens judeus alemães, uma atmosfera que Buber ajudara a criar. [...] a fascinação de Scholem pelo irracionalismo refletia a sua dívida para com Buber [...]"
53. Cf., em outro contexto, D. Biale, *The Demonic in History*, p. 151: "A história é a alternativa de Scholem à teologia racionalista maimonidiana e ao existencialismo irracionalista buberiano."
54. G. Scholem, *Von Berlin nach Jerusalem*, p. 210. (Ed. bras.: *De Berlim a Jerusalém*, p. 181.)
55. Memorando de conversa do autor com G. Scholem, dezembro de 1979.
56. G. Scholem, Lyrik der Kabbala?, *Der Jude*, n. VI, Berlin: Jüdischer, 1921-1922, p. 61-62.
57. G. Scholem, *Von Berlin nach Jerusalem*, p. 195. (Ed. bras.: *De Berlim a Jerusalém*, p. 169.)
58. G. Scholem, Ha-Mekubal Abraham Ben Eliezer Halevi, *Kiriat Sefer*, Choveret Aleph, Shana Beth, 1925, p. 111 (em hebraico).
59. Ver *Encyclopaedia judaica*, Berlin: Eschkol, 1928, v. 1, p. 637-639.
60. G. Scholem, Über die Theologie des Sabbatianismus in Lichte Abraham Cardozos, *Der Jude*, n. IX, 1928, reeditado em *Judaica*, v. 1, Frankfurt: Suhrkamp, 1963.
61. *Encyclopaedia judaica*, v. 9, 1932, p. 659,663, 697-698, 703. O conceito de apocatástase (em grego: restabelecimento da situação anterior) em sua significação religioso-messiânica aparece também nos escritos de Walter Benjamin dos anos 1930.
62. G. Scholem, Al Shlosha Pishei Brit Shalom, *Davar*, 12 dez. 1929, p. 2 (em hebraico).
63. Idem, *Walter Benjamin: Die Geschichte einer Freundschaft*, Frankfurt: Suhrkamp, 1975, p. 14, 19 (Ed, bras.: *Walter Benjamin: A História de uma Amizade*, São Paulo: Perspectiva, 2008, p. 14-15, 19).
64. Idem, *Von Berlin nach Jerusalém*, p. 71, (Ed. bras.: *De Berlim a Jerusalém*, p. 67), e memorando de conversa com Scholem, dezembro de 1979. D. Biale sugere um vínculo entre o anarquismo de Landauer e o sionismo na visão do mundo em gestação de G. Scholem durante a Primeira Guerra Mundial: "Scholem encontrou no anarquismo de Landauer uma filosofia que correspondia à sua própria rejeição instintiva da guerra. [...] Scholem também encontrou em Landauer um nacionalismo cultural/espiritual que correspondia em muitos aspectos ao sionismo cultural de Ahad Ha-Am, que ele havia descoberto mais ou menos na mesma época. [...] A experiência da guerra em 1914-1915 fez com que Scholem começasse a definir seu sionismo cultural com as categorias anarquistas adotadas de Landauer e a desenvolver uma teoria para explicar por que o sionismo exigia a rejeição da guerra." (D. Biale, *The Demonic In history*, p. 110) Segundo o próprio Scholem, a ausência do tema "O Estado Judeu" em seus escritos sionistas de juventude talvez tenha a ver com a problemática anarquista (memorando de conversa, dezembro de 1979).
65. G. Scholem, *Mi-Berlin le-Ierushalaim, Zikhronot Neurim*, Tel-Aviv: Hotzaat Am-Oved, 1982, p. 115. Trata-se de uma edição hebraica ampliada de sua obra autobiográfica.
66. Ibidem, p. 178-179. Alguns anos depois, o Haschomer Hatzair irá adotar Marx e Lênin, abandonando as referências anarquistas.
67. Idem, With Gershom Scholem (1975), *On Jews and Judaism in Crisis*, New York: Schocken, 1976, p. 35-36. A tradução francesa desse texto em *Fidélité et utopie*, p. 56, parece-me imprecisa.
68. Idem, Une éducation au judaïsme, *Dispersion et Unité*, n. 11, 1971, p. 153-154, 159.
69. Entrevista com G. Scholem, *Fidélité et utopie*, p. 52-53.
70. Ver, por exemplo, no artigo Considerações Sobre a Teologia Judaica, de 1973, a seguinte

passagem, a respeito de Bloch, Benjamin, Adorno e Marcuse: "O apocalipse secularizado – em teoria da catástrofe – da revolução, que desempenha um papel tão grande nas discussões contemporâneas, conserva a marca do impulso teológico judaico de onde se originou, mesmo que não o admita. [...] A diferença entre a 'teologia da revolução' moderna que nos cerca de todos os lados e a ideia messiânica do judaísmo consiste, numa medida apreciável, em uma transposição dos termos. Em sua nova forma, a história torna-se uma pré-história." (*Fidélité et utopie*, p. 255-256).

71. G. Scholem, Die Metamorphose des häretischen Messianismus der Sabbatianer im religiösen Nihilismus am 18. Jahrhundert 1963, *Judaica*, III, p. 207 (Ed. bras.: *O Nome de Deus, a Teoria da Linguagem e Outros Estudos de Cabala e Mística: Judaica II*, São Paulo: Perspectiva, 1999, p. 174-175). Ver também p. 217 (p. 182-183 na ed. bras.), sobre "a utopia terrena anarquista" dos frankistas.
72. D. Biale, *The Demonic in History*, p. 3.
73. D. Biale, *Gershom Scholem, Kabbalah and Counter-History*, p. 174 (Ed. bras.: *Cabala e Contra-História: Gershom Scholem*, p. 112). Ver também p. 154: "Para Scholem [...] A história não consiste em um eterno progresso gradual, como o século XIX acreditava, porém em uma sucessão de rupturas apocalípticas.

74. Cf. Leo Löwenthal, *Mitmachen wollte ich nie: Ein autobiographisches Gespräch mit Helmut Dübiel*, Frankfurt: Suhrkamp, 1980, p. 16-19.
75. L. Löwenthal, Wir haben nie im Leben diesen Ruhm erwartet, em Mathias Greffrath (org.), *Die Zerstörung einer Zukunft*, Reinbek/Hamburg: Rowohlt, 1979, p. 200-201.
76. Extratos da tese inédita de Löwenthal foram publicados bem mais tarde sob o título: Franz von Baader: Ein religiöser Soziologe der Soziologie, na revista *Internationales Jahrbuch für Religionssoziologie*, Köln, 1966-1967, cf. v. II (1966), p. 235-239, e v. III (1967), p. 202-203. Cf. L. Löwenthal, *Die Sozietätspbilosophie Franz von Baaders*, dissertação inaugural, Frankfurt, 1923.
77. Cf. *Mitmachen wollte ich nie*, p. 153-160.
78. Ibidem, p. 40-47, 55-58.
79. Entrevista de Leo Löwenthal com o autor, em outubro de 1984. Ver L. Löwenthal, *Judentum und deutscher Geist* [1930], *Schriften 4* (Judaica Vorträge, Briefe), Frankfurt: Suhrkamp, 1984, p. 9.
80. Cf. L. Löwenthal, Das Dämonische: Entwurf einer negativen Religions-philosophie, em *Gabe Herrn Rabbiner Dr. Nobel zum 50. Geburtstag*, Frankfurt: J. Kaufmann, 5682 (1921) p. 51-62.

5. "THEOLOGIA NEGATIVA" E "UTOPIA NEGATIVA"

1. Apud Klaus Wagenbach, *Franz Kafka*, Reinbek/Hamburg: Rowohlt, 1964, p. 143.
2. Numa obra recente, Ritchie Robertson designa a visão social de Kafka como "romântica anticapitalista", citando minha própria definição desse conceito mas interpretando-a de modo um tanto unilateral, como sinônimo de "anti-industrialismo". Cf. R. Robertson, *Kafka: Judaism, Politics and Literature*, Oxford: Clarendon Press, 1985, p. 141.
3. F. Kafka, *L'Amérique*, em *Oeuvres completes*, Paris: Gallimard, 1976, p. 39, 115, 855. (Coll. Pleiade) (Corrigido da antiga tradução de Vialatte por Claude David.) Cf. *Amerika*, Frankfurt: Fischer, 1956, p. 37, 41, 106.
4. W. Emrich, *Franz Kafka*, Frankfurt: Athenäum, 1961, p. 227-228.
5. Cf. Klaus Hermsdorf, *Kafka: Weltbild und Roman*, Berlin: Rütten & Loening, 1961, p. 52.
6. A. Holitscher, *Amerika heute und morgen*, Berlin: Fischer, 1912, p. 316. Ele se queixa também do alarido metálico das fábricas de Chicago, esse ruído "frio e inconsolável como todo esse mundo moderno, com sua civilização, o mais sinistro (*grimmigsten*) inimigo da espécie humana" (p. 321).
7. F. Kafka, *Briefe an Felice*, Frankfurt: Fischer, 1970, p. 241.
8. G. Janouch, *Gespräche mit Kafka*, Frankfurt: Fischer, 1968, p. 159.
9. F. Kafka, Diário, nota de 1917, apud K. Wagenbach, *Kafka parlui même*, Paris: Seuil, 1969, p. 145.
10. Idem, *L'Amérique*, p. 844.
11. Idem, Lettre au père (1919), *Préparatifs de noce à la campagne*, Paris: Gallimard, p. 186-187. (Ed. bras.: *Carta ao Pai*, trad. Modesto Carone, São Paulo: Brasiliense, 1986, p. 44 e 47.)
12. K. Wagenbach, *Franz Kafka: Années de jeunesse (1883-1912)*, Paris: Mercure de France, 1967, p. 163-166.

13. Werner Kraft, *Gespräche mit Martin Buber*, München: Kösel, 1966, p. 111, 124. Numa carta a Buber de 1915, Kafka refere-se a seu encontro como "a melhor lembrança" de sua estada em Berlim. Em 1917, escreve a Buber para agradecer-lhe a publicação de duas de suas novelas – "Chacais e Árabes" e "Relatório a uma Academia" – na revista *Der Jude*, "coisa que sempre me pareceu impossível" (cf. Martin Buber, *Briefwechsel*, Band I, p. 409, 494). Os Arquivos Buber em Jerusalém possuem sete cartas de Kafka a Buber, dos anos 1914-1917; três delas foram publicadas no *Briefwechsel*.
14. Heinz Politzer (org.), *Das Kafka-Buch*, Frankfurt: Fischer Bücherei, 1965, p. 250. Sobre a atitude ambígua de Kafka em face do judaísmo e do sionismo, ver Helen Milfull, Franz Kafka: The Jewish Context, *Year book of the Leo Baeck Institute*, v. XXIII, London: Secker and Warburg, 1978.
15. F. Kafka, *Préparatifs de noce à la campagne*, p. 69, 83.
16. Max Brod, Verzweiflung und Erlösungim Werk Franz Kafkas (1959), *Über Franz Kafka*, Frankfurt: S. Fischer, 1966, p. 213. Segundo Brod, a fé na promessa divina e na redenção, ausente dos romances de Kafka, manifesta-se sobretudo em seus aforismos, mas a análise que ele faz está longe de ser convincente.
17. M. Brod, op. cit., p. 326. Citando os dois textos, Brod tenta interpretá-los de uma forma não contraditória e positiva, sugerindo que Rossmann, uma vez executado, encontrará seu lugar no paraíso. Evidentemente, com um tal método de leitura poder-se-ia também decifrar o final de *O Processo* (o assassinato de K. "como um cão") enquanto prólogo à ascensão de sua alma bem-aventurada ao jardim do Éden.
18. Cf. A. Wirkner, *Kafka und die Aussenwelt: Quellenstudienzum "Amerika" Fragment*, Stuttgart: Ernst Klett, 1976, p. 81.
19. Cf. Walter Sokel, *Franz Kafka: Tragik und Ironie*, Viena: Albert Langen, 1964, p. 215; e Ernst Fischer, Kafka conference, em Kenneth Hughes (ed.), *Franz Kafka: An Anthology of Marxist Criticism*, Hanover: University Press of New England, 1981, p. 91.
20. Hannah Arendt, *Sechs Essays*, Heidelberg: Lambert Schneider, 1948, p. 133.
21. M. Robert, *Seul, comme Franz Kafka*, Paris: Calmann-Lévy, 1979, p. 162. Constatando a admiração de Kafka por certas figuras que lhe servem de modelos espirituais – como a socialista Lili Braun, a pietista Ermuthe von Zinzendorf, o príncipe Kropótkin, por exemplo –, Marthe Robert define assim o elemento comum desse conjunto heteróclito: "todos encarnavam, em um grau excepcional, a consonância profunda do indivíduo com sua escolha espiritual e todos retiravam dessa consonância a força de agir no mundo para transgredir a ordem estabelecida" (ibidem, p. 121). Num artigo sobre a parábola do homem diante da porta, Ingeborg Henel chega também à conclusão de que "a obediência à lei externa impede a entrada na verdadeira lei", que é "a lei de cada indivíduo" (I. Henel, The Legend of the Doorkeeper and its Significance for Kafka's Trial, em James Rolleston (ed.), *Twentieth Century Interpretations of "The trial"*, Englewood Cliffs: Prentice Hall, 1976, p. 41, 48).
22. F. Kafka, *Der Prozess*, Frankfurt: Fischer, 1979, p. 12. (A tradução francesa dessa passagem na Pleiade é imprecisa.)
23. Idem, *Préparatifs de noce à la campagne*, p. 81-82.
24. Ver a hipótese distinta, mas análoga, proposta por Ritchie Robertson: "Quando cada um tiver atingido uma tal fé individualista, o Messias será supérfluo, porque o Reino de Deus já existirá." (Op. cit., p. 192).
25. Cf. R. Robertson, op. cit., p. 164. Ver também Jens Tismar, Kafka's "Schakale und Araber" im zionistischen Kontext betrachtet, *Jahrbuch der Deutschen Schiller-Gesellschaft*, n. 19, 1975. Um ponto de vista similar é sugerido por Robert Kauf: "Chacais e Árabes" é uma sátira "dirigida contra aqueles entre os judeus que gostariam de continuar a viver uma vida sem dignidade, aguardando passivamente a libertação através de um messias ou de outro poder exterior, em vez de agir por si mesmos" (R. Kauf, Kafka's "A Report to the Academy", *Modem Language Quarterly*, v. XV, 1954, p. 365)
26. G. Scholem, Mit einem Exemplar von Kafka's "Prozess" (1935), *Walter Benjamin uber Kafka*, Frankfurt: Suhrkamp, 1981, p. 73.
27. W. Benjamin, *Correspondance*, v. II, p. 122. Cf. *Briefe*, Frankfurt: Suhrkamp, 1966, v. II, p. 614. Em seu ensaio sobre Kafka de 1934, Benjamin compara *O Castelo* com uma lenda talmúdica sobre a espera do Messias (Walter Benjamin [1934], *Franz Kafka: Poésie et révolution*, Paris: Denoël, 1971, p. 89-90).
28. Ver o texto alemão em G. Scholem, *Walter Benjamin und sein Engel*, Frankfurt: Suhrkamp,

1983, p. 32-33. Em francês: *Walter Benjamin: Fidélité et utopie*, 1964, p. 135.
29. T. Adorno, Carta a Benjamin de 17 de dezembro de 1934, em *Benjamin über Kafka*, p. 101.
30. Em suas cartas a Scholem, Benjamin faz também referência explícita ao que chama de "o aspecto messiânico" e "as categorias messiânicas" desses escritos (W. Benjamin, carta a Scholem de 11 de agosto de 1934, em W. Benjamin, G. Scholem: *Briefwechsel 1933-1940*, Frankfurt: Suhrkamp, 1980, p. 167).
31. Posfácio à primeira edição, em F. Kafka, *Le Château*, Paris: Gallimard, 1972, p. 518-521.
32. Ibidem.
33. Todavia, ela ainda encontra adeptos. Ver, por exemplo, R. Robertson, *Kafka: Judaism, Politics and Literature*, p. 185. "Parece provável que, ao afirmar sua própria vontade contra a do Castelo, Amália rejeita com arrogância algo de valor potencial, tanto religioso quanto humano." Para os críticos negativos, ver por exemplo Marthe Robert, *L 'Ancien et le nouveau: de Don Quichotte à Kafka*, Paris: Payot, 1967, p. 176-186; e Erich Heller, *The World of Franz Kafka*, em Ronald Gray (ed.), *Kafka: A Collection of Critical Essays*, Englewood Cliffs: Prentice Hall, 1965, p. 117-118.
34. H. Arendt, op. cit., p. 131.
35. E. Heller, *Franz Kafka*, Princeton: Princeton University Press, 1982, p. 105, 123.
36. É a posição defendida por Alfred Döblin, Die Romane von Franz Kafka, *Die Literarische Welt*, 4 mar. 1927.
37. Martin Buber, Zwei Glaubenweisen, *Werke*, v. I, Heidelberg: Lambert Schneider, 1962, p. 778. Hans Joachin Schoeps é outro que define a religião de Kafka como uma teologia da ausência da salvação (*Heillosigkeit*), acrescentando esse comentário: "Somente a teologia judaica conhece o fenômeno de uma autêntica história-da-não-salvação (*Unheilsgeschichte*), em que a história da salvação transforma-se em seu estrito contrário." (Theologische Motive in der Dichtung Franz Kafkas, *Die neue Rundshau*, Frankfurt, n. 62, v. 1, 1951, p. 21.)
38. F. Kafka, *Préparatifs de noce à la campagne*, p. 49.
39. T.W. Adorno, *Prisms*, Cambridge: MIT Press, 1982, p. 269. Ver também H.J. Schoeps, op. cit., p. 37: "Só uma existência absolutamente desesperada pode permitir essa esperança messiânica louca (*irrsinnige*) – foi assim que ele descreveu a si mesmo um dia."
40. F. Kafka, *Préparatifs de noce à la campagne*, p. 97.
41. M. Blanchot, *De Kafka à Kafka*, Paris: Gallimard, 1981, p. 69. Sobre os aforismos, ver Ingeborg Henel, Kafka als Denker, *Franz Kafka: Theme und Probleme*, Göttingen: Vandenhoeck & Ruprecht, 1980, p. 60-61: "O lado positivo, segundo Kafka, não pode ser reconhecido senão pelo lado negativo, *o contrário*, como dizia Lutero. [...] Todas as tentativas para descobrir nele uma fé positiva fracassaram, deixando entrever apenas o que o intérprete introduziu na obra. Inversamente, todas as análises que concebem a apresentação de Kafka do lado negativo da vida como prova de seu pessimismo ou niilismo não reconheceram que é precisamente a forte acentuação do negativo que faz aparecer a contra-imagem do positivo." Ver também sobre o assunto o excelente estudo de Rosemarie Ferenczi, *Kafka, subjectivité, histoire et structures*, Paris: Klincksieck, 1975, p. 101: "Kafka é constrangido por sua época a criar com carências. [...] Ele deve dar forma a negatividades e servir-se delas para abrir um caminho que as ultrapasse. Ele não pode descrever a luz pois só pode descrever o que conhece, sua ausência. Mas a descrição dessa ausência, opaca, obscura, tem por objetivo aproximar-se do que a ela se opõe essencialmente, o que ele denomina luz ou verdade."
42. H. Politzer (org.), *Das Kafka-Buch*, p. 151.
43. M. Mares, Comment j'ai connu Franz Kafka, em Klaus Wagenbach, *Franz Kafka: Années de jeunesse*, p. 254; Max Brod, *Franz Kafka*, Paris: Gallimard, 1945, p. 135-136.
44. M. Mares, op. cit., p. 253; Michal Mares, Setkanis Franzem Kafkou, *Literarni Noviny*, Praga, n. 15, 1946; Klaus Wagenbach, *Kafka*, Reinbek/Hamburg: Rowohlt, 1964, p. 70.
45. Famoso anarquista francês, cujo nome verdadeiro era François Claudius Koenigstein (1859-1892), autor de vários atentados e condenado à morte. (N. da T.)
46. M. Mares, Comment j'ai connu Franz Kafka, p. 259; *The Diaries of Franz Kafka (1910-1923)*, London: Penguin, 1964, p. 233, 333; G. Janouch, *Gespräche mit Kafka*, Frankfurt: S. Fischer, 1968, p. 128.
47. G. Janouch, *Kafka m'a dit*, Paris: Calmann-Lévy, 1952, p. 165.
48. Max Brod, *Über Franz Kafka*, p. 76; no original: "Statt die Anstalt zu stürmen und alles Kurz und klein zu schlagen, kommen sie bitten."
49. G. Janouch, *Kafka m'a dit*, p. 70, 71, 135, 107, 108, 141.

50. Como escreve com razão Marthe Robert, a reserva é um componente essencial de sua arte, "o princípio de estilo que protege sua obra romanesca contra a trivialidade do romance de tese". (M. Robert, *Seul, comme Franz Kafka*, p. 72.)
51. F. Kafka, Lettre au père, *Préparatifs de noce...*, p. 165, 176. (Ed. bras.: *Carta ao Pai*, p. 17, 34-35.)
52. Idem, *Correspondance*, Paris: Gallimard, 1965, p. 236: "Se há uma revista que me pareceu atraente por muito tempo [...] foi a do dr. Gross." Ver também G. Baioni, *Kafka: Letteratura ed ebraismo*, Turim: Einaudi, 1979, p. 203-205. Sobre Otto Gross, ver Arthur Mitzman, Anarchism, Expressionism and Psychoanalysis, *New German Critique*, Durhan, n. 1, winter 1977.
53. M. Kundera, Quelque part là-derrière, *Le Débat*, Gallimard, n. 8, jun. 1981, p. 58.
54. F. Kafka, *L'Amérique*, p. 145, 185.
55. Idem, *Amerika*, p. 15, 161. A Chefe da Cozinha, figura maternal, é uma exceção.
56. Idem, Lettre au père, op. cit., p. 177. (Ed. bras.: *Carta ao Pai*, p. 34.)
57. A. Holitscher, *Amerika heute und morgen*, p. 102-103.
58. F. Kafka, *Briefe an Felice*, Tübingen: S. Fischer, 1967, p. 764.
59. W. Benjamin, Carta a G. Scholem (1938), *Correspondance*, v. II, p. 248.
60. GPU: Gossudarstvennoie Polititchesroie Opravlenie (Administração Política do Estado); polícia política, foi substituída em 1934 pela NKVD, depois KGB. (N. da E.). W. Benjamin, *Essais sur Brecht*, Paris: Maspero, 1969, p. 132. Num ensaio publicado em 1974, Stern traça um paralelo detalhado (mas um pouco forçado) entre *O Processo* de Kafka e a legislação nazista ou a prática dos tribunais do Terceiro Reich. (J.P. Stern, The Law of the Trial, em F. Kuna [ed.], *On Kafka: Semi-Centenary Perspectives*, New York: Harper & Row, 1976.)
61. F. Kafka, *Der Prozess*, p. 9.
62. Cf. R. Ferenczi, op. cit., p. 62: "Kafka não quis ser o profeta de catástrofes futuras, limitou-se a decifrar os traços da infelicidade de seu tempo. Se suas descrições aparecem muitas vezes como de fato proféticas, é porque épocas ulteriores constituem sequências lógicas da Kafka."
63. G. Janouch, *Kafka und seine Welt*, Viena: Hans Deutsch, 1965, p. 55.
64. Cf. Max Brod, *Franz Kafka: eine Biographie*, Frankfurt: S. Fischer, 1954, p. 248. Brod cita o testemunho de Dora Dymant: "Entre os papéis queimados achava-se, segundo Dora, um relato de Kafka que tinha por tema o processo por assassinato ritual contra Beiliss em Odessa." Ver sobre o assunto Arnold J. Band, Kafka and the Beiliss Affair, *Comparative Literature*, v. 32, n. 2, primavera de 1980.
65. F. Kafka, *La Muraille de Chine*, Paris: Gallimard, 1950, p. 122. É verdade que ele acrescenta: "mas esse partido não pode surgir porque ninguém se atreve a repudiar a nobreza!", embora essa constatação se assemelhe mais a um apelo à revolta. Uma problemática semelhante manifesta-se na parábola "A Recusa", na qual o velho coronel, detentor tradicional do poder, recusa e rejeita sempre as humildes reivindicações da população, que se curva, resignada. Contudo, acrescenta Kafka, "segundo minhas observações, há uma geração que não está satisfeita, são rapazes entre dezessete e vinte anos mais ou menos, portanto gente muito jovem, e consequentemente incapaz de suspeitar os riscos envolvidos no pensamento mais insignificante, e menos ainda num pensamento revolucionário. E é entre eles que se infiltra o descontentamento". (*La Muraille de Chine*, p. 120.) A bem da verdade, tais sugestões de uma revolta que se esboça no porvir são um tanto raras em Kafka.
66. F. Kafka, *Le Procès*, p. 308, 1006.
67. Como observa corretamente Michel Carrouges, "Kafka abdica do ponto de vista corporativo dos homens da lei, essa gente instruída e bem-educada que julga compreender o porquê das coisas da lei. Considera-os, ao contrário, eles e a lei, sob o ponto de vista da massa dos miseráveis subjugados que padecem sem compreender. Mas, como continua sendo Kafka, eleva essa ignorância ordinariamente ingênua à altura de uma ironia superior, transbordante de sofrimento e humor, de mistério e lucidez. Desmascara tudo o que há de ignorância humana no saber jurídico e de saber humano na ignorância dos oprimidos." (M. Carrouges, Dans le rire et les larmes de la vie, *Cahiers de la Compagnie M. Renaud et J. -L. Barrault*, Paris: Julliard, oct. 1957, p. 19.)
68. H. Arendt, *Sechs Essays*, p. 129-30.
69. F. Kafka, *Lettres à Milena*, Paris: Gallimard, 1983, p. 272.
70. Idem, *Le Château*, p. 558-559.
71. Ibidem, p. 562.
72. M. Robert, *Seul, comme Franz Kafka*, p. 230-231.

6. DISTANTE DE TODAS AS CORRENTES E NO CRUZAMENTO DOS CAMINHOS

1. W. Benjamin, Romantik (1913), *Gesammelte Schriften* (doravante GS), Frankfurt: Suhrkamp, 1977, v. II, parte 1, p. 46. Pela mesma época, ele redige um manuscrito (que permanecerá inédito) intitulado *Diálogo Sobre a Religiosidade do Presente*, que opõe os "esforços heroico-revolucionários" à lamentável marcha ("quase semelhante ao caranguejo") da evolução e do progresso (*Fortschritt*), ibidem, p. 25-26, 34.
2. Idem, *Der Begriff der Kunstkritik in der deutschen Romantik*, Frankfurt: Suhrkamp, 1973, p. 65-66, 70.
3. Idem, *Correspondance*, v. I: 1910-1928, Paris: Aubin, 1979, p. 128. Cf. em alemão *Briefe*, v. I, Frankfurt: Suhrkamp, 1966, p. 138.
4. Idem, La Vie des étudiants, *Mythe et violence*, Paris: Denoél/Lettres Nouvelles, 1971, p. 37, 42, 44-45.
5. Idem, Ein Schwarmgeist auf den Katheder: Franz von Baader, GS, v. III, p. 308. A tentativa de unificar romantismo e filosofia das Luzes manifesta-se também em outros escritos de Benjamin: ver por exemplo a antologia *Deutsche Menschen* de 1936 (GS, v. IV, parte 1, p. 149-233), que mostra essa orientação tanto na escolha dos autores quanto na sua apresentação.
6. Idem, *Der Begriff der Kunstkritik...*, p. 8-9. Numa carta a Ernst Schoen de abril de 1919, Benjamin explica que não pôde colocar o messianismo "núcleo do romantismo" no centro de sua tese porque isso o impediria de manter a atitude científica convencional ("distinta a meus olhos da autêntica") exigida pela Universidade (*Correspondance*, v. I, p. 191-192).
7. Idem, *Der Begriff der Kunstkritik...*, p. 86-87. Ver também o ensaio de 1916, "Trauerspiel e Tragédia", que opõe o tempo messiânico pleno (*erfüllt*) ao tempo vazio da mecânica e do relógio (Sur le Trauerspiel et la tragédie, 1916, *Furor*, n. 2, oct. 1982, p. 7-8).
8. G. Scholem, *Walter Benjamin: die Geschichte einer Freundschaft*, Frankfurt: Suhrkamp, 1976, p. 53.
9. W. Menninghaus, *Walter Benjamins Theorie der Sprachmagie*, Frankfurt: Suhrkamp, 1980, p. 189-192.
10. W. Benjamin, *Mythe et violence*, p. 93-95.
11. Idem, La Tache du traducteur, *Mythe et violence*, p. 267-268.
12. G. Scholem a H. Arendt, 28 de novembro de 1960, *Arendt Papers*, Container 12, Washington: Library of Congress.
13. G. Scholem, La Loi dans la mystique juive, *Le Nom et les symbóles de Dieu dans la mystique juive*, Paris: Cerf, 1983, p. 143.
14. F.J. Molitor, *Philosophie der Geschichte oder über die Tradition*, Münster: Theissingsche Buchhandlung, 1834, Terceira Parte, p. 598.
15. W. Benjamin, *Correspondance*, v. I, p. 167. (Corrigido conforme o alemão *Briefe*, v. I, p. 181.)
16. No ensaio de 1912, *Dialog über die Religiosität der Gegenwart*, Benjamin refere-se a Tolstói, Nietzsche e Strindberg como profetas de uma nova religião e de um novo socialismo (GS, v. II, parte 1, p. 22-34).
17. G. Scholem, *Geschichte einer Freundschaft*, p. 108, e notas de uma entrevista com G. Scholem em dezembro de 1979. Cf. também W. Benjamin, Fragment théologico-politique, *Mythe et violence*, p. 149: "a teocracia não tem nenhum sentido político, mas apenas um sentido religioso. (O grande mérito de Bloch, em seu *Espírito da Utopia*, é o de ter negado vigorosamente a significação política da teocracia.)"
18. Notas de uma entrevista com Werner Kraft, janeiro de 1980.
19. W. Benjamin, *Correspondance*, v. I, p. 325; e G. Scholem, *Geschichte...*, p. 155.
20. G. Scholem, *Geschichte...*, p. 19-22. Benjamin obtivera um exemplar do livro de Sorel – inencontrável na Alemanha – graças a Bernd Kampffmeyer, intelectual anarquista e secretário de Max Nettlau, que lhe havia sido recomendado por um amigo comum, o arquiteto anarquista Adolf Otto. Numa carta de 1920 a Kampffmayer, Benjamin solicitava uma informação bibliográfica sobre a literatura anarquista referente à violência, "tanto os escritos negativos ante a violência do Estado quanto os apologéticos ante a violência revolucionária". (Esse documento foi descoberto por Chryssoula Kambas no Arquivo Nettlau de Amsterdã. Cf. C. Kambas, Walter Benjamin und Gottfried Salomon: Bericht über eine unveröffentliche Korrespondenz, *Deutsche Vierteljahrschrift für Literaturwissenschaft und Geistesgeschichte*, Stuttgart: J.B. Metzler, 56. Jahrgang, dez. 1982, p. 617.)
21. Cf. W. Benjamin, Pour une critique de la violence, *Mythe et violence*, p. 133-134, 137-138, 147.
22. Idem, Fragment théologico-politique, *Poésie et révolution*, Paris: Denoël/Lettres Nouvelles,

1971, p. 150; e F. Rosenzweig, *L'Étoile de la rédemption*, p. 339. Adorno datou esse texto de 1937 (ano em que Benjamin teria lhe apresentado como uma obra "recente"), mas Scholem mostra de maneira convincente que se trata de um escrito "místico-anarquista" de 1920-1921 (ver sua carta a Maurice de Gandillac em *Poésie et révolution*, p. 149). Se minha hipótese sobre a relação com Rosenzweig é correta, seria mais preciso datá-lo de 1921-1922.

23. W. Benjamin, Fragment..., *Mythe et violence*, p. 150.
24. Idem, *Ursprung des deutschen Trauerspiels*, GS, v. I, parte 1, p. 246-249.
25. N. Bolz, Charisma und Souveränität: Carl Schmitt und Walter Benjamin im Schatten Max Webers, em Jacob Taubes (org.), *Religionstheorie und Politische Theologie*, v. I: *Der Fürst dieser Welt: Carl Schmitt und die Folgen*, Munique: Wilhelm Fink, 1983, p. 254-257. Christine Buci-Glucksmann percebeu muito bem as conclusões implicitamente antiestatistas que Benjamin desenvolve a partir das ideias de Schmitt sobre a soberania: "Contrariamente a todas as filosofias legalistas e ao sistema da razão moderna, que viu no Estado o lugar da emancipação do homem, [...] a soberania do teatro barroco é assim uma lógica de poder levada até sua realidade despótico-mundana. A verdade da história não está do lado da lei, da regra, da norma, mas sim do outro lado: na violência de uma soberania que se afirma ao extremo, nos Estados de exceção que põem a descoberto a relação política como uma relação 'guerreira'" (C. Buci-Glucksmann, Walter Benjamin et Tange de l'histoire: Une Archéologie de la modernité, *L'Ecrit du Temps*, Paris, n. 2, 1983, p. 67).
26. W. Benjamin, carta a Scholem de setembro de 1924, *Correspondance*, v. I, p. 325 (cf. *Briefe*, v. I, p. 355). Ainda em 1929, Benjamin considera *História e Consciência de Classe* (juntamente com *A Estrela da Redenção* de Rosenzweig!) como um dos raros livros que permaneceram vivos e atuais. Apresenta-o como "a obra filosófica mais acabada da literatura marxista", cujo mérito singular é o de ter captado na situação crítica da luta de classes e da revolução "a última palavra do conhecimento teórico" (Idem, Bücher, die lebendig geblieben sind, GS, v. III, p. 169).
27. Idem, *Correspondance*, v. I, p. 389.
28. R. Wolin, *Walter Benjamin: Anaesthetic of Redemption*, New York: Columbia University Press, 1982, p. 177.
29. W. Benjamin, *Correspondance*, v. I, p. 388. (A tradução francesa não é exata ver *Briefe*, v. I, p. 426.)
30. Idem, Panorama Imperial, GS, v. IV, parte 2, p. 391, e GS, v. IV, parte 1, p. 97. Em francês: *Sens unique*, Paris: Lettres Nouvelles/Maurice Nadeau, 1978, p. 167. (Ed. bras.: *Rua de Mão Única: Obras Escolhidas II*, trad Rubens Rodrigues Torres Filho, São Paulo: Brasiliense, 1987, p. 22.) Ver sobre o assunto a apresentação (Publisher's note) da edição inglesa *One way street*, London: New Left, 1979, p. 34.
31. W. Benjamin, *Sens unique*, p. 205-206. (Ed. bras.: *Rua de Mão Única*, p. 45-46.)
32. Ibidem, p. 242.
33. Ibidem, p. 162 (*Rua de Mão Única*, p. 19.). A tradução francesa é imprecisa nesse ponto (cf. GS, v. IV, parte 1, p. 93).
34. Idem, Le Surréalisme, *Mythe et violence*, p. 297-298. (Ed. bras.: *O Surrealismo, Magia e Técnica, Arte E Política, Obras Escolhidas I*, trad. Sérgio Paulo Rouanet, São Paulo: Brasiliense 1985.)
35. Ibidem, p. 311-314. (Ed. bras., p. 34-35.)
36. Idem, *Correspondance*, v. II, p. 49-51.
37. Idem, *Theorien des deutschen Faschismus*, GS, v. III, p. 250. Benjamin prezava muito essa ideia, que havia sido censurada numa publicação anterior. Num artigo de 1929 sobre uma peça de teatro antimilitarista, escreveu que a única resposta à guerra consiste na "insurreição armada" (*bewaffneter Aufstand*). A revista *Die Literarische Welt* publicou o artigo em maio de 1929 – sem essa passagem incendiária. Cf. GS, v. IV, parte 1, p. 463; e GS, v. IV, parte 2, p. 1031.
38. W. Benjamin, *Correspondance*, v. II, p. 224.
39. Ibidem, p. 151.
40. Drieu La Rochelle, Le Déserteur, *La Comédie de Charleroi*, Paris: Gallimard, 1960, p. 217-227. Há no conto de Drieu uma passagem comovente que é impossível ler sem pensar imediatamente em Port-Bou, setembro de 1940: "Em 1914 eu fui um dos raros daqueles de que haverá milhares de exemplos na próxima guerra. Haverá milhares de homens que se defenderão contra o tremor de terra, fugindo – ou que entre duas mortes escolherão a do protestador fuzilado em vez da do sujeito resignado, bombardeado ou asfixiado por gases."
41. W. Benjamin, *Journal de Moscou*, Paris: L'Arche, 1983, p. 81.

42. Idem, *Correspondance*, v. II, p. 68. Num artigo publicado em 1932, ele cita uma passagem de Trótski, segundo a qual só as "massas armadas" saberão pôr fim à guerra (Der Irrtum des Aktivismus, *GS*, v. III, p. 351).
43. Cf. I. Wohlfarth, On the Messianic Structure of Benjamin's last Reflections, *Glyph*, n. 3, Baltimore, 1978, p. 168.
44. Cf. G. Scholem, Walter Benjamin, *Fidélité et utopie*, p. 128.
45. N. Heinrich, L'aura de Walter Benjamin: Notes sur l'oeuvre d'art à l'ere de sa reproductibilité technique, *Actes de la Recherche en Sciences Sociales*, Lyon, n. 49, sept. 1983.
46. Numa carta a Horkheimer de agosto de 1936, pouco após a execução de Zinoviev e Kamenev, ele escreve: "acompanho naturalmente com a maior atenção os acontecimentos na Rússia. E parece que não sou o único a perder seu latim" (*Correspondance*, v. II, p. 215).
47. Ficha sem título, Fonds Walter Benjamin, envelope n. 2, Biblioteca Nacional, Paris. A data de 1937 é sugerida por Rolf Tiedemann, *Dialetik im Stillstand*, Frankfurt: Suhrkamp, 1983, p. 121. Acrescente-se que Benjamin observava também com desconfiança a política exterior da URSS: numa carta de março de 1938, ele se queixa do "maquiavelismo dos dirigentes russos" na Espanha (Correspondance, v. II, p. 237).
48. W. Benjamin, *Essais sur Bertolt Brecht*, Paris: Maspero, 1964, p. 144, 148, 149. Pierre Missac consentiu em nos comunicar algumas lembranças de suas conversas com Benjamin em 1937.
49. Idem, *Sur le concept d'histoire* (tradução francesa das Teses realizada pelo próprio Benjamin), *GS*, v. I, parte 3, p. 1263. (Ed. bras.: Sobre o Conceito da História, *Magia e Técnica, Arte e Política*, p. 227.)
50. W. Benjamin, Zentralpark, *Charles Baudelaire, un poete lyrique à l'apogée du capitalisme*, Paris: Payot, 1983, p. 242. O termo "regresso" não é de Benjamin, mas do geógrafo anarquista Elisée Reclus, de quem ele conhecia os trabalhos. A contradição entre o progresso no controle da natureza e a regressão (*Rückschritt*) na vida social é o tema central da tese XI sobre a filosofia da história.
51. Idem, Le Narrateur, *Poésie et révolution*, p. 150-155. (Ed. bras.: O Narrador, *Magia e Técnica, Arte e Política*, p. 197-221.)
52. Idem, Eduard Fuchs: der Sammler und der Historiker, *GS*, v. II, parte 2, p. 474-488.
53. Idem, *Passagenwerk*, *GS*, v. I, p. 592.
54. J. Habermas, L'Actualité de Walter Benjamin. La critique: prise de conscience ou préservation, *Revue d'Esthêtique*, Paris: Privat, n. 1, 1981, p. 121.
55. M. Abensour, W. Benjamin entre mélancolie et révolution: Passages Blanqui, *Walter Benjamin et Paris*, Paris: Cerf, 1986, p. 239.
56. W. Benjamin, *Passagenwerk*, op. cit., p. 378, 428, 437. Cf. também Zentralpark, *Charles Baudelaire, un poete lyrique...*, p. 247. Para o texto de Baudelaire, ver suas *Oeuvres completes*, Paris: Seuil, 1968, p. 363.
57. Idem, *GS*, v. I, parte 3, p. 1, 151-152.
58. Cf. *Charles Baudelaire*, p. 151-196.
59. W. Benjamin, *Poésie et révolution*, p. 101-102.
60. Ibidem, p. 140, 160-161 (em alemão, *GS*, v. II, 2, p. 458). (Ed. bras., O Narrador, *Magia e Técnica, Arte Epolítica*, p. 198 e 215.)
61. Idem, *Charles Baudelaire*, p. 151, 180-184, e *Passagenwerk*, *GS*, v. I, parte 2, p. 966.
62. Idem, E.T.A. Hoffmann und Oskar Panizza, *GS*, v. II, parte 2, p. 664-667.
63. Ver Edgar Allan Poe, Le Joueur d'échecs de Maelzel, *Histoires grotesques et sérieuses*, Paris: Gallimard, 1978, p. 110-112, 118-119, 126-127. Benjamin conhecia essa obra de Poe, traduzida por Baudelaire; ele a cita no ensaio Le Paris du Second Empire chez Baudelaire, *Charles Baudelaire*, p. 78. As citações das *Teses* são extraídas de sua própria tradução francesa, Sur le concept d'histoire, *GS*, v. I, parte 3, p. 1260.
64. W. Benjamin, E.T.A. Hoffmann und Oscar Panizza, *GS*, v. II, parte 2, p. 644.
65. E.T.A. Hoffmann, *Contes fantastiques*, Paris: Nouvel Office d'Edition, 1963, p. 74.
66. W. Benjamin, *Passagenwerk*, op. cit., p. 850-851. A personagem de Olympia é também mencionada em *Passagenwerk* (*GS*, p. 269), mas num outro contexto, na seção sobre o colecionador.
67. Ibidem, p. 847.
68. Idem, Zentralpark, *GS*, v. I, parte 2, p. 681.
69. Idem, *Passagenwerk*, *GS*, v. I, p. 589.
70. Idem, *GS*, v. I, parte 3. Conforme é muito bem mostrado por Irving Wohlfart, para Benjamin a religião judaica e a ação revolucionária têm em comum a referência à rememoração como meio de redenção do passado – em oposição à temporalidade vazia do "progresso". Cf. I. Wohlfarth, "On the Messianic Structure...", p. 153.
71. Idem, *Poésie et révolution*, p. 125.
72. Idem, Johan Jakob Bachofen, *GS*, v. II, parte 1, p. 220-230. Nesse artigo (destinado à *Nouvelle*

Revue Française, que o rejeitou), Benjamin contesta a interpretação conservadora de Klages e se vale da leitura freudiano-marxista de Bachofen por Erich Fromm.

73. A análise de Irving Wohlfarth sobre as relações entre anarquismo e marxismo no pensamento de Benjamin me parece a mais pertinente: "ele não sentia a necessidade de escolher entre esses dois *fronts*. Vemo-lo regularmente enfatizar suas simpatias anarquistas exatamente quando se aproxima do comunismo, para conservá-las no espaço/fronteira comum" (I. Wohuarth, Der destruktive Charakter: Benjamin zwischen den Fronten, em V. Lindner (org.), *Links hatte noch alles sich zu enträtseln... Walter Benjamin im Kontext*, Frankfurt: Syndikat, 1978, p. 78.
74. W. Benjamin, *Die Rückschritte der Poésie* von Carl Gustav Jochmann, GS, v. II, parte 2, p. 583, e *Poésie et révolution*, p. 126 (em alemão GS, v. V, parte 1. p. 47). Para Benjamin, Marx e Fourier não são contraditórios: ele busca seus pontos de convergência e menciona várias vezes o texto em que Marx toma a defesa de Fourier contra Karl Grün e saúda sua "visão gigantesca do homem".
75. Idem, *Passagenwerk*, GS, v. v, parte 1, p. 456-457.
76. W. Benjamin, *Poésie et révolution*, p. 284, (Ed. bras.: *Magia e Técnica, Arte e Política*, p. 228. Cf. *Passagenwerk*, GS, v. V, parte 1, p. 64: "Um dos traços mais notáveis da utopia fourierista é o de que a ideia de exploração da natureza pelo homem, depois tão difundida, lhe é estranha."
77. *Passagenwerk*, GS, v. v, parte 1, p. 456.
78. Friedrich Engels, apud W. Benjamin, *L'Origine de la famille, de la propriété privée et de l'Etat*, Paris: Editions Sociales, 1975, p. 328-329.
79. T.W. Adorno, *Über Walter Benjamin*, Frankfurt: Suhrkamp, 1970, p. 115-120.
80. W. Benjamin, *Passagenwerk*, GS, v. v, parte 1, p. 61, 71, 75, 77. Ver a propósito do "Sete Anciãos" de Baudelaire o ensaio de Marc Sagnol, Théorie de l'histoire et de la modernité chez Benjamin, *L'Homme et la Société*, n. 69-70, dez. 1983.
81. Idem, *Passagenwerk*, GS, v. v, parte 1, p. 162-178, e parte 2, p. 813. Sobre o mito e o poder do *Immergleichen*, ver as interessantes comunicações apresentadas no Colóquio Benjamin, em Paris, em junho de 1983 por Rolf Janz e Burkhardt Lindner, publicadas na coletânea *Walter Benjamin et Paris*.
82. Idem, *Charles Baudelaire*, p. 155.
83. Ibidem, p. 189-191.
84. R. Tiedemann, Nachwort, em W. Benjamin, *Charles Baudelaire*, Frankfurt: Suhrkamp, 1980, p. 205-206.
85. O comentário de Richard Wolin a esse respeito me parece pertinente: "As correspondências captam uma relação com a natureza cujos traços perdidos estão sendo extirpados pelo progresso implacável da racionalização [...] elas relacionam-se a um estado *ur*-histórico de reconciliação" (R. Wolin, *Walter Benjamin: Anaesthetic of Redemption* p. 236).
86. W. Benjamin, *Correspondance*, v. II, p. 320.
87. R. Caillois, La Fête, em Denis Hollier, *Le Collège de sociologie*, Paris: Gallimard, 1979, p. 486-490.
88. W. Benjamin, *Charles Baudelaire*, p. 193.
89. Ibidem, p. 223.
90. Idem, *Passagenwerk*, GS, v. v, p. 601.
91. Idem, Über den Begriff der Geschichte, GS, v. I, parte 3, p. 1232.
92. Idem, *Sur le concept d'histoire* (tradução do próprio Benjamin), GS, v. I, parte 3, p. 1264; e "Zentralpark", em *Charles Baudelaire*, p. 40.
93. Ver M. Abensour e V. Pelosse, Libérer l'enfermé, en guise de postface, em Auguste Blanqui, *Instructions pour une prise d'armes et autres textes*, Paris: La Tête des Feuilles, 1973, p. 208. Curiosamente, Adorno considerava certas ideias de Benjamin sobre a obra de arte como estando "no limite do anarquismo" (carta de Adorno a Benjamin de 18 de março de 1936, em T.W. Adorno, *Über Walter Benjamin*, p. 129); de forma especial, ele critica como "romantismo anarquista" a "confiança cega no domínio de si mesmo do proletariado no curso da história". (Ibidem, p. 130.)
94. R. Tiedemann, Nachwort, em W. Benjamin, *Charles Baudelaire*, p. 207.
95. R. Tiedemann, *Dialektik in Stillstand*, p. 130. Cf. também p. 132, onde ele constata, nas *Teses*, a presença de "conteúdos teóricos do anarquismo".
96. J. Habermas, L'Actualité de Walter Benjamin..., *Revue d'Esthêtique*, p. 121.
97. W. Benjamin, GS, v. I, parte 3, p. 1240-1241.
98. G. Scholem, *Fidélité et utopie*, p. 134.
99. W. Benjamin, *Poésie et révolution*, p. 289-290. (Ed. bras., *Magia e Técnica, Arte e Política*, p. 224.) Num artigo escrito em 1938 (sobre um romance de Anna Seghers), Benjamin diz que o Terceiro Reich escarnece do socialismo da mesma forma que o Anticristo do Messias (Eine Chronik der deutschen Arbeitslosen, GS,

v. III, p. 539). O teólogo protestante (e socialista revolucionário) Fritz Lieb (amigo de Benjamin) já havia definido o nazismo como o Anticristo moderno num artigo publicado em 1934; numa conferência em 1938, ele dirá que o Anticristo irá sucumbir por ocasião de um último combate contra os judeus, e que então o Cristo surgirá para estabelecer seu reino milenar. (Ver Chryssoula Kambas, Wider den "Geist der Zeit": Die antifaschistische Politik Fritz Liebs und Walter Benjamin, em J. Taubes (org.), *Der Fürst dieser Welt*, p. 582-583.)

100. *Poésie et révolution*, p. 282. A tradução francesa é inexata, cf. GS, v. I, parte 2, p. 697. A observação de Scholem encontra-se em Walter Benjamin und sein Engels, G. Scholem, *Walter Benjamin und sein Engels, vierzehn Aufsätze und kleine Beiträge*, Frankfurt: Suhrkamp, 1983, p. 66. O termo *Tikun* não aparece diretamente nos escritos de Benjamin, mas não há dúvida de que conhecia muito bem essa doutrina judaica, sobretudo através do artigo Kabbala (para a *Encyclopaedia judaica*) que Scholem havia escrito em 1932 – ele agradece a Scholem por esse texto numa carta de 15 de janeiro de 1933 (Walter Benjamin; Gershom Schölem, *Briefwechsel*, Frankfurt: Suhrkamp, 1980, p. 36-37).

101. Notas Preparatórias Para as Teses, GS, v. I, parte 3, p. 1243. A analogia entre a concepção messiânica da história, de Benjamin, nas *Teses*, e algumas ideias propostas por Rosenzweig em *A Estrela da Redenção* é impressionante. Ver sobre o assunto o ensaio de Stephane Moses, Walter Benjamin und Franz Rosenzweig, *Deutsche Vierteljahrschrift für Literaturwissenschaft und Geistesgeschichte*, Göttingen, n. 4, 1982.

102. Entre as notas preparatórias das *Teses*, há uma passagem que associa a era messiânica ao advento de uma linguagem universal, capaz de substituir a confusão da torre de Babel, uma língua que todos compreenderão "como as crianças no domingo compreendem a língua dos pássaros". O vínculo entre essa ideia e reflexões teológicas sobre a "bem-aventurada língua adâmica" em 1914 é inegável.

103. G. Kaiser, Walter Benjamin: "Geschichtsphilosophischen Thesen", em P. Bulthaup (org.), *Materialien zu Benjamins Thesen "Über den Begriff der Geschichte"*, Frankfurt: Suhrkamp, 1975, p. 74.

104. W. Benjamin, GS, v. I, parte 3, p. 1, 231-232. Essa nota devia, na realidade, tornar-se a tese XVIII, de acordo com o manuscrito do *Handexemplar* das *Teses* descoberto por Giorgio Agamben e apresentado no Colóquio Benjamin de Paris (jun. 1983).

105. R. Tiedemann, *Dialektik im stillstand*, p. 130.

106. M. Abensour, L'Utopie socialiste: Une Nouvelle alliance de la politique et de la religion, *Le Temps de la réflexion*, Paris: Gallimard, v. II, 1981, p. 64-65.

7. OS JUDEUS ASSIMILADOS, ATEU-RELIGIOSOS, LIBERTÁRIOS

1. Ulrich Linse, *Gustav Landauer und die Revolutionszeit (1918-1919)*, Berlin: Karin Kramer, 1974, p. 28.
2. Sobre o romantismo de Landauer, ver a obra de Eugen Lunn, *Prophet of Community: The Romaniic Socialism of Gustav Landauer*, Berkeley: University of Califórnia Press, 1973.
3. G. Landauer, Vor fünfundzwanzig Jahren, *Rechenschaft*, 2. ed., Köln, 1924, p. 135.
4. Arquivo Gustav Landauer, ms. Var. 432, Biblioteca da Universidade Hebraica de Jerusalém. Trata-se da pasta n. 14, intitulada "Die deutsche Romantik in der Literatur". Em apoio de sua argumentação, cita a seguinte passagem do romântico Friedrich Schlegel: "*A Revolução Francesa, a teoria da ciência de Fichte e o 'Wilhelm Méister' de Goethe* são as tendências espirituais da época."
5. G. Landauer, Dem grössten Schweizer [1912], *Der werdende Mensch: Aufsätze über Leben und Schriften*, Postdam: Gustav Kiepenhauer, 1921, p. 136-137.
6. Idem, *Aufrufzum Sozialismus*, Berlin: Paul Cassirer, 1919, p. 9, 20, 43. Landauer parece ignorar que Marx e Engels viam precisamente na marcha germânica e no *mir* russo pontos de apoio para um desenvolvimento rumo ao socialismo. Ver a respeito meu livro *Marxisme et romantísme rêvolutionnaire*, Paris: Sycomore, 1980.
7. Movimento contra Henrique III da França, no final do século XVI. (N. da T.)
8. Insurreição contra Mazarino, na metade do século XVII. (N. da T.)
9. G. Landauer, *La Révolution*, Paris: Champ Libre, 1974, p. 54, 64, 78-81, 97, 103, 107, 167.
10. Idem, *Aufrufzum Sozialismus*, p. 11, 44, 108; e prefácio à reedição do *Aufruf* em 1919, p. x.
11. K. Mannheim, *Ideologie und Utopie*, Frankfurt: Schulte-Bulmke, 1969, p. 196, 210.

12. G. Landauer, *La Révolution*, p. 96.
13. Idem, *Aufruf zum Sozialismus*, p. 6, 100, 102.
14. Ibidem, p. 46-47, 87, 145-146, 149.
15. Idem, Walt Whitman, *Der werdende Mensch: Aufsätze über Leben und Schriften*, p. 190.
16. M. Buber, *Utopie et socialisme*, Paris: Aubier-Montaigne, 1977, p. 89.
17. G. Landauer, *La Révolution*, p. 85, 88.
18. Idem, Vorwort, *Meister Eckharts mystische Schriften, in unsere Sprache übertragen von G. Landauer*, Berlin: Karl Schnabel, 1903, p. 5.
19. Ver Hans Kohn, *Martin Buber*, Hellerau: J. Hegner, 1930, p. 30.
20. Cf. G. Landauer, Durch Absonderung zur Gemeinschaft, *Die neue Gemeinschaft*, Leipzig: Eugen Diederichs, parte 2, 1901, p. 55-56. Ver também Ruth Link-Salinger, *Gustav Landauer*, Indianapolis: Hackett, 1977, p. 31.
21. G. Landauer, Brief an Ida Wolf 15 de junho de 1891, *Landauer Nachlass*, folha X. (Instituto Internacional de História Social, Amsterdã.)
22. Idem, Die religiöse Jugenderziehung, *Freie Bühne für modernes Leben*, Berlin, 11 de fevereiro de 1891.
23. Comentário sobre o *Evangelho de São João*, Arquivo Landauer (Jerusalém), ms. Var. 432, pasta 12. Texto manuscrito de cerca de vinte páginas, sem data.
24. G. Landauer, Lew Nikolajewitsch Tolstoi, *Werdende Mensch*, p. 200, e Arquivo Landauer (Jerusalém), ms. Var. 432, pastas 31 e 26.
25. Cf. sua carta a Raphael Seligmann de 17 de setembro de 1910 em *Brief* v. I, p. 324: "Se tirarem Moisés, Jesus e Spinoza do judaísmo, então efetivamente não resta nada do povo judaico".
26. Arquivo Landauer (Jerusalém), ms. Var. 432, pasta 23. (Grifado no original.)
27. G. Landauer, Volk und Land. Dreissig sozialistische Thesen, *Beginnen: Aufsätze über Sozialismus*, Köln: Marcan Block, 1924, p. 7.
28. Ed. bras.: São Paulo: Perspectiva, 2002.
29. Idem, Carta de 20 de outubro de 1908 a Margarete Faas-Hardegger, *Briefen*, v. i, p. 218.
30. Idem, Die Legende des Baalschem, *Das Literarische Echo*, v. 13, n. 2, 1º okt. 1910, p. 149.
31. Ibidem, p. 148.
32. Ver documento no Arquivo Landauer (Jerusalém), ms. Var. 432, pasta 162. Não está datado, mas é possível situá-lo com certeza como anterior a 1908.
33. G. Landauer, "Martin Buber", *Der werdende Mensch*, p. 244.
34. Ver sobre o assunto o excelente artigo de Norbert Altenhofer, Tradition als Revolution: Gustav Landauer "geworden-werdendes" Judentum, em D. Bronsen (ed.), *Jews and Germans from 1860 to 1933*, Heidelberg: Carl Winter Universitätsverlag, 1979.
35. Heinz Joachim Heydorn, Geleitwort, G. Landauer, *Zwang und Befreiung*, Köln: Hegner Bücherei, 1968, p. 15.
36. G. Landauer, Gott un der Sozialismus, *Der werdende Mensch*, p. 30, 35.
37. Idem, Sind das Ketzergedanken?, *Der werdende Mensch*, p. 125.
38. Idem, *Aufruf zum Sozialismus*, p. 136-137.
39. Arquivo Landauer (Jerusalém), ms. Var. 432, pasta 23.
40. G. Landauer, Sind das Ketzergedanken?, *Der werdende Mensch*, p. 125.
41. Idem, Strindbergs historische Miniaturen, *Der werdende Mensch*, p. 284.
42. Cf. o artigo de Norbert Altenhofer, Tradition als Revolution..., p. 194-195.
43. Carta a Max Nettlau, 28 de janeiro de 1913, *Briefen*, v. I, p. 430.
44. G. Landauer, Sind das Ketzergedanken?, *Der werdende Mensch*..., p. 126-128. Polemizando com os sionistas, Landauer critica o que chama de concepção doutrinária de um "judaísmo hebraico", que negaria a dimensão alemã ou russa dos judeus (p. 127).
45. Idem, Judentum und Sozialismus, *Die Arbeit*, Organ der Zionistischen Volkssozialistischen Partei Hapoel Hatzair, ano 2, junho de 1920, p. 51. Como Paul Breines assinala, para Landauer "a Diáspora torna-se a base social, por assim dizer, da ideia dos judeus como redentores da humanidade. [...] A dispersão, de fato, libera os judeus, permite-lhes continuar sendo uma nação e, ao mesmo tempo, transcender essa nação e todas as nações, e perceber a unidade futura da humanidade em uma diversidade de verdadeiras nações". (The Jew as Revolutionary: The Case of Gustav Landauer, *Year Book of the Leo Baeck Institute*, n. XII, London, 1967, p. 82.)
46. Essa carta não havia sido publicada na coletânea editada por Buber em 1928. Ela se encontra na correspondência póstuma publicada em 1972 (Martin Buber, *Briefwechsel aus sieben Jahrzehnten*, v. 1: 1897-1918, Heidelberg: Lambert Schneider, 1972, p. 258). No entanto, Landauer se interessa pelo destino das comunas rurais judaicas na Palestina e

aceita participar de um encontro com sionistas-socialistas (organizado por Buber) para um debate sobre o tema, que deveria ter-se realizado em abril de 1919. Há sobre o assunto uma correspondência entre Landauer e Nahum Goldmann, em março de 1919, que se encontra nos Arquivos Landauer (Jerusalém), ms. Var. 432, pasta 167-168, publicada em hebraico com uma introdução por Avraham Yaasour, Al Hitiaschvout Schitoufit va-Tious, *Kibutz*, n. 2, 1975, p. 165-175.

47. Em Ulrich Linse, *G. Landauer und die Revolution...*, p. 63.
48. Cf. G. Landauer, Vorwort zur neuen Ausgabe, *Aufruf zum Sozialismus*, p. VII, VIII, X, XVLI, e carta a Hans Cornelius, 20 de março de 1919, *Briefe*, II, p. 403. Cf. também H.J. Heydorn, Geleitwort, *G. Landauer, Zwang und Befreiung*, Köln: Hegner Bücherei, 1968, p. 30.
49. M. Buber, Landauer und die Revolution, *Masken*, n. 19, 1919, p. 290-291. Buber compara Landauer a seus antepassados, os profetas e mártires judeus do passado, e ao Cristo crucificado pelos romanos.
50. O termo refere-se em particular aos escritos dos anos 1918-1923. Ver E. Bloch, Nachbemerkung, *Geist der Utopie* (1923), Frankfurt: Suhrkamp, 1973, p. 347.
51. Importante empresa química alemã. (N. da E.)
52. Cf. Arno Münster (org.), *Tagträume vom aufrechten Gang: Sechs Interviews mit Ernst Bloch*, Frankfurt: Suhrkamp, 1978, p. 21.
53. Paul Honigsheim, Der Max-Weber-Kreis in Heidelberg, *Kölner Vierteljahrschrift für Soziologie*, 1926, n. 3, p. 284; e Marianne Weber, *Max Weber, ein Lebensbild*, Tübingen: J.C.B. Mohr, 1926, p. 476.
54. O texto dessa entrevista encontra-se em apêndice a meu livro *Pour une sociologie des intellectuels révolutionnaires: L'évolution politique de Lukács (1909-1929)*, Paris: PUF, 1976 p. 293.
55. E. Bloch, *Geist der Utopie*, p. 20-21, 38-39.
56. Idem, Munique/Leipzig: Duncker & Humblot, 1918, p. 410.
57. Cf. *Pour une sociologie des intellectuels révolutionnaires*, p. 298.
58. E. Bloch, *Geist der Utopie* (1923), p. 294-295.
59. Ibidem, p. 303, 307.
60. Ibidem, p. 297-299, 335.
61. Ibidem, p. 302.
62. E. Bloch, Über einige politische Programme und Utopie in der Schweiz, *Archiv für Sozialwissenschaft und Sozialpolitik*, v. 46, 1918-1919, p. 159-162. A versão desse artigo publicada em 1970 na coletânea de Bloch, *Politische Messungen: Pestzeit, Vormärz* (Frankfurt: Suhrkamp), foi consideravelmente modificada.
63. Scholem lembra-se de ter visto, durante uma conversa com Bloch em 1919, um livro com capítulos sobre a tradição messiânica judaica em sua mesa de trabalho (memorando de entrevista, dezembro de 1979). Cf. também G. Scholem, *Geschichte einer Freundschaft*, p. 102-103, em que se refere a essa obra como um tratado antissemita erudito do século XVIII (Andréas Eisenmenger, *Entdecktes Judentum*, 1701), contendo a tradução de importantes fontes religiosas judaicas. Quanto a Buber, há em seus arquivos em Jerusalém uma carta de Bloch datada de 2 de julho de 1920, testemunhando a existência de vínculos pessoais entre os dois pensadores (Arquivo Buber, Universidade Hebraica de Jerusalém, ms. Var. 350, 123/Chet 2). Na primeira edição de *O Espírito da Utopia*, Buber aparece sob uma luz favorável (*Geist der Utopie*, 1918, p. 320); contudo, essa referência irá desaparecer por ocasião da reedição do texto "Symbol: die Juden" na coletânea *Durch die Wüste*, de 1923.
64. Em *Tagträume vom aufrechten Gang*, p. 110.
65. E. Lévinas, Sur la mort dans la pensée de Ernst Bloch, em Gérard Raulet (ed.), *Utopie, marxisme selon Ernst Bloch*, Paris: Payot, 1976, p. 326.
66. Arno Münster localizou, em seu notável trabalho sobre a obra de juventude de Bloch, algumas dessas fontes: cf. A. Münster, *Utopie, Messianismus und Apokalypse in Prüwerk von Ernst Bloch*, Frankfurt: Suhrkamp, 1982, p. 131-141. Ver também seu artigo Messianisme juif et pensée utopique dans l'oeuvre d'Ernst Bloch, *Archives de Sciences Sociales des Religions*, n. 57/1, 1984.
67. E. Bloch, *Geist der Utopie* (1918), p. 320, 332.
68. T.W. Adorno, Henkel, Krug und frühe Erfahrung, *Noten zur Literatur*, v. IV, Frankfurt: Suhrkamp, 1974, p. 92.
69. E. Bloch, *Geist der Utopie* (1918), p. 323, 331-332. Bloch sugere também uma outra hipótese: Jesus seria o Messias sofredor "filho de José", distinto do Messias triunfante "filho de Davi" – distinção que remonta ao Livro 11 de Isaías.
70. E. Bloch, *Geist der Utopie* (1918). Essa passagem desaparecerá na edição de 1923.

71. A. Münster, *Utopie, Messianismus und Apokalypse...*, p. 199.
72. Sobre as notáveis semelhanças entre o texto de Bloch e o de Landauer, ver Anton Christen, *Ernst Blochs Metaphysik der Materie*, Bonh: Bouvier, 1979, p. 36-38; D. Eisenbarth, *Ernst Bloch: Empiriker der Mystichen*, *Schwarze Protokolle*, Berlin, n. 16, 1978; e A. Münster, *Utopie, Messianismus und Apokalypse...*, p. 125.
73. A expressão é de Anton Christen, *Ernst Blochs Metaphysik der Materie*, p. 36-37.
74. E. Bloch, *Thomas Münzer, théologien de la révolution*, Paris: Julliard, 1975, p. 119, 182, 191, 305. Na visão de Bloch, a referência libertária não é contraditória com o bolchevismo. Münzer é considerado precursor tanto de Bakunin quanto de Karl Liebknecht e Lênin (ver p. 154).
75. Ibidem, p. 84, 91.
76. Ibidem, p. 114, 127. (Cf., também, *Geist der Utopie* [1923], p. 40.)
77. Ibidem, p. 305-306.
78. Abreviação russa de materialismo dialético. (N. da E.)
79. E. Bloch, *Das Prinzip Hoffnung*, Frankfurt: Suhrkamp, 1973, 2 v., p. 662-670.
80. Para uma análise detalhada dos diversos aspectos do pensamento de Lukács a que fazemos referência aqui, remeto a meu livro *Pour une sociologie des intellectuels révolutionnaires: L'Évolution politique de Lukács (1909-1929)*, já mencionado.
81. Ver Lee Congdon, *The Young Lukács*, London: The University of North Carolina Press, 1983, p. 158.
82. Essa correspondência encontra-se no Arquivo Buber da Universidade Hebraica de Jerusalém, ms. var. 350.
83. G. Lukács, *Zsido miszticizmus*, *Szettem*, 1911, n. 2, p. 256-257.
84. *Notizbuch*, c, 1911, p. 29, *Arquivo Lukács*, Budapeste.
85. G. Lukács, *Dostojevsky: Notizen und Entwürfe*, Budapeste: Akadémiai Kiadó, 1985, p. 164-168; Cf. Martin Buber, *Die Legende des Baalschem*, Berlin: Schocken, 1932, p. 171: "der Sabbat ist die Quelle der kommenden Welt". Foi provavelmente Lukács quem sugeriu a Ernst Bloch a leitura dos escritos de Buber, visto que, numa carta datada de julho de 1911, Bloch escreve a seu amigo: "ainda não conheço o Baal Schem". (E. Bloch, *Briefe 1903-1975*, Frankfurt: Suhrkamp, 1985, v. I, p. 57-59.)
86. M. Weber, *Max Weber, ein Lebensbild*, p. 474.
87. P. Honigsheim, *Der Max-Weber-Kreis in Heidelberg*, *Kölner Vierteljahrschrift für Soziologie*, Frankfurt, 1926, p. 284.
88. Citado por Lee Congdon, op. cit., p. 135-136. Lukács não se reconheceu na personagem de Donath, que ele considerava uma mistura entre Bloch e o filósofo húngaro Bela Zalai.
89. B. Balasz, *Notes from a Diary (1911-1921)*, *New Hungarian Quarterly*, n. 47, 1972, p. 124-126. Grifado no original.
90. G. Lukács, *Dostojevsky: Notizen und Entwürfe*, p. 156-158, 172. As principais fontes de Lukács para os messianismos heréticos são duas obras do século xix: Peter Beer, *Geschichte, Lehren und Mei-nungen aller bestandenen und noch bestehender religiösen Sekten Der Juden und der Geheimlehre oder Kabbalah*, Brünn: Joseph Georg, 1823, 2 v.; e Adolphe Franck, *La Kabbale ou la philosophie religieuse des Hébreux*, Paris: [s.n.], 1843.
91. Ver, por exemplo, G. Lukács, *Gelebtes Denken: Eine Autobiographie im Dialog*, Frankfurt: Suhrkamp, 1980, p. 45: "Sempre soube que eu era judeu, mas isso jamais teve uma influência essencial em minha evolução."
92. Carta de Max Weber a Lukács de 6 de março de 1913, em G. Lukács, *Correspondance de jeunesse (1908-1917)*, Budapeste: Corvina, 1981, p. 234.
93. Ibidem, p. 239.
94. G. Lukács, *La théorie du roman*, Paris: Gonthier, 1963, p. 155 (a tradução adotada nessa edição é "era da perfeita culpabilidade"). (Trad. bras.: *A Teoria do Romance*, São Paulo, Duas Cidades/Editora 34, 2000.) Ver também G. Lukács, *Dostojevsky: Notizen*, p. 60.
95. G. Lukács, *Ariadne auf Naxos*, em Paul Ernst, *Georg Lukács, Dokumente einer Freundschaft*, Emsdetten: Lechte, 1974, p. 56.
96. Partidário de um movimento político-literário na Rússia, criado por volta de 1870, que pregava uma aproximação entre os intelectuais e o povo. (N. da T.)
97. G. Lukács, *Dostojevsky: Notizen*, p. 62. Lukács tomou conhecimento da figura de Kaliaiev através dos romances e livros autobiográficos do escritor *naródnik* Boris Savínkov. Ver sobre o assunto meu artigo: Idéologie révolutionnaire et messianisme mystique chez le jeune Lukács – 1910-1919, *Archives de Sciences Sociales des Religions*, n. 43, v. 1, 1978.
98. G. Lukács, *Dostojevsky: Notizen*, p. 179-180.
99. Cartas de Lukács a Paul Ernst, 14 de abril e 4 de maio de 1915, *Correspondance de jeunesse*, p. 254-255, 158.

100. Ibidem, p. 185
101. Ferenc Feher, Am Scheideweg des romantischen Antikapitalismus: Typologie und Beitrag zur deutschen Ideologie-geschichte gelegentlich des Briefwechsels zwischen Paul Ernst und Georg Lukács, *Die Seele und das Leben: Studien zumfrühen Lukács*, Frankfurt: Suhrkamp, 1977, p. 290. Feher observa com acuidade que as notas sobre Dostoiévski manifestam ao mesmo tempo "uma vivência apocalíptica, a nostalgia da Parusia e a exigência de uma abolição imediata do Estado" (p. 319).
102. G. Lukács, *Dostojevsky: Notizen*, p. 116.
103. Idem, Caderno 1, Bibllographie, *Lukács Archivum*, Budapeste. Os textos citados são dos anos 1902 a 1910.
104. G. Lukács, *Dostojevsky: Notizen*, p. 92. A citação de Sorel é em francês, e a referência remete ao *Bulletin* de 1907 da Sociedade Francesa de Filosofia.
105. Em *La Décomposition du marxisme* (Paris: Librairie des Sciências Politiques e Sociales Marcel Rivière, 1910), Sorel destaca que o apocalipse corresponde perfeitamente à greve geral que, para os sindicalistas revolucionários, representa o advento de um mundo novo.
106. G. Lukács, prefácio a *Magyar irodalom, magyar kultura*, Budapeste: Gondolat, 1970, p. 8-9. Em francês, *l'Bomme et la société*, n. 43-44, 1977, p. 13-14.
107. Idem, Idéalisme conservateur et idéalisme progressiste, trad. francesa publicada em apêndice a meu livro *Pour une sociologie des intellectuels révolutionnaires*, p. 304.
108. Idem, Le Bolchevisme comme probleme moral, em ibidem na trad. francesa, p. 310.
109. Idem, Autobiographie, *Littérature, philosophie, marxisme (1922-1923)*, textos reunidos por M. Löwy, Paris: PUF, 1978, p. 144.
110. Ver observação a respeito numa entrevista autobiográfica do velho Lukács, *Gelebtes Denken*, p. 95.
111. Ibidem.
112. Idem, Vorwort, *Frühschriften II: Geschichte und Klassenbewusstsein*, Neuwied: Luchterhand, 1968, p. 16.
113. Herbert Marcuse, Critique of neo-freudian revisionism, *Eros and Civilisation*, Boston: Beacon, 1955.
114. E. Fromm, *Vous serez comme des dieux: Une Interprétation radicale de l'*Ancien Testament *et de sa tradition*, Bruxelles: Complexe, 1975, p. 18.
115. Idem, *Beyond the Chains of Illusion, My Encounters with Marx and Freud*, New York: Continuum, 1962, p. 5.
116. Idem, *Marx's Concept of Man*, New York: F. Unger, 1961, p. 3, 5.
117. G. Scholem, *Von Berlin nach Jerusalem*, Frankfurt: Suhrkamp, 1977, p. 195.
118. Cf. Reiner Funk, *Mut zum Menschen, Erich Fromms Denken und Werk, seine humanistische Religion und Ethik*, Sttutgard: Deutsche Verlagsanstalt, 1978, p. 19.
119. Gershom Scholem, *Mi-Berlin le-Ieruschalaim, Hotzaat Am Oved Ieruschalaim*, p. 186 (trata-se de uma edição ampliada, em hebraico, de sua autobiografia de juventude).
120. Ibidem, p. 186-187.
121. Der Sabbath, *Imago*, Viena, Internationaler Psychoanalytischer, v. XIII, 1927, p. 226, 228, 233.
122. *Le Langage oublié*, Paris: Payot, 1980, p. 197: "A nova harmonia é bem diferente da paz paradisíaca. Ela só reinará se o ser humano [...] aguçar os poderes de sua razão até um grau que o liberte da subordinação a seu semelhante, e da escravidão em face das paixões irracionais."
123. Zur Psychologie des Verbrechers und der strafenden Gesellschaft, *Imago*, v. XVII, 1931, p. 247-249.
124. *Le Dogme du Christ*, Bruxelas: Complexe, 1975, p. 40-52.
125. Ibidem, p. 57-66.
126. O autor da resenha foi Franz Borkenau, cf. Martin Jay, *L'Imagination dialectique*, Paris: Payot, 1977, p. 115.
127. E. Fromm, La Caractérologie psychanalytique et sa signification pour la psychologie sociale, *La Crise de la psychanalise*, Paris: Denoël, 1971, p. 195.
128. Idem, La Théorie du matriarcat et sa signification pour la psychologie sociale, *La Crise de la psychanalyse*, p. 116-118, 125-129, 138-143.
129. Ibidem.
130. Cf. W. Benjamin, Johann Jakob Bachofen, *Gesammelte Schriften*, Frankfurt: Suhrkamp, 1977, v. II, parte 1, p. 220-231.
131. E. Fromm; Max Horkheimer; Herbert Marcuse et al., *Autorität und Familie*, Paris: Felix Alcan, 1936, v. 1, p. 131-133
132. *Vous serez comme des dieux*, p. 170-175.

8. CRUZAMENTOS, CÍRCULOS E FIGURAS

1. Hans Kohn, *Martin Buber*, p. 61, 65.
2. Idem, *Living in a World Revolution: My Encounters with History*, New York: Pocket Books, 1965, p. 67.
3. Ibidem, p. 63-64, 68.
4. Hans Kohn, Perspektiven, *Der Jude*, v. IV, 1919-1920, p. 490-493.
5. Idem, *Nationalismus*, Viena/Leipzig: R. Löwith, 1922, p. 124-126.
6. Idem, *Die politische Idee des Judentums*, München: Meyer e Jessen, 1924, p. 18, 60, 61.
7. Idem, *Martin Buber*, p. 194-195.
8. Reencontramos aí o eco – invertido – de suas preocupações anteriores. Por exemplo, numa obra de 1949, irá criticar o marxismo como uma doutrina "extremista por seus meios e seus fins", cuja visão messiânica de uma "revolução total trazendo a salvação total" é idêntica a um "Reino de Deus secularizado". (Hans Kohn, *Political Ideologies of the XXth Century*, 3. ed., New York: Harper & Row, 1966, p. 9-10.)
9. R. Kayser, Franz Verfel, em Gustav Krojanker (Hrsg.), *Juden in der deutschen Literatur*, Berlin: Welt, 1922.
10. Grupo mais radical daquela seita. (N. da T.)
11. R. Kayser, Der Neue Bund, *Der Jude*, v. III, 1918-1919, p. 524-526.
12. Idem, Der jüdische Revolutionär, *Neue Jüdischen Monatsheften, Zeitschrift für Politik, Wirtschaft und Literatur in Ost und West*, Berlin/München: Scherlag/Marek, n. IV, 1919, p. 96-98.
13. G. Scholem, *Walter Benjamin: Geschichte einer Freundschaft*, Frankfurt: Suhrkamp, 1976, p. 28. Parece que Kayser presidiu a assembleia da Associação Livre de Estudantes na qual Benjamin apresentou seu discurso sobre a vida dos estudantes em 1914. Cf. Werner Kraft, Über Benjamin, em Siegfried Unseld (org.), *Zur Aktualität Walter Benjamins*, Frankfurt: Suhrkamp, 1972, p. 59.
14. Cf. R. Kayser, *Die Zeit ohne Mythos*, Berlin: Die Schmiede, 1923, p. 24, 54. Emigrado para a América, R. Kayser morreu em Nova York, em 1964.
15. M. Sperber, *Porteurs d'eau*, Paris: Calmann-Lévy, 1976, p. 22; Idem, My Jewishness, *New German Critique*, n. 20, New York: Duke University Press, summer de 1980, p. 10.
16. Idem, *Porteurs d'eau*, p. 21, 29, 39, 90, 146.
17. Ibidem, p. 185; Idem, *Le Pont inachevé*, Paris: Calmann-Lévy, 1977, p. 37, 69, 71.
18. *Le Pont inachevé*, p. 38.
19. *Porteurs d'eau*, p. 30. (Grifos meus.)
20. Ver Elkana Margalit, Social and Intellectual Origins of the Hashomer Hatzair Youth Movement (1913-1920), *Journal of Contemporary History*, v. 4, n. 2, 1969. Ver também M. Sperber, *Porteurs d'eau*, p. 217. Sperber abandonará o movimento sionista em 1923; só mais tarde, por volta de 1926-1927, o Haschomer Hatzair irá ligar-se ao marxismo.
21. *Porteurs d'eau*, p. 199. A atitude de Scholem e Benjamin na época é inteiramente análoga.
22. *Le Pont inachevé*, p. 12-15,19, 57-60. Já vimos que também Lukács era fascinado por essas personagens sacrificiais com aura religiosa, particularmente Kaliaiev.
23. M. Sperber, *Alfred Adler: der Mensch und seine Lehre*, Munique: J.F. Bergmann, 1926, p. 37-38.
24. Idem, *Le Pont inachevé*, p. 155-156. A continuação da obra não responde à questão. Mas seguramente é a dimensão libertária, antiautoritária e antipoder do anarquismo que o atrai.
25. Ibidem, p. 168-206.
26. M. Sperber, *Individuum und Gemeinschaft: Versuch einer sozialen Charakterologie*, 1933, Stuttgart: Klett-Cotta, 1978, p. 221-222.
27. Idem, *Zur Analyse der Tyrannis*, Paris: Science et Littérature, 1938, p. 80; cf. também seu ensaio, no mesmo volume, "Das Unglück begabt zu sein", p. 158.
28. Idem, *Le Talon d'Achille*, Paris: Calmann-Lévy, 1957, p. 7, 9.
29. Ibidem, p. 71, 118. Pouco após a morte de Manes Sperber, um de seus amigos escreverá: "Desse Deus em quem ele não pode mais crer, Sperber jamais se afastará, e, tanto em sua obra quanto em sua vida, tem-se frequentemente a impressão de que, por cima de seus contemporâneos, é Ele que é interpelado" (Jean Blot, Un Optimisme désespéré, *Le Monde*, 7 fév. 1984).
30. M. Sperber, *Au-delà de l'oubli*, Paris: Calmann-Lévy, 1979, p. 133.
31. Idem, My Jewishness, *New German Critique*, n. 20, p. 13.
32. A. Ehrenstein, Brief an Got, *Gedichte und Prosa*, Neuwied: Luchterhand, 1961, p. 207.
33. É por esse termo que o designam os historiadores da literatura alemã moderna. Cf. Walter Sokel, *Ernst Toller: Deutsche Literatur im 20. Jahrhundert*, Heidelberg: Wolfgang Rothe, 1961, v. II, p. 284-285. Em uma carta da prisão (1922), Toller menciona entre seus autores

preferidos: Dostoiévski, Schopenhauer, Novalis, Hölderlin, Byron, Kleist, Goethe, Hebbel, Tolstói, Hamsun, Rilke, Landauer... (Ernst Toller, *Prosa, Briefe, Dramen, Gedichte*, Reinbek/Hamburg: Rowohlt, 1979, p. 51.)
34. E. Toller, *Eine Jugend in Deutschland*, Münche: Carl Hanser, 1978, p. 84.
35. Idem, *Quer durch Reisebilder und Reden*, Berlin: Kiepenheuer, 1930, p. 191. Ele irá formar nessa época um grupo de estudantes pacifistas/socialistas em Heidelberg, o Kultur-politischer Bund der Jugend in Deutschland. Ver Margarete Turnowski-Pinter, A Student's Friendship with Ernst Toller, *Year Book*, v. xv, London: Leo Baeck Institute, 1970, p. 211-212.
36. E. Toller, *Eine Jugend in Deutschland*, p. 87, 96.
37. Idem, *Die Wandlung, Prosa, Briefe, Dramen, Gedichte*, p. 284-285.
38. Idem, *Masse Mensch, Prosa, Briefe, Dramen...*, p. 325.
39. H.W.G. Randall, The German Drama, *The Contemporary Review*, London, Dec. 1925, p. 760.
40. E. Toller, *Masse Mensch, Prosa, Briefe, Dramen...*, p. 328-329.
41. Ibidem, p. 67-68.
42. Cf. *Eine Jugend in Deutschland*, p. 13, 20-21.
43. *Die Wandlung, Prosa, Briefe, Dramen...*, p. 245-246. Observemos de passagem que, embora rejeitando explicitamente o sionismo, Toller se interessa pelo destino da comunidade judaica na Palestina: em 1925, visita o país e, em particular, os kibutzim. Posteriormente, irá declarar que os judeus deveriam aliar-se com os árabes em vez de com a Europa (cf. Ernst Toller discusses Palestine, *American Hebrew*, 2 jun. 1927; e Margaret Green, Communism in Munich and Palestine: What Ernst Toller Saw, *The New Leader*, London, n. II, dec. 1925).
44. *Eine Jugend in Deutschland*, p. 227-228.
45. *Die Wandlung, Prosa, Briefe, Dramen...*, p. 272, 277, 285. Encontramos também nessa peça o eco da visão de Landauer sobre o papel messiânico dos judeus na revolução humana universal.
46. *Masse Mensch, Prosa, Briefe, Dramen...*, p. 289.
47. Marianne Weber, *Max Weber, ein Lebensbild*, Tübingen: J.C.B. Mohr, 1926, p. 673. Segundo Thomas Mann, que também testemunhou no processo de Toller, "seus escritos são uma espécie de oração, à sua maneira esse poeta é um crente".
48. Kurt Hiller, Vorwort, em E. Toller, *Prosa, Briefe, Dramen...*, p. 19.
49. E. Toller, Russische Reisebilder, *Quer durch Reisebilder und Reden*, p. 82.
50. G. Scholem, *Walter Benjamin: Geschichte einer Freundschaft*, p. 123-125.
51. Erich Unger, *Politik und Metaphysik*, Berlin: David, 1921, p. 4-5, 51.
52. W. Benjamin, *Correspondance*, Paris: Aubier, 1979, v. 1, p. 232-233.
53. E. Unger, *Die Staatslose Bildung eines jüdisches Volkes*, Berlin: David, 1922, p. 26, 28. Scholem havia prometido a Benjamin escrever uma crítica desse livro, mas acabará por não fazê-lo.
54. J. Braunthal, *In Search of Millenium*, London: Victor Gollanz, 1945, p. 39, 79. Alguns historiadores fazem referência também ao messianismo de Kurt Eisner e a seu "socialismo libertário", apesar de sua formação kantiana. Cf. Heinz Sproll, Messianisches Denken und pazifistische Utopie im Werk Kurt Eisners, em Walter Grab (org.), *Gegenseitige Einflüsse deutscher und jüdischer Kultur* (Internationales Symposium), Universität Tel-Aviv, Institut für Deutsche Geschichte, 1983.
55. E. Leviné, Ahasver, *Emuna, Blätter für christliche-jüdische Zusammenarbeit*, Berlin, v. IV, Jahrgang 2, April 1969, p. 338-339.
56. Gerhard Schmolze, Eugen Leviné-Nissen: Israelit unter den jüdischen Dissidenten der bayerischen Revolution, *Emuna, Blätter für christliche-jüdische Zusammenarbeit, Jahrgang 2*, April 1969.
57. Cf. Rosa Meyer-Leviné, *Vie et mort d'un révolutionnaire: Eugen Leviné et les conseils ouvriers de Bavière*, Paris: Maspero, 1980.
58. T.W. Adorno, *Minima moralia: Réflexions sur la vie mutilée*, Paris: Payot, 1983, p. 230 (formulações muito semelhantes encontram-se no artigo sobre Kafka anteriormente mencionado). E Hannah Arendt? A redução muito frequente de suas ideias políticas a um pálido liberalismo racionalista não leva em conta suas simpatias pela espontaneidade revolucionária, pela democracia direta e pelo socialismo de Rosa Luxemburgo. Todavia, apesar de seus laços de amizade com Benjamin e Scholem, ela não participa de forma alguma de sua *Weltanschauung* messiânica/libertária.
59. A. Koestler, *Arrow in the Blue: An Autobiography*, London: Collins, 1952, p. 245.
60. Ver sobre o assunto a notável obra de Jutta Scherrer, *Die Petersburger religiös-philosophischen Vereinigungen: Die Entwicklung des religiösen Selbstverständnisses ihrer Intelligencija-Mitglieder (1901-1917)*, Berlin: Otto Harrassowitz, 1973.

9. UMA EXCEÇÃO FRANCESA

1. Nome dado ao governo de Luís Filipe, originado da revolução de julho de 1830. (N. da T.)
2. J. Thorel, Les Romantiques allemands et les symbolistes français, *Entretiens Politiques et Littéraires*, v. III, n. 18, sep. 1891.
3. Thomas Carlyle, Des Symboles, *Entretiens...*, v. I, mars 1890, p 3-4.
4. Phoebus Jouve, Sur Bernard Lazare, *La Chronique Mondaine*, 3 oct. 1908. Citado por Nelly Wilson, *Bernard Lazare: L'Antisémitisme, l'affaire Dreyfus et la recherche de l'identité juive*, Paris: Albin Michel, 1985, p. 27. Nossa interpretação de Bernard Lazare deve muito a essa excelente obra.
5. Ver sobre esse período Nelly Wilson, *Bernard Lazare: L'Antisémitisme...*, p. 28-45.
6. Bernard Lazare, *L'Antisémitisme, son histoire et ses causes* [1894], Paris: Aux Editions de la Différence, 1982, p. 196.
7. Idem, Juifs et Israélites, *Entretiens...*, n. I, 6 sept. 1890, p. 176.
8. Idem, *Le Fumier de Job*, Paris: Rieder, 1928, p. 58-59.
9. Idem, Synthese de l'antisémitisme, (comentário ao livro de E. Picard), *Entretiens...*, v. IV, 27 juin 1892, p. 265.
10. Idem, *L'Antisémitisme*, p. 58, 16.
11. Idem, L'Eternel fugitif, *Entretiens...*, v. I, 4 jui 1890, p. 127.
12. Idem, Les Incarnations, *Entretiens...*, v. II, 12 mars 1891, p. 77.
13. G. Woodcock, *Anarchism: A History of Libertarian Ideas and Movements*, Harmondsworth: Penguin, 1963, p. 286.
14. B. Lazare, La Conquête du pain (comentário ao livro de Kropótkin), *Entretiens...*, v. IV, n. 25, abr. 1892, p. 183.
15. Charles-Guillaume Naundorf, que, no reinado de Luís Filipe (1830-1848), ganhou notoriedade ao reivindicar seu reconhecimento como filho de Luís XVI. A história oficial, no entanto, registra-o como "o falso delfim". (N. da T.)
16. B. Lazare, comentário ao Livro de Mallarmé, Villiers de l'Isle-Adam, em *Entretiens*, v. V, nov. 1892, p. 234-235.
17. Idem, Comentário ao Romance *Tiphonia* de J. Peladan, *Entretiens*, v. VI, n. 34, jan. 1893, p. 43.
18. Cf. Nelly Wilson, *Bernard Lazare*, p. 60.
19. Ibidem, p. 96-97.
20. Ibidem, p. 82.
21. Charles Péguy, Idées, *Notre jeunesse*, Paris: Gallimard, 1969, p. 96-97.
22. B. Lazare, Du népotisme, *Entretiens*, v. III, 17 ago. 1891, p. 41-42.
23. C. Péguy, *Notre jeunesse*, p. 110. Ver também este impressionante elogio, à p. 111: "Ele tinha pela autoridade, pelo comando, pelo governo, pela força temporal, pelo Estado, pela razão de Estado, pelos senhores fardados de autoridade, fardados de razão de Estado, um tal ódio, uma tal aversão, uma animosidade tão constante, que esse ódio os anulava, que eles não entravam, não tinham a honra de entrar em seu entendimento".
24. B. Lazare, *L'Antisémitisme*, p. 78
25. Idem, Une école de liberte, *Le Magazine International*, Paris, dez. 1894.
26. Idem, Du marxisme, *Le Paris*, Paris, 21 ago. 1896, apud Nelly Wilson, op. cit., p. 87.
27. Idem, Juifs et Israélites, *Entretiens*, v. I, 6 set. 1890, p. 179.
28. Idem, La Solidarité juive, *Entretiens*, v. I, 7 out. 1890, p. 230-231.
29. Cf. N. Wilson, op. cit., p. 138-139.
30. B. Lazare, *L'Antisémitisme*, p. 192.
31. Ibidem, p. 155-158.
32. Ibidem, 159-160.
33. Partidário de Jacques-René Hébert, um dos líderes da Revolução Francesa. (N. da T.)
34. Referência ao *Anuário Geral do Comércio* de Sébastian Bottin, publicado a partir de 1857 na França e famoso por seu imenso repertório. (N. da T.)
35. *L'Antisémitisme*, p. 168-171.
36. Ibidem, 196-199.
37. Citado por Nelly Wilson, op. cit., p. 198.
38. Segundo Charles Péguy, quando alguns defensores de Dreyfus quiseram criar um jornal e pediram dinheiro a certos meios judaicos, "os capitalistas e mandatários judeus colocavam apenas uma condição: que Bernard Lazare não escrevesse" (*Notre jeunesse*, p. 97-98). Ver sobre o assunto Michel R. Marrus, *Les Juifs de France à l'époque de L'Affaire Dreyfus*, Paris: Calmann-Lévy, 1972, p. 216-218.
39. C. Péguy, L'Épreuve, février 1898, *Cahiers de la Quinzaine*, n. 7, [s. d.].
40. B. Lazare, Antisémitisme et révolution, *Les Lettres prolétariennes*, Paris, n. 1, mar. 1895, p. 13-14.
41. Documentos Bernard Lazare (Aliança Israelita Universal), ms. 422, Caixa 3, nota 470. Lazare evidentemente não podia prever, nessa época,

que o genocídio contra os judeus seria perpetrado por bárbaros "pagãos", oriundos de uma nação (majoritariamente) protestante.

42. C. Péguy, *Notre jeunesse*, p. 120. Ele recorre também a figuras de linguagem (tipicamente românticas) para descrever a integridade libertária de Bernard Lazare: "Ele tinha a liberdade na pele, na medula e no sangue; nas vértebras. Não apenas, de maneira alguma, uma liberdade intelectual e conceitual, uma liberdade livresca, uma liberdade fabricada, uma liberdade de biblioteca. Uma liberdade passada em cartório. Mas também uma liberdade de origem, uma liberdade completamente orgânica e viva." (p. 147-148)

43. Citado por Nelly Wilson, op. cit, p. 309-310. Segundo N. Wilson, essa concepção anarquista da nacionalidade "imprimia a seu sionismo uma direção revolucionária e messiânica que lembra a de Moses Hess" (p. 309).

44. B. Lazare, Nécessité d'être soi-même, *Zion*, 30 abr. 1897, p. 3.

45. Citado por Nelly Wilson, op. cit., p. 311-312.

46. Citado por Michael R. Marrus, *Les Juifs de France à l'époque de l'Affaire Dreyfus*, p. 307. Para a correspondência entre Herzl e Bernard Lazare, ver o artigo (em hebraico) de Edmund Silberner, Bernar Lazar ve Ha-Zionut, *Shivat Zion*, v. II-III, 1953. Sobre o rompimento, ver Robert Wistrich, *Revolutionary Jews from Marx to Trotksy*, London: Harrap, 1976, p. 148. Segundo Hanna Arendt, a atitude dos dois ante o antissemitismo era também diametralmente oposta: para Herzl era preciso aproveitar a posição dos antissemitas que eram favoráveis a um êxodo dos judeus da Europa. Bernard Lazare, ao contrário, "não buscava escapar do antissemitismo, mas mobilizar o povo contra seus inimigos" (H. Arendt, *Herzl and Lazare, The Jew Aspariah*, New York: Grove, 1978, p. 127-128).

47. Citado por Nelly Wilson, op. cit., p. 330-331.

48. Bernard Lazare, *L 'Oppression des juifs dans l'Europe orientale: Les Juifs en roumanie*, Paris: Editions des Cahiers, 1902, p. 103. Um detalhe curioso: as páginas do exemplar dessa brochura que consultei na Biblioteca da Sorbonne ainda não haviam sido cortadas. De 1902 a janeiro de 1987 ninguém, nas gerações sucessivas de estudantes e docentes da Sorbonne, teve a curiosidade de abri-lo. Um exemplo entre outros do esquecimento a que foi relegada a memória de Bernard Lazare, já denunciado amargamente por Péguy em 1910.

49. Documentos Bernard Lazare, ms. 522, Caixa 4, notas 253 e 62. Em algumas notas, encontram-se ainda referências ao regresso à pátria ancestral; várias notas apresentam um diálogo entre um judeu "patriota" (sionista) e um judeu "cosmopolita" (internacionalista), sem que se saiba exatamente qual a posição do autor. Em outras, tem-se a impressão de que exprime seus próprios sentimentos. Por exemplo, na nota intitulada "Sionismo" ele explica o movimento como uma reação contra a velha ofensa antissemita "os judeus não têm pátria": em resposta, pretende-se "mostrar que se quer criar, em meio às rochas e às areias, um pequeno Estado miserável que será essa pátria, a mesma que outrora os melhores dentre os judeus desdenharam e abandonaram bem antes que fosse destruída pelo poderio romano" (Caixa 4, nota 61).

50. B. Lazare, *Le Fumier de Job*, p, 166.

51. Nelly Wilson, op. cit, p. 358.

52. B. Lazare, *Le Fumier de Job*, p. 166-167.

53. Ibidem, p. 118; Documentos Bernard Lazare, Caixa 3, notas 529, 530, e Caixa 4, nota 631.

54. Documentos Bernard Lazare, caixa 3, nota 458.

55. Ibidem, Caixa 5, Envelope "Sabatai Tzvi".

56. Ibidem, Caixa 5, Envelope "Jesus".

57. C. Péguy, *Notre jeunesse*, p. 100, 122-123.

58. B. Lazare, *Le Fumier de Job*, p. 84.

59. Hans Kohn, Bernard Lazare und die Dreyfus-Affaire, *Der Jude*, Berlin: Jüdischer, 1924, p. 291.

CONCLUSÃO: O "MESSIANISMO HISTÓRICO", CONCEPÇÃO ROMÂNTICO-MESSIÂNICA DA HISTÓRIA

1. T. Adorno, *Mínima moralia*, Paris: Payot, 1983, p. 179.

2. Para a maior parte das teses, utilizamos a tradução francesa redigida pelo próprio Benjamin (que se encontra nas *Gesammelte Schriften* v. I, parte 3, p. 1260-1266). Para as que faltam (VIII, XI, XIII, XIV, XVI, XVIII, A e B), recorremos à tradução de Pierre Missac em *Les Temps Modernes*, Paris, abr. 1947, p. 623-634.

3. Ver W. Benjamin, GS, v. I, parte 3, p. 1232: "A confiança na acumulação quantitativa está na base tanto da doutrina limitada do progresso quanto da confiança no 'apoio das massas'."

4. S. Mowinckel, *He That Cometh*, Oxford: Basil Blackwell, 1956, p. 105-106.
5. K. Mannheim, *Ideologie und Utopie*, p. 196.
6. G. Lukács, *Histoire et conscience de classe*, p. 117. Essa problemática é reelaborada por alguns dos críticos atuais mais penetrantes da modernidade, como Jean Chesnaux: "Programar o tempo é estabelecer por princípio que nem a ordem produtiva nem a ordem social podem evoluir a não ser ao longo de um eixo temporal unívoco. [...] O programável é o quantitativo: a história humana, à medida que se instala a modernidade, acabaria se reduzindo cada vez mais a séries de dados quantificados." (Jean Chesnaux, *De la modernité*, Paris: La Découverte, 1983, p. 36.)
7. W. Benjamin, Sur le trauerspiel et la tragédie, *Furor*, n. 7, out. 1982, p. 7-8.
8. W. Benjamin, GS, v. I, parte 3, p. 1236, 1246, 1249.
9. Ibidem p. 1231.
10. Ibidem, p. 1229-1230.

Este livro foi impresso na cidade de Cotia,
nas oficinas da Meta Brasil, para a editora Perspectiva.